Augusto Carli · Peter Lehmberg
Laura Piccinelli-Balocchi

Italienisch für Sie · 1

Ein moderner Sprachkurs
für Erwachsene

Max Hueber Verlag

Augusto Carli · Peter Lehmberg · Laura Piccinelli-Balocchi

ITALIENISCH FÜR SIE

Ein moderner Sprachkurs für Erwachsene

Band 1

Verlagsredaktion: Elisabeth Stiefenhofer

Einbandgestaltung und Layout: Erentraut Waldau-Hauchler

Zeichnungen: Brigitte Würtz

Redaktionelle Gesamtleitung: Roland Schäpers

Bildnachweis:

Vorlage für das Titelfoto: Verlag Chr. Belser, Stuttgart

Schwarzweißfotos im Text: Attolini, Bari S. 83, 158 · Gaetano Barone, Firenze S. 21, 38, 73 131, 177 · Augusto Carli, Augsburg S. 167 · Eduard Dietl, Ottobrunn S. 65, 139 · Frizzera, Padova S. 158 · La Rocca, Torino S. 71, 101, 121 · Marcello Silloni, Milano S. 46 · Staatliches Italienisches Fremdenverkehrsamt E.N.I.T., S. 56, 93, 175 · Foto Troncone, Napoli (Ente Provinciale per il Turismo di Napoli) S. 57

Karikaturen: Epoca, S. 27 (9. 2. 77) · La Settimana Enigmistica, S. 19 (9. 4. 77); S. 35 (5. 2. 77); S. 36 (2. 2. 76); S. 91 (9. 4. 77); S. 108 (5. 2. 77); S. 126 (20. 3. 77); S. 149 (8. 11. 75, 20. 3. 77)

Zeitungsartikel in Lektion 16 aus Corriere della Sera (14./15./16. 8. 76)

Farbbildteil: Bavaria Verlag, Gauting S. 241 (Pompeji und Neapel), S. 244 (Aostatal) Bildarchiv Hans Huber, Garmisch-Partenkirchen S. 242 (Rom, Spanische Treppe und Petersplatz), S. 243 (Verona und Florenz) · Internationales Bildarchiv Horst v. Irmer, München S. 244 (Venedig)

---

3. Auflage

7. 6. 5. | Die letzten Ziffern
1987 86 85 84 83 | bezeichnen Zahl und Jahr des Druckes.

Alle Drucke dieser Auflage können, da unverändert,
nebeneinander benutzt werden.

Satz: Sellier Druck GmbH, Freising
Druck: Augsburger Druck- und Verlagshaus GmbH, Augsburg
Printed in Germany
ISBN 3-19-005067-8

Inhalt

Lezione prima 1

A Incontro a Venezia

I Mancuso di Napoli – marito e moglie – sono al Lido di Venezia, dove incontrano il signor Cinquetti:

– Buon giorno, signor Cinquetti!
– Buon giorno, ingegnere! Come mai a Venezia?
– Sono qui per la Biennale.
– È solo?
– No, non sono solo, anche mia moglie è qui.

– Che piacere, signora Mancuso! Come sta?
– Bene, grazie! E Lei, signor Cinquetti?
– Non c'è male, ma sono molto occupato. A Napoli tutto bene?
– Benissimo, grazie!

– Siete contenti dell'albergo?
– Sì, siamo molto contenti. L'albergo è piccolo, ma comodo.

– Ecco il tassì. Sei pronto, Giorgio?
– Sì, sono pronto. ArrivederLa a più tardi, signor Cinquetti!
– Arrivederci alla Biennale.

– Arrivederci professore e dottore
– Ciao alla prossima settimana

Buon giorno, signor Cinquetti! 1 **B**

– Bei der höflichen Begrüßung werden im Italienischen die Wörter **signore** (Herr), **signora** (Frau), **signorina** (Fräulein) dem Namen vorangestellt. **Signore** verkürzt sich dabei zu **signor**:
Buon giorno, **signora Mancuso**! Buona sera, **signorina Rossi**!
Come mai a Venezia, **signor Mancuso**?
– Bei «signora/signorina» kann der Name weggelassen werden, ohne daß die Begrüßung deshalb an Höflichkeit und Korrektheit verliert.
Buon giorno, **signora**! Buona sera, **signorina**! Come mai a Venezia, **signora**?
– Begrüßt man dagegen einen Herrn, dessen Namen man kennt, so muß der Name immer hinzugefügt werden. Bei Inhabern eines Titels hat man darüber hinaus die Möglichkeit, bei der Anrede nur den Titel zu verwenden (höflich und korrekt):
Buon giorno, **signor Mancuso**! oder Buon giorno, **ingegnere**!
Buona sera, **signor Cinquetti**! oder Buona sera, **professore**!
Come mai a Venezia, **signor Rossi**? oder Come mai a Venezia, **dottore**?

1. Fate la conversazione secondo il modello:

Il signor Cinquetti incontra il signor Mancuso:
C: Buon giorno, *signor Mancuso*!
M: Buon giorno, *signor Cinquetti*!
C: Come mai a Venezia?
M: Sono qui per la Biennale.

a. Il signor Cinquetti incontra il signor Mancuso.
b. Il signor Rossi incontra la signora Mancuso.
c. La signora Rossi incontra la signora Mancuso.
d. La signorina Verdi incontra il signor Mancuso.
e. La signora Cavagna incontra il signor Cinti.

2. Stellen Sie sich der Reihe nach bei Ihrem Nachbarn/Ihrer Nachbarin vor nach dem Muster:

– Buona sera! Il mio nome è . . . (= Mein Name ist . . . z.B. Schmidt)
– Buona sera, signora/signorina/signor Schmidt!
  Il mio nome è . . . (z.B. Müller)
– Piacere, signora/signorina/signor Müller!

C

sono / è

sono = ich bin / sie sind:
Signor Mancuso, come mai a Venezia? **Sono** qui per la Biennale. (ich bin)
Dove **sono** i Mancuso? **Sono** al Lido di Venezia. (sie sind)
è = er, sie, es ist / Sie sind:
È sol**o**, signor Mancuso? (sind Sie) No, anche mia moglie **è** qui. (ist)
È sol**a**, signora Mancuso? No, anche mio marito **è** qui.

1. Rispondete secondo il modello:

È qui per la Biennale, signora? (Sì) – Sì, *sono* qui per la Biennale.	I Rossi *sono* qui per la Biennale? (No) – No, non *sono* qui per la Biennale.

a. È qui per la Biennale, signora? (Sì)
b. I Rossi sono qui per la Biennale? (No)
c. È qui per la Biennale, signor Mancuso? (Sì)
d. È sola, signora Mancuso? (No)
e. È qui per la Biennale, signorina? (No)
f. I Mancuso sono a Venezia? (Sì)

g. È sola, signorina Rossi? (Sì)
h. È solo, ingegnere? (No)
i. I Rossi sono a Venezia? (No)

2. Fate le domande e rispondete secondo il modello: ⚭

signor Mancuso	*signora Mancuso*
– È solo, signor Mancuso?	– È sola, signora Mancuso?
– No, anche mia moglie è qui.	– No, anche mio marito è qui.

a. signor Mancuso
b. signora Mancuso
c. signora Rossi
d. ingegnere
e. signor Cinquetti
f. dottore

1 D

Il signor Cinquetti . . . . Buon giorno, **signor** Cinquetti!

Vergleichen Sie:
1. Come sta, **signor Mancuso**? = Wie geht es Ihnen, Herr M.?
2. Come sta **il signor Mancuso**? = Wie geht es Herrn Mancuso?

Im 1. Fall wird Herr Mancuso selbst angesprochen, so daß man als Antwort erwarten kann: Bene, grazie, ma **sono** molto occupato.
Im 2. Fall erkundigt man sich nach dem Befinden von Herrn Mancuso, und als Antwort ist zu erwarten: Bene, ma **è** molto occupato.

Merken Sie sich außerdem:
i Mancuso – die Mancusos (= die Familie) **i Cinquetti** – die Cinquettis

1. Fate le domande e rispondete secondo il modello: ⚭

signor Mancuso	*il signor Mancuso*
– Come sta, signor Mancuso?	– Come sta il signor Mancuso?
– Non c'è male, ma sono molto occupato.	– Non c'è male, ma è molto occupato.

a. signor Mancuso
b. il signor Mancuso
c. la signorina Verdi
d. signora Mancuso
e. signor Cinquetti
f. il professor Rossi
g. professore
h. la signora Rossi
i. signorina Cinti

2. Completate con *sono/è*:

a. Dove _________ i Mancuso? _________ a Venezia.
b. Come mai ____è____ a Venezia il signor Mancuso? _________ a Venezia per la Biennale.
c. Come mai ____è____ a Venezia, signor Mancuso? _________ a Venezia per la Biennale.
d. Come sta, signor Cinquetti? Bene, grazie, ma _________ molto occupato.
e. Come sta la signora Mancuso? Non c'è male, ma _________ molto occupata.
f. _________ qui per la Biennale, ingegnere? Sì, _________ qui per la Biennale.
g. _________ solo, signor Mancuso? No, non _________ solo, anche mia moglie _________ qui.
h. I Mancuso _________ di Napoli e i Cinquetti _________ di Venezia.
i. Il signor Brambilla _________ di Milano.

E

Come sta? (Wie geht es Ihnen?)

Frau Cinquetti trifft Frau Mancuso. Die beiden Damen begrüßen sich:
– Che piacere (rivederLa), signora! Come **sta**?
– Bene, grazie! E Lei?
– Anch'io **sto** bene, grazie. (= mir geht es auch gut, danke)

1. Completate con *sta* o *sto*:

a. Come _________, signora? b. Come _________ il signor Rossi? c. Come _________, professore? _________ bene, grazie! E Lei? d. Come _________ il signor Rossi? _________ bene, ma è molto occupato. e. Come _________ la signorina Bianchi? _________ benissimo. f. Come _________, signorina? _________ molto bene, grazie!

2. Rispondete secondo il modello:

– *Sta* bene, *signora*? (Sì)	– *Sta* bene *il signor Cinquetti*? (No)
– Sì, *sto* molto bene.	– No, non *sta* molto bene.

a. Sta bene, signora? (Sì)
b. Sta bene il signor Cinquetti? (No)
c. Sta bene, signorina? (No)
d. Sta bene, signor Rossi? (No)
e. Sta bene il signor Rossi? (Sì)
f. Sta bene, professore? (Sì)

3. Fate le domande e rispondete secondo il modello: QO

signora Bianchi
– Come mai non sta bene, signora Bianchi?
– Sono molto occupata.

la signorina Bianchi
– Come mai non sta bene la signorina Bianchi?
– È molto occupata.

a. signora Bianchi
b. la signorina Bianchi
c. il signor Cinquetti
d. signor Cinquetti
e. signorina
f. la signora Cinti

4. Fate la conversazione secondo il modello:

signora Cinquetti
– Come *sta*, signora Cinquetti?
– Io *sto* bene, grazie! Ma *mio marito* non molto.
– Come mai?
– È molto *occupato.*

signor Cinquetti
– Come *sta*, signor Cinquetti?
– Io *sto* bene, grazie! Ma *mia moglie* non molto.
– Come mai?
– È molto *occupata.*

a. signora Cinquetti
b. signor Cinquetti
c. ingegnere
d. signora Bianchi
e. signora Rossi
f. professore

siete / siamo / sei / sono 1 F

Achten Sie darauf, daß **siete** sowohl «ihr seid» als auch «Sie sind» (Höflichkeitsform für mehrere Personen) heißen kann:

Herr Cinquetti fragt Frau und Herrn Mancuso:
Siete contenti dell'albergo? (sind Sie . . . ?) Sì, **siamo** contenti. (wir sind)
Die Mutter fragt die Kinder:
Siete pronti? (seid ihr . . . ?) Sì, **siamo** pronti. (wir sind)
Frau Mancuso fragt ihren Mann:
Sei pronto, Giorgio? (bist du . . . ?) Sì, **sono** pronto. (ich bin)
Frau Cinquetti fragt ihren Mann:
I Mancuso **sono** contenti dell'albergo? (sind sie . . .?)
Sì, **sono** molto contenti. (sie sind)

1. Completate:

a. Il signor Mancuso incontra il signor Cinquetti:
– Buon giorno, signor Cinquetti!
– Buon giorno, signor Mancuso! Come mai _________ a Venezia?
– _________ qui per la Biennale.
– _________ solo?
– No, non _________ solo, anche mia moglie _________ qui.

b. Giorgio incontra Vincenzo:
– Ciao, Vincenzo!
– Ciao, Giorgio! Come mai _________ a Venezia?
– _________ qui per la Biennale.
– _________ solo?
– No, non _________ solo, anche mia moglie _________ qui.

c. Giulietta e Giorgio incontrano Vincenzo:
– Ciao, Vincenzo!
– Ciao, Giulietta! Ciao, Giorgio! Come mai _________ a Venezia?
– _________ qui per la Biennale.
– _________ soli?
– No, non _________ soli, anche i Rossi _________ qui.

d. I Mancuso incontrano il signor Cinquetti:
– ____
– ____
– ____
– ____
– _________________________________, anche i Rossi _________ qui.

2. Rispondete secondo il modello:

– *Sei* solo? (No)	– *Siete* pronti? (Sì)
– No, non *sono* solo.	– Sì, *siamo* pronti.

a. Sei solo? (No)
b. Siete pronti? (Sì)
c. Sei molto occupato? (Sì)
d. Siete contenti dell'albergo? (No)
e. Siete pronti? (No)
f. Sei contenta dell'albergo, Giulietta? (Sì)
g. Siete molto occupati? (No)
h. Sei pronta, Giulietta? (No)

contento – contenti 1 G

Achten Sie darauf, daß Adjektive wie **solo, occupato, contento, piccolo, comodo, pronto** sich immer nach der Person oder Sache richten müssen, auf die sie sich beziehen:
Sei **pronto**, Giorgio? Sì, sono **pronto**.
Sei **pronta**, Giulietta? Sì, sono **pronta**.
È **contento** dell'albergo, signor Mancuso? Sì, sono molto **contento**.
È **contenta** dell'albergo, signora Mancuso? Sì, sono molto **contenta**.
Siete **contenti** dell'albergo? Sì, siamo molto **contenti**.

Fate le domande secondo il modello:

R: No, il signor Mancuso non è sol__.
D: È *solo* il signor Mancuso?

a. No, il signor Mancuso non è sol__.
b. Sì, il signor Cinquetti è molto occupat__.
c. Sì, i Mancuso sono content__ dell'albergo.
d. No, la signora Mancuso non è content__ dell'albergo.
e. No, la signora Rossi non è sol__.
f. Sì, l'albergo è comod__.
g. Sì, i Cinquetti sono molto occupat__.
h. No, Giulietta non è pront__.
i. Sì, l'albergo è piccol__.

1 H

il – l'

Il signor Mancuso incontra **il signor** Cinquetti. **Il professor** Rossi è a Venezia. Ecco **il tassì**.
Vor Vokal lautet der Artikel immer l':
L'incontro a Venezia. **L'ingegner** Mancuso è a Venezia. **L'albergo** è comodo.

Completate con *il, l', i, la*:

a. ________ Mancuso incontrano ________ signor Cinquetti. b. Ecco ________ signora e ________ ingegner Mancuso. c. Sono a Venezia per ________ Biennale. d. Ecco ________ albergo. e.________ Mancuso sono contenti dell'albergo. f. Ecco ________ tassì.

1 I

arrivederci – arrivederLa

Die Begrüßungsfloskeln «buon giorno» oder «buona sera» können auch als Abschiedsgruß verwendet werden.
Hier zwei weitere Abschiedsformeln:
arrivederci, wenn man sich von mehreren Personen verabschiedet, und **arrivederLa** (die Schreibweise kann auch **arrivederla** sein), wenn man sich von einer Person (Dame oder Herr) verabschiedet, die man siezt.
Der Lehrer sagt: **Arrivederci** alla prossima settimana!
Die Schüler: **Arrivederla/ArrivederLa** alla prossima settimana!

Completate con *a, al, alla, di, dell', per*:

a. I Mancuso sono ________ Venezia. b. Sono ________ Lido ______ ____ Venezia ________ la Biennale. c. ________ Venezia il signor Mancuso incontra il signor Cinquetti. d. Il signor Mancuso è ________ Venezia ________ la Biennale. e. «Signor Mancuso, come mai è ______ ____ Venezia?» – «Sono qui ________ la Biennale». f. I Mancuso sono contenti ________ albergo. g. I Mancuso non sono ________ Napoli, ma ________ Venezia. h. «ArrivederLa, signor Cinquetti!» «Arrivederla ________ più tardi, ________ Biennale». i. «Arrivederci ______ ____ prossima settimana.»

Lezione seconda 2

Intervista alla Biennale 2A

Una giornalista della RAI intervista i Mancuso alla Biennale di Venezia:

- Un momento, signore, per piacere!
- Dica, signorina!
- Il mio nome è Lucia Gherardi, sono giornalista della RAI. Vorrebbe rispondere a una o due domande?
- Volentieri, ma perché?
- Per un'intervista.

- Il Suo nome, per favore.
- Giorgio Mancuso.
- Di dov'è?
- Sono di Napoli.
- Qual è la Sua professione?
- Sono ingegnere.
- È qui per affari, o come turista?
- Per affari.
- È alla Biennale per la prima volta?
- No, è la mia seconda visita.
- Grazie, ingegnere, per la Sua gentilezza.

- E la signora?
- Sono Giulietta Mancuso, professoressa, di Napoli. Sono qui per vedere la Biennale con mio marito.

2 B Hotel Sabbiadoro – Lido di Venezia

Cognome MANCUSO Surname/Familienname	Nome GIORGIO Christian name/Vorname
Luogo e data di nascita Napoli, 9-2-1943 Place and date of birth/ Geburtsort und -datum	Nazionalità italiana Nationality/Staatsangehörigkeit
Indirizzo Via Regina Margherita 63 80144 Napoli Adress/Adresse	Professione ingegnere Occupation/Beruf
Giorno di arrivo 15/5/1977 Date of arrival/Ankunftstag	Giorno di partenza 22/5/1977 Date of departure/Abreisetag
	Firma Giorgio Mancuso Signature/Unterschrift

2 C

una – la / un – il

Die Wörter **giornalista – turista** können sich sowohl auf einen Mann als auch auf eine Frau beziehen. Die Unterscheidung des Geschlechts erfolgt z. B. durch den Artikel:

una	**Una giornalista** della RAI intervista i Mancuso.
la	**La giornalista** Lucia Gherardi è alla Biennale.
un	Il signor Biagi è **un giornalista** del «Corriere della Sera».
il	**Il giornalista** Biagi non è alla Biennale.

Completate con *una, un, la, il*:

a. Giorgio è ________ marito di Giulietta.
b. Giulietta è ________ moglie di Giorgio.
c. ________ momento, signore, per favore!
d. Vorrebbe rispondere a ________ domanda?
e. ________ signorina Gherardi è ________ giornalista della RAI.
f. Giorgio, sei pronto? Ecco ________ tassì!
g. Giorgio è ________ turista di Napoli.
h. Anche Giulietta è ________ turista.

il Suo / il mio nome (Ihr / mein Name)

il nome	Qual è **il Suo nome**, signora? / signore? (Welches ist Ihr Name? [Wie heißen Sie?])
	Il mio nome è Giulietta / Giorgio Mancuso. (Mein Name ist . . .)
la professione	Qual è **la Sua professione**, signora? / signore? (Welches ist Ihr Beruf? [Was sind Sie von Beruf?])
	Sono casalinga / sono impiegato. (Ich bin Hausfrau / Angestellter)

Nur bei der Bezeichnung von Verwandten entfällt *il / la*:

il marito	Dov'è **Suo marito**, signora? **Mio marito** è alla Biennale.
la moglie	Dov'è **Sua moglie**, dottore? **Mia moglie** è a Napoli.

suo / sua (kleingeschrieben) = sein und ihr:
Il signor Mancuso è ingegnere; **sua moglie** è professoressa. (seine)
La signora Govoni è casalinga; **suo marito** è impiegato. (ihr)
Ecco un professore di Milano; **il suo nome** è Paolo Rossi. (sein)
Ecco una professoressa di Napoli; **il suo nome** è Giulietta Mancuso. (ihr)

1. Fate le domande e rispondete secondo il modello:

signor Mancuso – ingegnere
– Qual è la Sua professione, signor Mancuso?
– Sono ingegnere.

a. signor Mancuso – ingegnere
b. signora Mancuso – professoressa
c. signorina – giornalista
d. signor Cinquetti – professore
e. signor Rossi – dottore
f. signorina Verdi – dottoressa
g. signora Govoni – casalinga
h. signor Govoni – impiegato

2. Intervistate:

Giorgio Mancuso – ingegnere	*Giulietta Mancuso – professoressa*
– Il Suo nome, per favore!	– ____________________ !
– Giorgio Mancuso.	– Giulietta ______________ .
– Qual è la Sua professione?	– ____________________ ?

– Sono ingegnere.	– ____________ professoressa.
– È solo a Venezia?	– ________ sola ____________?
– No, sono qui con mia moglie.	– ________________ mio marito.

a. Giorgio Mancuso – ingegnere
b. Giulietta Mancuso – professoressa
c. Vincenzo Cinquetti – professore
d. Giuseppina Rossi – giornalista
e. Gina Govoni – casalinga
f. Giovanni Cena – impiegato

2E

dove (wo)

Dov'è (dove è) il signor Mancuso?	– È **a** Venezia. (Er ist in Venedig.)
E **dov'è** la signora Mancuso?	– Anche lei è **a** Venezia. (Auch sie ist in Venedig.)
E **dove sono** i Rossi?	– Anche loro sono **a** Venezia. (Auch sie sind in Venedig.)

Fate le domande e rispondete secondo il modello: QO

l'ingegnere – a Venezia	*i Mancuso – alla Biennale*
– Dov'è l'ingegnere?	– Dove sono i Mancuso?
– È a Venezia.	– Sono alla Biennale.

a. l'ingegnere – a Venezia
b. i Mancuso – alla Biennale
c. la giornalista – a Venezia
d. il turista – al Lido di Venezia
e. il signor Mancuso – qui per affari
f. la signora Mancuso – a Venezia con suo marito
g. i Mancuso – a Venezia per vedere la Biennale

2F

di dove (woher)

Di dov'è la signora Mancuso?	– È **di** Napoli. (Sie ist aus N.)
Di dov'è suo marito?	– Anche lui è **di** Napoli. (Auch er ist aus N.)
E i Rossi **di dove sono**?	– Sono **di** Roma. (Sie sind aus R.)

1. Rispondete secondo il modello: QO

Di dov'è l'ingegnere? (Napoli) – *È di* Napoli.

a. Di dov'è l'ingegnere? (Napoli)
b. Di dov'è la giornalista? (Roma)
c. Di dov'è il signor Cinquetti? (qui)
d. Di dov'è il turista? (Milano)
e. Di dov'è la signora Cinquetti? (qui)

2. Fate le domande e rispondete secondo il modello:

ingegnere – Napoli – Di dov'è, ingegnere? – Sono di Napoli. – E Sua moglie di dov'è? – Anche lei è di Napoli.	*signora Cinquetti – Venezia* – Di dov'è, signora Cinquetti? – Sono di Venezia. – E Suo marito di dov'è? – Anche lui è di Venezia.

a. ingegnere – Napoli
b. signora Cinquetti – Venezia
c. professore – qui
d. signora – Roma
e. signora – Milano
f. dottore – Torino

3. Domandate l'indicazione della strada o dell'albergo secondo il modello:

via Casilina – Un momento, signore, per favore! – Dica, signorina! – Dov'è la via Casilina, per piacere? – Mi dispiace, non sono di qui.

a. via Casilina
b. albergo Colli Albani
c. via Cuccagna
d. albergo Cervino
e. via Circo Massimo
f. albergo Cherasco
g. via Chianti
h. albergo Cialente
i. via Ciociaria
l. albergo Ciurlo

Perché . . . ? – Perché . . . (Warum . . . ? Weil . . .) **2G**

Perché il signor Mancuso è a Venezia? **Perché** vorrebbe vedere la Biennale.

1. Fate le domande e scegliete la risposta secondo il modello:

– *Perché* il signor Mancuso è qui?	– *Perché* vorrebbe vedere la Biennale con sua moglie.

il signor Mancuso	incontrare il signor Mancuso
la signora Mancuso	vedere la Biennale con sua moglie
la giornalista	vedere Venezia con suo marito
il signor Cinquetti	intervistare i Mancuso

2. Fate le domande e rispondete secondo il modello: ꝏ

> *ingegnere – per affari*
> – Perché è a Venezia, ingegnere?
> – Sono qui per affari.

a. ingegnere – per affari
b. signora – come turista
c. signor Mancuso – per una visita
d. signorina – per un'intervista
e. signora Mancuso – per vedere la Biennale
f. signor Cinquetti – per incontrare i Mancuso

3. Rispondete secondo il modello: ꝏ

È qui per affari, ingegnere?	– Sì, sono qui per affari.

a. È qui per affari, ingegnere?
b. Siete qui per vedere la Biennale?
c. La signora Mancuso è qui per una visita?
d. Signora Mancuso, è qui come turista?
e. Signor Cinquetti, è qui per affari?
f. L'ingegnere è qui per vedere Venezia?
g. Ingegner Mancuso, è qui con Sua moglie?

2 H

un' – l'

una – la werden zu **un' – l'**, wenn das folgende Wort mit einem Vokal beginnt:
La giornalista è alla Biennale per **un'intervista**. Ecco **l'intervista**!
Aber: un/l'incontro, un/l'ingegnere, un/l'albergo.

Completate con *una, un', un, il, la, l'*:
a. ______ albergo «Sabbiadoro» è ______ albergo molto comodo. b. ______ signor Mancuso è ______ ingegnere di Napoli. c. ______ signorina Gherardi è ______ giornalista della RAI. d. È a Venezia per ______ intervista. e. ______ signor Biagi è ______ giornalista del «Corriere della Sera». f. Maria è ______ turista di Milano a Venezia. g. Anche Giovanni è ______ turista di Milano. h. ______ ingegner Mancuso è ______ turista di Napoli.

per favore / per piacere – grazie 2I

Un momento, signore, **per favore**! Vorrebbe rispondere a una domanda, **per piacere**? *Per favore* und *per piacere* werden ohne Bedeutungsunterschied gebraucht.
Die Antwort auf **grazie** ist **prego**:
Grazie per l'intervista. **Prego**.
Grazie per la Sua gentilezza. **Prego**.
Grazie per la Sua visita. **Prego**.

Al Ristorante dell'Hotel Sabbiadoro:

Signora:	Un Martini, per favore!
Cameriere:	Bene, signora!
Signore:	E per me un Cinzano, per piacere!

Lezione terza 3

A Al bar

Il signor Mancuso va al bar con il signor Braun, un suo collega tedesco.

– Caro collega, vogliamo prendere un caffè?
– Perché no? In Italia il caffè è sempre buono.
– Ecco lì all'angolo un bar. Entriamo!

– Quanta gente! Che cosa prendiamo?
– Io ho sete. Un'aranciata fresca, o una spremuta d'arancia, per favore! E Lei, signor Braun?
– Un espresso. L'espresso italiano è buonissimo.
– È vero, ma io preferisco il cappuccino, perché non è così forte.

– Ha una sigaretta, per favore?
– Mi dispiace, non fumo.
– Cameriere, avete sigarette qui?
– Sì, abbiamo le HB e le MS.
– Un pacchetto di HB e il conto, per piacere!
– Ma no! Oggi offro io.
Prendiamo ancora un aperitivo?
– No, grazie! È già tardi!

– Va all'albergo, signor Braun?
Ho la macchina fuori.
– No, molte grazie! Vado sempre a piedi.
Il mio albergo è vicino.
– Allora, arrivederci a domani!
– ArrivederLa, signor Mancuso!

Al telefono **3 B**

A: Pronto, mamma? Sono io!
B: Giulietta, ma dove sei? Siete già a Napoli?
A: No, no...siamo ancora qui a Venezia.
B: Come state? Siete contenti?
A: Sì, molto! La Biennale è molto interessante e Venezia è una città meravigliosa.
B: Hai anche tempo di visitare la città?
A: Oh sì! Quando Giorgio è fuori per affari io vado sempre in giro.
B: E l'albergo com'è?
A: Molto comodo. È al Lido, e tutte le camere hanno una bellissima vista sul mare.
B: Quando ritornate?
A: Domenica.
B: Allora, a domenica. Ciao, eh!
A: Ciao, mamma!

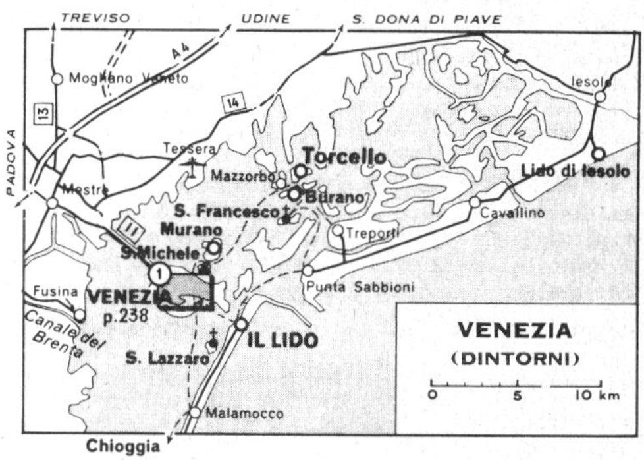

Veduta aerea del Lido di Venezia

un collega

Collega kann sich – genauso wie **giornalista** und **turista** (→ L 2, § C, p. 14) – auf einen Mann oder eine Frau beziehen. Die Klarstellung erfolgt durch den Artikel: **un/il collega – una/la collega**.
Mario è **un mio collega** italiano. Birgit è **una mia collega** tedesca.

1. Completate con *un – una*:

a. Il signor Braun è ________ collega di Giorgio. b. Dov'è Giorgio? È fuori con ________ suo collega. c. Il signor Rossi va al bar con ________ collega tedesca. d. A Venezia Lucia incontra ________ collega tedesco.

2. Rispondete secondo il modello: QO

Chi è il signor Braun? (Berlino) – È *un mio collega* di Berlino.

a. Chi è il signor Braun? (Berlino)
b. Chi è la signorina Gherardi? (Roma)
c. Chi è il signor Meyer? (Bonn)
d. Chi è la signora Mancuso? (Napoli)
e. Chi è il signor Biagi? (Milano)
f. Chi è il signor Kohn? (Brema)
g. Chi è la signora Rossi? (Venezia)
h. Chi è la signorina Verdi? (Torino)

3. Rispondete secondo il modello: QO

Anche il signor Braun è ingegnere. – Allora, è *un Suo collega*!	Anche la signorina Gherardi è giornalista. – Allora, è *una Sua collega*!

a. Anche il signor Braun è ingegnere.
b. Anche la signorina Gherardi è giornalista.
c. Anche il signor Meyer è dottore.
d. Anche il signor Kohn è professore.
e. Anche la signora Mancuso è professoressa.
f. Anche il signor Biagi è giornalista.
g. Anche la signora Cinquetti è professoressa.
h. Anche la signorina Rossi è giornalista.

3 D

vogliamo prendere...? (wollen wir...nehmen?)
prendiamo...! (nehmen wir...!)

Achten Sie auf folgende Beispiele:

Vogliamo prendere un caffè?	– Sì, **prendiamo** un caffè!
Che cosa **vogliamo prendere?**	– **Prendiamo** un aperitivo!
Che cosa **prendiamo?**	– **Prendiamo** un cappuccino!
Vogliamo entrare?	– Sì, **entriamo!**

1. Fate le domande e rispondete secondo il modello: ꝏ

un caffè
– Che cosa prendiamo?
– Prendiamo un caffè!

a. un caffè
b. un'aranciata
c. una spremuta d'arancia
d. un espresso
e. un cappuccino
f. un aperitivo

2. Fate le domande e rispondete secondo il modello: ꝏ

caffè – cappuccino
– Vogliamo prendere un caffè?
– No, grazie, preferisco un cappuccino.

a. caffè – cappuccino
b. aranciata – caffè
c. cappuccino – espresso
d. aranciata – spremuta d'arancia
e. aperitivo – aranciata
f. espresso – spremuta d'arancia
g. aranciata – espresso

3 E

buono – buonissimo / bene – benissimo

Il caffè in Italia **è** sempre **buono**.
L'espresso italiano **è buonissimo**. (= molto buono)
Nicht zu verwechseln mit **bene – benissimo**:
Come **sta**, signora? **Bene**, grazie, e Lei?
A Napoli tutto **bene**? **Benissimo**, grazie! (= molto bene)

1. Fate le domande e rispondete secondo il modello: QO

l'aranciata – Com'è l'aranciata? – Buonissima, grazie!

a. l'aranciata	c. il cappuccino	e. l'espresso
b. il caffè	d. la spremuta d'arancia	f. l'aperitivo

2. Fate le domande e rispondete secondo il modello: QO

l'aranciata – Com'è la Sua aranciata? – La mia non è molto buona.

a. l'aranciata	c. il caffè	e. il cappuccino
b. la spremuta d'arancia	d. l'espresso	f. l'aperitivo

3. *bene* o *buono*?

a. Come sta Suo marito, signora? _________, ma è molto occupato.
b. In questo bar il caffè non è così _________.
c. Come mai non sta _________ il signor Cinquetti?
d. Come sta, signora Cinquetti? Io sto _________, grazie! Ma mio marito non molto.
e. Perché non prendiamo un caffè? L'espresso è così _________ qui!
f. L'albergo «Sabbiadoro» è un albergo molto _________.
g. Giulietta vorrebbe visitare _________ la città.

3 F

avere (haben)

(io)	ho	Preferisco prendere un'aranciata perché **ho** sete.
(tu)	hai	**Hai** tempo di visitare anche la città?
(lui)	ha	Giorgio non **ha** tempo di visitare la città.
(lei)	ha	Lucia vorrebbe prendere un'aranciata, perché **ha** sete.
(Lei)	ha	**Ha** una sigaretta, signor Mancuso? Mi dispiace, non fumo.

(noi) abbiamo	Un pacchetto di HB, per favore! Mi dispiace, non **abbiamo** le HB.
(voi) avete	Io ho sete, **avete** sete anche voi?
(loro) hanno	Tutte le camere **hanno** una bellissima vista sul mare.

Die Pronomina – io, tu . . . loro – werden im Italienischen nur dann benutzt, wenn sie betont sind, z. B. **Io** ho sete, avete sete anche **voi**?

Lei ist die höfliche Anredeform für eine Person, die man siezt: Io ho sete, e **Lei**, signora? Noi prendiamo un'aranciata, e **Lei**, signor Braun?

1. Completate con *è* o *ha*:

a. Giulietta ________ a Venezia con suo marito. b. ________ contenta di vedere la Biennale. c. Giulietta ________ anche molto tempo per visitare la città. d. Quando suo marito ________ fuori, lei va sempre in giro. e. Anche l'albergo ________ molto comodo. f. ________ vicino alla Biennale. g. La camera di Giulietta e Giorgio ________ una bella vista sul mare. h. Il signor Mancuso ________ a Venezia per affari e non ________ tempo di visitare la città.

2. Rispondete secondo il modello: QO

Io ho sete, e tu?
– Anch'io ho sete.

a. Io ho sete, e tu?
b. Io ho sete, e voi?
c. Giorgio ha sete, e Lei, signora?
d. Giulietta ha sete, e Giorgio?
e. Noi abbiamo sete, e Lei, ingegnere?
f. Il signor Braun ha sete, e i Mancuso?
g. Giorgio ha sete, e Giulietta?

3 G

una sigarett**a** – due sigarett**e**   un espress**o** – due espress**i**
Aber:
un caff**è** – due caff**è**   un tass**ì** – due tass**ì**   una citt**à** – due citt**à**
Substantive, die auf einen betonten Vokal enden, bleiben im Plural unverändert.

Fate la conversazione secondo il modello:

un caffè
– Vogliamo prendere un caffè?
– Sì, volentieri. Il caffè è sempre buono.
– Cameriere, due caffè, per favore!

a. un caffè
b. un espresso
c. un'aranciata
d. una spremuta d'arancia
e. un aperitivo
f. un cappuccino

3 H

a Venezia – in Italia

Bei Orts- oder Richtungsangaben mit Städtenamen steht immer **a**, in Verbindung mit Ländernamen **in**.
Giorgio **è a Venezia**. Lucia **va a Venezia** per la Biennale.
Il signor Braun **è in Italia**. **Va in Italia** per affari.

Rispondete secondo il modello: ○○

Dov'è il signor Mancuso? (Venezia)
– *È a* Venezia.

Dove va, signor Braun? (Italia)
– *Vado in* Italia.

a. Dov'è il signor Mancuso? (Venezia)
b. Dove va, signor Braun? (Italia)
c. Dove va, signora? (Milano)
d. Dove va, ingegnere? (America)
e. Dove siete? (Torino)
f. Dove sei, Giulietta? (Venezia)
g. Dove va il signor Braun? (Berlino)
h. Dove va, signor Braun? (Germania)

3 I

dove va, ingegnere? (wohin gehen / fahren Sie?)

Vado **al bar** con il signor Braun.	(il bar)
Vado **al Lido** per vedere la Biennale.	(il Lido)
Vado **all'albergo** «Sabbiadoro».	(l'albergo)
Vado al bar qui **all'angolo**.	(l'angolo)
Vado **alla Biennale** con mia moglie.	(la Biennale)

Vado **a Venezia, a Torino, a Milano . . .**
Vado **in Italia, in Germania . . .**
Vado **in giro** per visitare la città.
Come va alla Biennale, ingegnere? **A piedi, in macchina, in tassì.**

1. Rispondete secondo il modello: ꝏ

Dove va, ingegnere? (bar) – *Vado al* bar.	Dove va l'ingegnere? (bar) – *Va al* bar.

a. Dove va, ingegnere? (bar)
b. Dove va l'ingegnere? (bar)
c. Dove va il signor Braun? (albergo «Sabbiadoro»)
d. Dove va, signora? (Biennale)
e. Dove va, signor Braun? (Germania)
f. Dove va, signorina? (Napoli)
g. Dove va Giulietta? (giro)
h. Dove va, signor Mancuso? (Lido)

2. Rispondete alle domande:

a. Dove va il signor Bianchi?

b. Dove va, ingegnere?

c. Dove sono i Mancuso?

Lezione quarta 4

A La pubblicità

Graziella legge il giornale della domenica e Guido legge una rivista:

– Che cosa c'è di nuovo sul giornale, Graziella?
– Guardo un annuncio interessante.
– Che cosa offre?
– Invita ai «Grandi Magazzini». Ecco:

– Questo è interessante per te, perché tu ogni anno compri tanti vestiti!
– Tu, invece, spendi tanti soldi per macchine veloci!
– Chi? Io? Va bene, va bene, io spendo e tu no!
Lasciamo stare!

– Ora accendo la televisione.
– «LA CASA SCHIAPPINO VENDE IL MIGLIOR VINO»
– Perché ridi adesso?
– Ma non senti? Di nuovo pubblicità! Spegniamo!

Graziella compra i vestiti alla «Supermoda» **B**

È possibile essere eleganti senza spendere molto? A questa domanda Graziella risponde con un «sì». Lei è sempre elegante e risparmia molti soldi perché compra i vestiti alla «Supermoda», i grandi magazzini di Milano. Non in ogni grande magazzino è possibile comprare bene, ma alla «Supermoda» sì! Qui gli abiti sono sempre all'ultima moda, le gonne e le giacche sono moderne ed eleganti, ed eleganti sono anche le borsette e le scarpe. Alla «Supermoda» c'è proprio tutto, non solo per la signora, ma anche ... per il signore elegante. Guido, il marito di Graziella, compra sempre qui: abiti pratici, scarpe moderne e giacche eleganti e comode a prezzi eccezionali.

Domande al testo:

a. Graziella spende molti soldi per essere elegante?
b. Dove compra i vestiti Graziella?
c. Qual è il nome dei grandi magazzini di Milano?

d. Perché Graziella compra alla «Supermoda»?
e. Come sono gli abiti? le gonne e le giacche? le borse e le borsette?
f. E Lei, compra i vestiti ai grandi magazzini? Perché?

C

guardo (ich schaue) – **guardi** (du schaust) – **guardiamo** (wir schauen)

Die ich-, du- und wir-Formen sind bei den Verben aller drei Konjugationen gleich:

guard**are** Guard**o** / guard**i** / guard**iamo** la TV ogni giorno.
prend**ere** Prend**o** / prend**i** / prend**iamo** un caffè al bar.
offr**ire** Offr**o** / offr**i** / offr**iamo** l'aperitivo a Gino.

Achten Sie auf
prefer**ire** Prefer*isc***o** / prefer*isc***i** / prefer**iamo** un cappuccino.

1. Fate le domande e rispondete secondo il modello:

guardare – un annuncio
– Che cosa guardi?
– Guardo un annuncio.

a. guardare – un annuncio
b. comprare – una gonna
c. prendere – un caffè
d. fumare – le HB
e. offrire – un aperitivo
f. vedere – molta gente
g. comprare – un pacchetto di MS
h. preferire – un'aranciata
i. leggere – il giornale

2. Fate la conversazione secondo il modello:

un soprabito – una gonna
– Che cosa vogliamo comprare ai «Grandi Magazzini»?
– Io compro un soprabito, e tu?
– Io preferisco comprare una gonna.

a. un soprabito – una gonna
b. una giacca – una gonna
c. un vestito – uno scialle
d. una borsa – uno scialle di lana
e. uno scialle – un soprabito
f. una borsetta – un paio di scarpe
g. uno scialle di lana – una giacca moderna

Zusammenfassung der Artikelformen (Singular) **D**

Sie kennen bereits die folgenden Formen des bestimmten und unbestimmten Artikels:

il signore – **un** signore **la** signora – **una** signora (→ L 1, § H, p. 12)
l'albergo – **un** albergo **l'**intervista – **un'**intervista (→ L 2, § H, p. 18)

Anstelle von **il** / **un** benutzt man **lo** / **uno**, wenn das darauffolgende Wort mit **z** oder mit einer Buchstabenkombination **s + Konsonant** anfängt, wie z. B.:

lo scialle Dov'è **lo sc**ialle di Graziella?
uno scialle Vogliamo comprare **uno sc**ialle?

Achten Sie bitte auf das Verhalten der Artikel:

L'albergo «Sabbiadoro» è molto comodo.	Aber: È comodo **il S**uo albergo?
Prendo **un'a**ranciata perché ho sete.	Aber: Dov'è **la m**ia aranciata?
Compro **uno** scialle di lana.	Aber: **Un n**uovo scialle per te.
È bella **la m**oda di quest'anno?	Aber: Ecco **l'u**ltima moda di quest'anno.

Completate con *la, l', un, uno, una*:

a. Graziella legge ________ pubblicità sul giornale della domenica. b. Vede ________ annuncio interessante. c. Offre tutto per ________ signora elegante. d. ________ moda di quest'anno è proprio bella. e. Graziella vorrebbe comprare ________ gonna, ________ bella borsetta e ________ scialle. f. ________ moda non è sempre comoda, ma ________ ultima moda di quest'anno è proprio comoda ed elegante. g. Per suo marito Graziella vorrebbe comprare   vestito, ______ soprabito e ________ paio di scarpe. h. Vorrebbe comprare anche ________ nuovo scialle di lana per ________ mamma.

il vestito – i vestiti / la giacca – le giacche **E**

Für die Pluralbildung gilt folgendes Schema:

il vestit**o** – **i** vestit**i**			
l'abit**o** – **gli** abit**i**		**la** giacc**a** – **le** giacch**e**	
lo scial**le** – **gli** sciall**i**		**l'**aranciat**a** – **le** aranciat**e**	

Auch hier verhalten sich die Artikel unterschiedlich:
Dove sono **gli a**biti? Aber: Dove sono **i d**ue abiti?
Dove sono **gli sc**ialli? Aber: Dove sono **i n**uovi scialli di lana?

1. Fate le domande e rispondete secondo il modello: ○○

vestito	*giacca*
– Compri un vestito?	– Compri una giacca?
– No, qui i vestiti sono cari.	– No, qui le giacche sono care.

a. vestito
b. giacca
c. borsa
d. abito
e. borsetta
f. scialle
g. gonna
h. soprabito

2. Rispondete secondo il modello: ○○

– Questa gonna è bella, vero?
– Sì, *tutte le gonne* sono *belle* alla «Supermoda»!

a. Questa gonna è bella, vero?
b. Questo scialle è bello, vero?
c. Questo vestito è moderno, vero?
d. Questa giacca è comoda, vero?
e. Queste scarpe sono comode, vero?
f. Questi soprabiti sono belli, vero?
g. Questi abiti sono moderni, vero?
h. Queste giacche sono belle, vero?

3. Fate la conversazione secondo il modello:

vestito – (*moderno*)
– Quanti vestiti alla «Supermoda»!
– Sì, e tutti moderni!

a. vestito – (moderno)
b. giacca – (comodo)
c. gonna – (bello)
d. soprabito – (moderno)
e. abiti – (comodo)
f. scialli – (bello)
g. scarpe – (comodo)

moderno – elegante

Neben den Adjektiven, die auf **-o** enden, wie z.B. **moderno, comodo, contento, piccolo, nuovo, tutto, questo** usw., gibt es auch welche, die auf **-e** enden, wie z.B. **elegante, grande, interessante, eccezionale, veloce** usw.

Vergleichen Sie:

Il vestit**o** è modern**o** ed elegant**e**. **La** bors**a** è modern**a** ed elegant**e**.

I vestit**i** sono modern**i** ed elegant**i**. **Le** bors**e** sono modern**e** ed elegant**i**.

Achten Sie auf die Rechtschreibung und Aussprache bei Adjektiven wie z.B.:

pratico	Questo vestito è proprio prati**co** ed elegante.
pratici	Questi soprabiti sono proprio prati**ci** ed eleganti.
pratica	La FIAT è una macchina prati**ca** e veloce.
pratiche	Anche le ALFA ROMEO sono prati**che** e veloci.

1. Completate:

a. Il giornale della domenica ha molt__ annunci interessant__.
b. Un grand__ magazzino della città offre vestiti modern__ ed elegant__ a prezzi proprio eccezional__.
c. Graziella vorrebbe comprare un nuov__ soprabito e una nuov__ gonna di lana.
d. I grand__ magazzini hanno anche molt__ scarpe modern__, elegant__ e comod__.
e. Quest__ scarpe sono molt__ bell__ e il prezzo è eccezional__.
f. Tutt__ le borse hanno una linea nuov__ ed interessant__.
g. Alla Supermoda è possibile comprare bene senza spendere tant__ soldi.

2. Fate le domande e rispondete secondo il modello:

giornale – (interessante)	*giornali – (interessante)*
– Com'è questo giornale?	– Come sono questi giornali?
– È molto interessante.	– Sono molto interessanti.

a. giornale – (interessante)
b. giornali – (interessante)
c. scialli – (bello)
d. macchina – (veloce)

e. vini – (buono)
f. albergo – (grande)
g. magazzini – (grande)
h. scarpe – (elegante)
i. gonne – (pratico)
l. giacca – (comodo)
m. alberghi – (elegante)
n. annuncio – (interessante)
o. soprabito – (elegante)
p. abiti – (moderno)
q. macchine – (veloce)

3. Graziella va ai «Grandi Magazzini» e compra:

giacca – (bello)
– Signorina, è possibile avere una giacca?
– Ecco, signora, questa è molto bella!
– È cara?
– No, signora, il prezzo è proprio eccezionale!

a. giacca – (bello)
b. gonna – (pratico)
c. gonna di lana – (comodo)
d. borsetta – (elegante)
e. vestito di jersey – (elegante)
f. borsa – (grande e comodo)

G

invita – vende – offre (er, sie, es lädt ein – verkauft – bietet an)

Die dritten Personen Singular haben immer folgende Endungen:

invi**tare**	La pubblicità invit**a** ai «Grandi Magazzini».
vend**ere**	La casa Schiappino vend**e** il miglior vino.
offr**ire**	La «Supermoda» offr**e** tutto per la signora elegante.
prefer**ire**	Graziella prefer*isc***e** comprare ai «Grandi Magazzini».

1. Fate le domande secondo il modello: QO

Graziella *legge* il «Corriere della Sera».
– *Leggi* il «Corriere della Sera» anche tu?

a. Graziella legge il «Corriere della Sera».
b. Guarda gli annunci. guardi
c. Va ai «Grandi Magazzini». vai
d. Va sempre a piedi.
e. Compra un paio di scarpe. compri
f. Compra tanti vestiti.
g. Preferisce i vestiti di lana.
h. Spende molti soldi.
i. Guarda la televisione ogni giorno.

2. Completate secondo il modello:

Giorgio ed io compriamo un giornale.
(io) ______________________. Compro un giornale.

a. (io) ______________________

b. (tu) ______________________

c. Il signor Mancuso ______________

d. Graziella ________________

e. (noi) ______________________

f. Giorgio ed io ________________

g. Lei, signor Mancuso, __________?

h. Signora, compra __________?

3. Frau Tebaldi und Frau Manzini sprechen miteinander. Sie sind Frau Manzini und stellen Fragen mit Hilfe von Wörtern wie *come, che cosa, dove, perché, qual,* z.B.:

Signora Tebaldi:	Vado ai «Grandi Magazzini».
Signora Manzini:	*Dove* va, signora?
Signora Tebaldi:	Ai «Grandi Magazzini».

a. Vado ai «Grandi Magazzini».
b. I «Grandi Magazzini» sono qui vicino.
c. Il migliore magazzino di Milano è la «Supermoda».
d. La «Supermoda» è un magazzino molto elegante.
e. La «Supermoda» vende vestiti e scarpe.
f. I prezzi alla «Supermoda» sono eccezionali.
g. Compro alla «Supermoda» per risparmiare.
h. Vado in città a piedi.
i. Mio marito vorrebbe comprare una FIAT.
l. Ma la macchina migliore è l'«Alfa Romeo».
m. Compra una FIAT per non spendere tanti soldi.

Anche la signora de Manzini compra sempre ai Grandi Magazzini . . .

4. Was steht auf diesem Schild?
Sie können es herausfinden, wenn Sie die Kästchen ausfüllen:

„Auf Wiedersehen“ in italiano
Sono 20 in un pacchetto
Macchina per tutti
La professione di Lucia Gherardi
Non è così forte come il caffè
Molto
Non spendere molti soldi

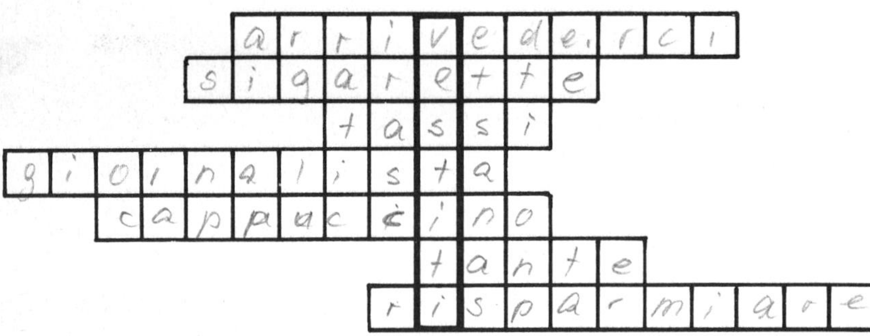

Lezione quinta 5

In «Piazzale Roma» a Venezia A

Anche Chiara e Giuliano desiderano visitare Venezia. In questo momento arrivano in «Piazzale Roma».

– Dove lasciamo la macchina?
– In un parcheggio. Ci sono tanti parcheggi qui!
– Sì, ma non ci sono posti liberi.
– Lì c'è un posto, a destra.

– Quante macchine! A – Austria, D – Germania, CH – Svizzera, YU – Jugoslavia. Ci sono targhe di tutto il mondo!
– Mamma mia! Quanti stranieri! Perché visitano l'Italia?
– Chissà, forse l'Italia ha un certo fascino. Alcuni desiderano godere il sole, il mare, il clima italiano . . .

– . . . altri hanno interesse per le arti, altri ancora amano le canzoni italiane e la cucina italiana . . .
– Insomma, l'Italia è interessante per tutti!

– Guarda quanti venditori ci sono! Gridano, offrono souvenir, vendono cartoline, giornali, guide della città!
– Compriamo una guida?
– Per prima cosa cerchiamo un albergo. A Venezia è difficile trovare camere libere in questa stagione.
– Chiediamo qui o andiamo in centro?
– Tutti prendono il vaporetto e vanno verso il centro. Andiamo anche noi in Piazza San Marco!

Perché tanti stranieri visitano l'Italia?

L'Italia paradiso degli stranieri

con la svalutazione della lira

Il Piazzale Roma a Venezia

A Venezia non ci sono macchine

B

Venezia è costruita su tante piccole isole – 117 (centodiciassette) – dove non ci sono strade per le macchine, ma tanti canali. Ci sono 150 (centocinquanta) canali con 400 (quattrocento) ponti. Tutti i turisti che arrivano a Venezia in macchina, per prima cosa cercano un parcheggio in Piazzale Roma. Qui ci sono i vaporetti che vanno in città.
È molto bello prendere il vaporetto per Piazza San Marco e ammirare i palazzi sul Canal Grande, ma è ancora più bello andare in giro a piedi.

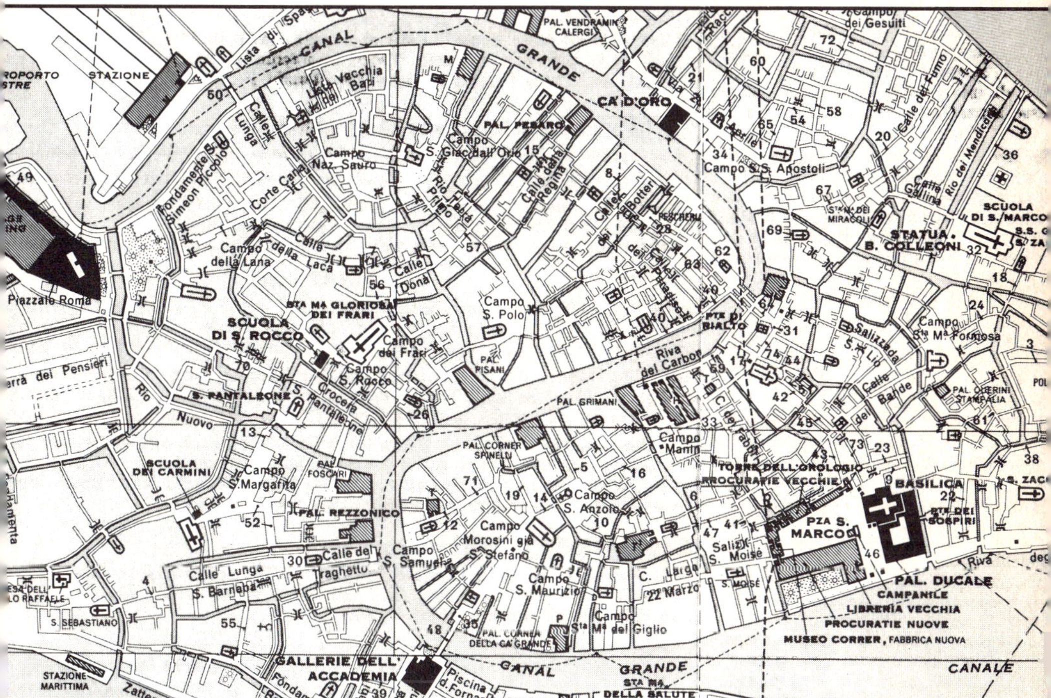

Rispondete alle domande e guardate la pianta della città:

a. Perché a Venezia non ci sono macchine?
b. È possibile arrivare a Venezia in macchina?
c. Dove lasciano la macchina i turisti?
d. È possibile andare a piedi da Piazzale Roma a Piazza San Marco?
e. Che cosa c'è sul Canal Grande?
f. Che cosa c'è in Piazzale Roma?

C

c'è – ci sono (es gibt)

Erinnern Sie sich noch an den Satz «Che cosa c'è di nuovo sul giornale»? Achten Sie nun auf folgende Beispiele:

c'è	A Venezia **c'è** molta gente. Qui vicino **c'è** un parcheggio. **C'è** un posto libero in questo parcheggio? Sì, a destra **c'è** un posto.
ci sono	A Venezia **ci sono** molti turisti. Dove sono i vaporetti per San Marco? Ecco, lì **ci sono** i vaporetti.

In all diesen Sätzen sind die Verbformen von «essere» **è** bzw. **sono** mit einer örtlichen Bestimmung verbunden (**a Venezia, qui vicino, in questo parcheggio, a destra, lì**). Sie entsprechen dem Deutschen «es gibt». Vergleichen Sie: I Mancuso **sono** a Venezia per la Biennale. (sie sind) A Venezia **ci sono** molti turisti. (es gibt, da sind)

1. Rispondete secondo il modello: ꝏ

1° esempio:
Che cosa *c'è* in Piazzale Roma? (un grande parcheggio)
– *C'è* un grande parcheggio.
2° esempio:
Che cosa *c'è* in Piazzale Roma? (molti parcheggi)
– *Ci sono* molti parcheggi.

a. un grande parcheggio
b. molti parcheggi
c. molte macchine
d. molta gente
e. tanti turisti
f. un grande albergo
g. molti venditori
h. i vaporetti
i. un grande magazzino
l. tanta gente
m. molti stranieri
n. un bar elegante

2. Rispondete secondo il modello: ꝏ

Che cosa *c'è di bello* a Venezia? (il mare)
– A Venezia *c'è* il mare.

a. il mare
b. molti palazzi interessanti
c. la Biennale
d. una buona cucina
e. molti caffè eleganti
f. la Piazza San Marco
g. molte cose interessanti
h. il Canal Grande

3. Rispondete secondo il modello: QO

Lasciamo la macchina in un parcheggio? – Sì, guarda quanti parcheggi *ci sono* qui!

a. Lasciamo la macchina in un parcheggio?
b. Compriamo una cartolina?
c. Entriamo in un bar?
d. Compriamo un giornale?
e. Compriamo una guida?
f. Prendiamo il vaporetto?
g. Cerchiamo un albergo?

4. Parlate di Venezia:

In Piazzale Roma A Venezia In quest'albergo A destra	c'è ci sono	molte camere libere molti venditori tanta gente un posto libero tanti alberghi comodi stranieri di tutto il mondo ancora una camera libera un vaporetto per Piazza S. Marco un certo fascino

5. *C'è – ci sono* o *è – sono*?

a. Perché i Mancuso __________ a Venezia? __________ qui per vedere la Biennale.
b. __________ ancora una camera libera in quest'albergo? No, mi dispiace.
c. Perché non __________ più camere libere? Perché __________ molta gente in questa stagione.
d. Quest'anno tutti gli alberghi __________ occupati, perché __________ la Biennale.
e. In questa stagione __________ molti turisti a Venezia.
f. Per te __________ interessante Venezia? Sì, __________ tante cose interessanti!
g. Dov'__________ il vaporetto per San Marco? __________ lì all'angolo, a destra!
h. In Piazzale Roma __________ molti vaporetti.
i. Questo __________ il vaporetto per il Lido.
l. __________ anche un vaporetto per Murano? – Sì, il numero cinque.

D

quanto (wie viel) – **tanto** (so viel) – **molto** (viel)

quanto, tanto und **molto** verhalten sich, wenn sie mit einem Substantiv verbunden sind, genauso wie die Eigenschaftswörter auf **-o** (→ L 4, § F, p. 33):
Quant**i** stranier**i**! Sì, a Venezia ci sono tant**i** / molt**i** stranier**i**.
Quant**e** macchin**e**! In Piazzale Roma ci sono tant**e** / molt**e** macchin**e**.
Achten Sie besonders auf folgende Wörter:

Quant**a** **gente** c'è a Venezia!	(**la gente**	ist weiblich/Singular)
Guido non spende tant**i** **soldi**.	(**i soldi**	ist männlich/Plural)
Tant**e** **grazie**! Molt**e** **grazie**!	(**grazie**	ist weiblich/Plural)

1. Rispondete secondo il modello:

– *Quante macchine!*
– Sì, ci sono proprio *molte macchine.*

a. Quante macchine!
b. Quanti stranieri!
c. Quanti parcheggi!
d. Quante cartoline!
e. Quanti turisti!
f. Quanta gente!

2. Completate:

a. Guarda, a destra, ci sono molt__ posti liber__.
b. C'è sempre tant__ gente a Venezia? – No, non sempre.
c. Quant__ turisti! – Sì, è vero, ma solo in Piazza San Marco ci sono tant__ turisti.
d. Ci sono molt__ turisti in questa stagione? – No, non molt__.
e. Venezia è proprio una città molt__ bella.
f. Molt__ gente spende tant__ soldi per i vestiti.
g. Signorina, tant__ grazie per la Sua gentilezza.
h. Quant__ cose interessant__ ci sono a Venezia!

E

I turisti visitano l'Italia (sie besichtigen, besuchen)

Die Endung der Verben auf **-are** in der 3. Person Plural lautet immer **-ano**. Die Betonung liegt auf dem Vokal, der in den ersten drei Personen die Betonung trägt:

visito — **Visito** Venezia per la prima volta.
visiti — Giorgio, perché non **visiti** la Biennale?
visita — Signora, **visita** l'Italia per la prima volta?
visitano — Perché tanti stranieri **visitano** Venezia?

Diese Betonungsregel gilt für alle Verben. Hier noch einige Beispiele: **amare** (amo-amano), **arrivare** (arrivo-arrivano), **risparmiare** (risparmio-risparmiano), **desiderare** (desidero-desiderano), **lasciare** (lascio-lasciano), **ammirare** (ammiro-ammirano), **guardare** (guardo-guardano), **gridare** (grido-gridano), **trovare** (trovo-trovano) usw.
Achten sie auf **andare (vado-vanno)**.

Rispondete secondo il modello:

Guido *arriva* a Venezia in macchina.
– Anche i Mancuso *arrivano* a Venezia in macchina.

Guido . . .

a. arriva a Venezia in macchina.
b. trova un posto per la macchina.
c. lascia la macchina in un parcheggio.
d. cerca un albergo comodo.
e. incontra molti stranieri.
f. compra una guida della città.
g. entra in un bar.
h. desidera visitare la città.
i. ammira i palazzi sul Canal Grande.
l. va in giro a piedi.

F

L'Italia

Anders als im Deutschen werden Ländernamen im Italienischen mit dem Artikel verbunden: **l'Italia, la Germania, la Jugoslavia, l'Austria, la Svizzera, l'America,** usw.
Vergleichen Sie aber: **Sono / vado in Italia, in Germania**, usw. (→ L 3, § H, p. 26). Auch die Regionen stehen mit Artikel, z. B.: le regioni dell'Italia Settentrionale (dell'Italia Centrale e dell'Italia Meridionale) sono: **la Lombardia, il Veneto,** ecc. Für die Namen der italienischen Regionen siehe die Italienkarte auf der Innenseite des Einbandes.

1. Fate le domande e rispondete secondo il modello:

> *Italia*
> – Chissà perché in Italia ci sono tanti turisti!
> – Forse perché l'Italia è interessante per tutti.

a. Italia	c. Jugoslavia	e. Francia	g. Venezia
b. Svizzera	d. Austria	f. Germania	h. Roma

2. Nehmen Sie die Italienkarte auf der Umschlaginnenseite und antworten Sie auf die Fragen:

a. Quali sono le regioni dell'Italia Settentrionale?
b. Quali sono le regioni dell'Italia Centrale?
c. Quali sono le regioni dell'Italia Meridionale?

G

vendono – offrono (sie verkaufen – bieten an)

Wie die 3. Person Plural der Verben auf **-are** lautet, ist bereits bekannt (L 5, § E, p. 42) Für die Verben auf **-ere** und **-ire** lautet die Endung **-ono**:

vend**ere**	I venditori vend**ono** cartoline e guide della città.
offr**ire**	I venditori offr**ono** souvenir.
prefer**ire**	Chiara e Giuliano non prendono il vaporetto, prefer*isc***ono** andare a piedi.

Auch hier wird die 3. Pers. Plural betont wie die Formen des Singulars:

v**e**ndo,	v**e**ndi,	v**e**nde, . . .	v**e**ndono
offro,	**o**ffri,	**o**ffre, . . .	**o**ffrono
prefer**i**sco,	prefer**i**sci,	prefer**i**sce, . . .	prefer**i**scono

Die dritte Person Plural aller Verben kann auch zur formalen Anrede von mehreren Personen (Höflichkeitsform im Plural) dienen, z.B.:
Signora, **è** contenta dell'albergo? (Höflichkeitsform für eine Person)
Signori, **sono** contenti dell'albergo? (Höflichkeitsform für mehrere P.)
Ingegnere, **ha** tempo di visitare la città?
Signori, **hanno** tempo di visitare la città?
In der heutigen Umgangssprache verwendet man aber viel häufiger **siete** bzw. **avete**, also die 2. Person Plural.

Completate secondo il modello:

Chiara e Giuliano (desiderare) ________ visitare Venezia. – Chiara e Giuliano *desiderano* visitare Venezia.

a. Chiara e Giuliano (desiderare) ________ visitare Venezia.
b. In Piazzale Roma i turisti (lasciare) ________ la macchina in un parcheggio.
c. Non (essere) ________ facile trovare un posto.
d. Giuliano (cercare) ________ e (vedere) ________ un posto libero a destra.
e. Tutti i turisti (prendere) ________ il vaporetto per San Marco.
f. Chiara (preferire) ________ andare a piedi.
g. Chiara (chiedere) ________ perché tanti stranieri (amare) ________ l'Italia.
h. Alcuni (andare) ________ in Italia per il clima, altri (avere) ________ interesse per le arti, altri ancora (desiderare) ________ godere la cucina italiana.
i. In Piazzale Roma Chiara e Giuliano (sentire) ________ i venditori che (gridare) ________, (offrire) ________ souvenir e (vendere) ________ cartoline e guide della città.
l. Chiara (chiedere) ________: «(volere) ________ comprare una guida anche noi?», ma Giuliano (rispondere) ________: «Per prima cosa (cercare) ________ un albergo; (essere) ________ difficile trovare una camera libera in questa stagione».

Lezione sesta 6

A In albergo

Chiara e Giuliano cercano una camera in un albergo del centro. Vanno all'Hotel Incanto e Giuliano chiede al portiere:

– Vorrei una camera matrimoniale con bagno.
– Ha una prenotazione?
– No, senza prenotazione.
– Allora, vediamo! C'è una camera a un letto al primo piano, e una a due letti al secondo, ma senza bagno.
– Non avete almeno una camera con doccia?
– Sì, una, ma piccola, al sesto piano.
– Al sesto piano? Ma è almeno con vista sul mare?
– Mi dispiace, tutte le camere con vista sul mare sono occupate. Noi andiamo sempre incontro ai desideri degli ospiti, ma siamo in alta stagione ed è una fortuna trovare una camera.
– Va bene, prendiamo la camera al sesto piano.

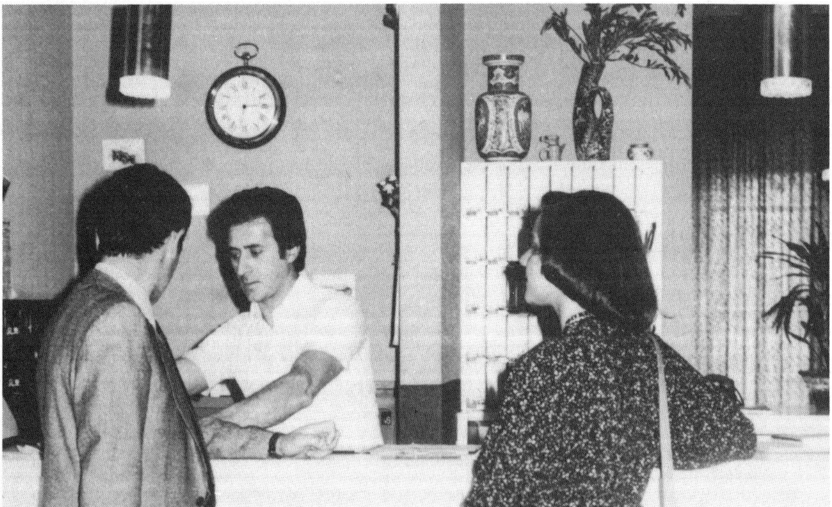

– Vogliono lasciare i passaporti, per favore?
– Certo, eccoli!
– Dove sono i bagagli dei signori?
– In macchina.
– Va bene, signori. Desiderano solo la prima colazione o prendono la pensione completa?
– La pensione completa. Quanto costa al giorno?
– Sette mila lire a persona. Vogliono fare colazione in camera o al ristorante dell'albergo?
– Dov'è il ristorante?
– Al pianterreno, a sinistra. Se vanno al bar, è lì vicino.
– A che ora servite la colazione?
– Dalle sette in poi.
– Grazie delle informazioni.
– Prego, non c'è di che. Ecco la chiave della camera.

Una prenotazione

B

A: Pronto! Hotel Incanto!
B: Buon giorno, vorrei prenotare una camera a due letti con bagno e, se possibile, con vista sul mare.
A: Per quando, signore?
B: Dal cinque (5) al nove (9) ottobre.
A: Va bene, signore! Il suo nome, per favore?
B: Wolfgang Schreiber.
A: Come?
B: S come Savona, C come Catania, acca, R come Roma, E come Empoli, I come Imola, B come Bologna, E come Empoli, R come Roma.
A: Grazie, signor Schreiber!
B: Grazie a Lei!

A	Ancona	M	Milano
B	Bologna	N	Napoli
C	Catania	O	Otranto
D	Domodossola	P	Palermo
		Q	Quarto
E	Empoli	R	Roma
F	Firenze	S	Savona
G	Genova	T	Torino
H	acca	U	Udine
I	Imola	V	Verona
L	Livorno	Z	Zara

j = i lunga, k = kappa, w = vu doppio, x = ics, y = ipsilon.

Qual è il Suo nome?

273

C La prima colazione

Chiara e Giuliano non vogliono fare colazione al ristorante, ma in camera. Chiara telefona al portiere:

A: Pronto, sono la signora Attolini, camera 450.
B: Dica, signora!
A: Vorrei ordinare la colazione per due persone.
B: Va bene, signora, dica!
A: Una spremuta d'arancia e un succo di pomodoro, delle briosce, burro, marmellata e caffelatte.
B: Altro, signora?
A: No, grazie!
B: Grazie a Lei, signora!

hotel incanto

PRIMA COLAZIONE

Spremuta d'arancia o di pompelmo - Succo di pomodoro

Panini - Briosce - Fette biscottate

Burro - Marmellata - Miele

Caffè - Caffelatte - Thè al limone o al latte

D

a + Artikel

Sie haben schon mehrfach Formen kennengelernt wie **alla Biennale, al bar, ai grandi magazzini** . . . usw. Es handelt sich dabei um die Verbindung von «a + Artikel» (denken Sie an das deutsche «am = an + dem», «ans = an + das»). Im folgenden werden alle Kombinationsmöglichkeiten aufgeführt:

il ristorante	Vado **al** ristorante.	**a + il**	**= al**
l'albergo	Siamo **all'**albergo Danieli.	**a + l'**	**= all'**
lo straniero	Dica **allo** straniero dov'è l'Hotel Doria!	**a + lo**	**= allo**
i magazzini	Compro i vestiti **ai** magazzini del centro.	**a + i**	**= ai**
gli ospiti	Che cosa vogliamo offrire **agli** ospiti?	**a + gli**	**= agli**
la Biennale	C'è molta gente **alla** Biennale?	**a + la**	**= alla**
l'ultima moda	Scarpe **all'**ultima moda.	**a + l'**	**= all'**
le domande	Rispondo **alle** domande della giornalista.	**a + le**	**= alle**

1. Completate con *al, all', allo . . .*

a. Le camere __________ primo piano sono occupate.
b. Forse ci sono ancora camere libere __________ albergo Sabbiadoro.
c. L'albergo Sabbiadoro è in città o __________ Lido?
d. È __________ Lido, è qui __________ angolo.
e. Vorrei una camera __________ ultimo piano con vista sul mare.
f. Noi andiamo sempre incontro __________ desideri degli ospiti, ma __________ sesto piano non ci sono più camere libere.
g. Quanto costa la pensione completa __________ giorno? Settemila lire.
h. Il marito chiede __________ moglie se è contenta della camera.
i. Giorgio risponde volentieri __________ domande della giornalista.
l. Che cosa offriamo __________ ospiti? Un caffè, forse?
m. Il portiere risponde con gentilezza __________ domande dello straniero.
n. Il portiere risponde __________ straniero.
o. Queste scarpe sono proprio __________ ultima moda.

2. Rispondete secondo il modello:

Vai *al* bar? (il ristorante) – No, vado *al* ristorante.

a. Vai al bar? (il ristorante)
b. Signora, va al Lido? (la Biennale)
c. La camera è al secondo piano? (il pianterreno)
d. Graziella e Guido vanno alla Supermoda? (i grandi magazzini)
e. Giorgio è all'albergo Danieli? (l'Hotel Miramare)
f. I Rossi sono a Milano? (il mare)
g. Siete all'albergo Danieli? (la Pensione Rosa)

3. Che cosa chiede Giuliano al portiere, se desidera avere una camera al 1° (primo) piano con doccia?

Desidero una camera al 1° piano con doccia.

Continuate:

a. Chiara vorrebbe una camera matrimoniale a due letti al 2° (secondo) piano.

b. Il signor Rossi desidera una camera a un letto con bagno al 3° (terzo) piano.
c. Giuliano e Chiara desiderano una camera matrimoniale all'ultimo piano.
d. I signori Rossi desiderano una camera matrimoniale a due letti con doccia o bagno.
e. La signorina Bianchi vorrebbe una camera con doccia al pianterreno.
f. Giuliano e Chiara cercano una camera a due letti, con bagno e con vista sul mare, all'ultimo piano.

4. Wenn der Portier sagt:

«Mi dispiace, ma tutte le camere al primo piano sono occupate».
was hat der Gast dann gewünscht?
«*Vorrei* una camera al primo piano».

a. Mi dispiace, ma tutte le camere con doccia sono occupate.
b. Mi dispiace, ma tutte le camere con vista sul mare sono occupate.
c. Mi dispiace, ma con vista sul mare c'è solo una camera senza bagno.
d. Va bene, signore, al quinto piano c'è una camera matrimoniale a due letti.
e. Mi dispiace, ma senza prenotazione non è possibile avere una camera.
f. Mi dispiace, ma non è possibile fare colazione alle sei (6).
g. Mi dispiace, ma tutte le camere a un letto sono occupate.
h. Mi dispiace, ma non ci sono camere libere all'ultimo piano.
i. La pensione completa costa settemila lire al giorno e a persona.
l. Certo, è possibile fare colazione al ristorante dell'albergo.
m. Mi dispiace, ma al bar è possibile fare colazione solo dalle otto (8) in poi.
n. Mi dispiace, ma non ci sono più posti liberi nel parcheggio dell'albergo.

E

di + Artikel

Auch «di» bildet mit dem Artikel besondere Verbindungen, die übrigens der Konstruktion «a + Artikel» sehr ähnlich sind:

il signor Rossi	Qual è la professione **del** signor Rossi?	**di + il = del**

l'albergo	Siamo molto contenti **dell'**albergo.	**di + l'**	= **dell'**
lo scialle	Il prezzo **dello** scialle è eccezionale.	**di + lo**	= **dello**
i signori	I bagagli **dei** signori sono in macchina?	**di + i**	= **dei**
gli ospiti	Dov'è la camera **degli** ospiti?	**di + gli**	= **degli**
la mia camera	Ecco la chiave **della** mia camera.	**di + la**	= **della**
l'informazione	Grazie **dell'**informazione.	**di + l'**	= **dell'**
le città	Il fascino **delle** città italiane è grande.	**di + le**	= **delle**

Natürlich wird «di» ohne bestimmten Artikel verwendet, wenn es sich um folgende Fälle handelt:
La macchina **di Giuliano** (Giulianos Wagen); le camere **di quest'albergo** (dieses Hotels); la visita **di un collega** (eines Kollegen); la professione **di mio marito** (meines Mannes – → L 2, § D, p. 15).

Die Verbindungen von «di + Artikel» werden sehr häufig zum Ausdruck einer unbestimmten Anzahl oder Menge gebraucht. Vergleichen Sie:

Bestimmte Angaben:	**Unbestimmte Angaben:**
Carla compra **un** vestito (ein Kleid)	Carla compra **dei** vestiti (Kleider)
Compriamo **questo** vino! (diesen Wein)	Compriamo **del** vino! (Wein)
Vorrei **due/tanti/molti/alcuni** panini (zwei, viele, einige Brötchen)	Vorrei **dei** panini (Brötchen)

1. Rispondete secondo il modello: QO

> È questa la macchina del signor Rossi? (la signora Verdi)
> No, questa è la macchina della signora Verdi.

a. È questa la macchina del signor Rossi? (la signora Verdi)
b. È questo il parcheggio dell'albergo Danieli? (i Grandi Magazzini)
c. Sono questi i bagagli del tuo collega? (gli stranieri)
d. È questo il passaporto della signorina? (l'ingegner Bianchi)
e. È questo il prezzo del vestito? (lo scialle)

f. È questa la chiave della camera numero 4? (il bagno)
g. Sono questi i prezzi dei nuovi soprabiti? (le scarpe)
h. È questa la camera degli ospiti? (Graziella)
i. È questa la chiave del bagno? (la mia camera)
l. È questa la macchina di Lucia? (mia moglie)
m. Sono queste le sigarette di tuo marito? (un mio collega)

2. Che cosa desiderate comprare? QO

le cartoline – Vorrei comprare delle cartoline.

a. le cartoline	e. le arance	i. il vino
b. i giornali	f. le briosce	l. il miele
c. il latte	g. il succo di pomodoro	m. le riviste
d. i panini	h. la marmellata	n. le sigarette

3. Si dice «Grazie per le informazioni» o «Grazie delle informazioni». Trasformate secondo il modello: QO

Grazie *per le* sigarette. – Grazie *delle* sigarette.

a. sigarette	d. aranciata	g. espresso
b. informazione	e. colazione	h. visita
c. caffè	f. aperitivo	i. thè

4. Bilden Sie einen Satz mit einer Begründung anhand der unten angegebenen Möglichkeiten nach dem Muster:

– Sono contento dell'albergo, perché è comodo.

l'albergo	pratico, ma elegante
la camera	piccola, ma veloce
la macchina	comoda
il vestito	interessante
la mia professione	pratiche e moderne
le scarpe	non caro

5. Leggete la conversazione e rispondete alla domanda secondo il modello:

– Signor Mancuso, ha *una sigaretta*? – Sì, signor Braun. Che cosa chiede il signor Braun *al signor Mancuso*? Risposta: Il signor Braun chiede *una sigaretta al signor Mancuso*.

a. – C'è una camera libera con doccia?
   – Sì, signora, al 4° piano.
   Che cosa chiede la signora al portiere?
b. – C'è del latte fresco?
   – Certo, signore!
   Che cosa chiede il signore al venditore?
c. – Vorrei la colazione per due persone.
   – Va bene, signora.
   Che cosa chiede la signora al portiere?
d. – Vorrei dei panini freschi, per favore.
   – Eccoli, signora!
   Che cosa chiede la signora al cameriere?
e. – Signori, vogliono lasciare i passaporti, per piacere?
   – Certo, eccoli!
   Che cosa chiede il portiere ai signori?
f. – Avete delle cartoline di Venezia?
   – Certo, signora!
   Che cosa chiede la signora al portiere?

F

è una fortuna trovare . . . (es ist ein Glück, . . . zu finden)

È bello andare in giro a piedi. **È possibile prendere** il vaporetto.
È interessante leggere il giornale della domenica. ... ecc. Bei diesen und ähnlichen Wendungen, die man als unpersönliche Ausdrücke bezeichnet, weil sie sich nicht auf eine bestimmte Person beziehen, wird im Italienischen das Verb direkt angeschlossen. Vergleichen Sie dagegen das Deutsche: es ist schön, ... *zu* gehen; es ist möglich, ... *zu* nehmen; es ist interessant, ... *zu* lesen.

Ebenso verhält es sich bei «desiderare» und «preferire»: Alcuni **desiderano godere** il mare./**Preferisco comprare** un vestito.

1. Completate le seguenti frasi:

a. In questa stagione è difficile __________ camere libere.
b. È bello __________ i palazzi sul Canal Grande.
c. Non è possibile __________ in Piazza San Marco in macchina.
d. A Venezia è difficile __________ una camera senza prenotazione.
e. In Piazzale Roma è possibile __________ la macchina in un parcheggio.
f. È molto bello __________ il vaporetto per Piazza San Marco e __________ i palazzi sul Canal Grande, ma è ancora più bello __________ in giro a piedi.

2. Rispondete secondo il modello:

> Vai in macchina? (a piedi)
> – No, *preferisco* andare a piedi.

a. Vai in macchina? (a piedi)
b. Prende un caffè, signora? (un cappuccino)
c. I Rossi prendono una camera al 1° piano? (una camera all'ultimo piano)
d. Giorgio legge il giornale? (una rivista)
e. Signora, va in vaporetto? (a piedi)
f. Graziella compra ai grandi magazzini? (alla Supermoda)
g. Prendete la pensione completa? (solo la colazione)

G A che ora **servite** la colazione? (serviert ihr / servieren Sie)

Die Endungen der 2. Person Plural (ihr) lauten in den drei Konjugationen (Verben auf **-are, -ere und -ire**) verschieden. Vergleichen Sie:

and**are** A che ora and**ate** a colazione? Dalle sette in poi.
av**ere** **Avete** una camera con bagno? Sì, all'ultimo piano.
serv**ire** **Servite** la colazione al ristorante o in camera?

Fate le domande e usate «che cosa» o «dove» secondo il modello:

Fumiamo le HB. – Che cosa *fumate*?	Andiamo in centro. – Dove *andate*?

a. Fumiamo le HB.
b. Andiamo in centro.
c. Cerchiamo un albergo.
d. Compriamo un giornale.
e. Entriamo al bar.
f. Accendiamo la TV.
g. Leggiamo il «Corriere della Sera».
h. Preferiamo una camera con doccia.
i. Prendiamo il vaporetto.
l. Lasciamo la macchina nel parcheggio.
m. Offriamo un caffè a Giorgio.
n. Desideriamo andare in città.

Ecco il nome di alcuni giornali italiani. Dite: Il Corriere della Sera è il giornale di Milano, ecc.

Lezione settima 7

A All'agenzia turistica

Alcuni medici entrano in un'agenzia turistica di Torino e chiedono delle informazioni all'impiegata.

– I signori desiderano?

– Abbiamo bisogno di alcune informazioni. Siamo qui per il congresso internazionale dei medici radiologi. Abbiamo tre giorni a disposizione e desideriamo fare una gita o un breve viaggio.

– In gruppo?

– Non è necessario. Io, per esempio, preferisco passare tre giorni in un luogo tranquillo non troppo lontano da Torino. I miei colleghi tedeschi e belgi, invece, preferiscono andare a Roma o a Napoli.

– Capisco, allora vediamo. Forse una gita ai laghi della Lombardia o in Val d'Aosta?
– Quanti chilometri ci sono da qui?
– Da Torino ad Aosta 100 chilometri, da Aosta fino ai piedi del Monte Bianco altri 37.
– C'è un autobus o un pullmann? Quando parte?
– Ci sono molti pullmann. Ma è meglio prendere a mezzogiorno il pullmann diretto. Il viaggio dura un'ora e mezzo.
– Grazie, e ai miei amici che cosa consiglia?
– Di solito, per tre giorni, consigliamo agli stranieri Napoli e non Roma.
– Ma Napoli è lontana!
– In aereo si arriva in tre quarti d'ora. In tre giorni è possibile visitare la città, andare a Pompei e salire sul Vesuvio.

È molto interessante salire sul Vesuvio

B

All'agenzia viaggi CIT di Torino un signore chiede delle informazioni all'impiegata.
– Buon giorno, signorina.
– Buon giorno, signore. Desidera?
– Ho bisogno di alcune informazioni. Ho due giorni a disposizione e desidero fare una gita a Santa Margherita Ligure. È possibile prenotare una camera singola con bagno in un albergo vicino alla spiaggia?

– Certo! Quando parte?
– Se c'è una camera libera, anche oggi e così arrivo stasera. Quanto costa una camera con vista sul mare?
– Dalle 7.000 alle 12.000 (dodicimila) lire al giorno.
– No, è troppo cara. Allora prendo una camera senza vista sul mare.
– Va bene, signore. Allora telefono per fare la prenotazione.
– Grazie, signorina, è molto gentile.

Fate il dialogo come sopra con queste persone:

a. l'impiegata – marito e moglie – quattro giorni a disposizione – al Lago di Como – camera matrimoniale a due letti.
b. l'impiegata – due amici – un giorno a disposizione – al Lago Maggiore – camera a due letti con doccia.
c. l'impiegata – un gruppo di medici radiologi – tre giorni a disposizione – al Lago di Garda – otto camere singole con bagno.

C

Zusammenfassung der Pluralbildung

a. Allgemeine Pluralbildung

Singular auf -o	*Plural auf -i*	*Singular auf -e*	*Plural auf -i*
il/un giorn**o**	i giorn**i**	il/un signor**e**	i signor**i**
l'/un aperitiv**o**	gli aperitiv**i**	l'/un ingegner**e**	gli ingegner**i**
lo/uno stranier**o**	gli stranier**i**	lo/uno sciall**e**	gli sciall**i**
Singular auf -a	*Plural auf -e*		
la/una signor**a**	le signor**e**	la/una chiav**e**	le chiav**i**
la/una camer**a**	le camer**e**	la/una canzon**e**	le canzon**i**
l'/un'aranciat**a**	le aranciat**e**	l'/un'art**e**	le art**i**

Männliche Wörter auf **-a** enden im Plural auf **-i**:
il/un giornalist**a** i giornalist**i** il/un turist**a** i turist**i**

b. Wörter auf -co und -go

	Singular -co	*Plural -chi*	*Singular -go*	*Plural -ghi*
vorletzte Silbe	il tedes**co**	i tedes**chi**	l'alber**go**	gli alber**ghi**
betont	il suc**co**	i suc**chi**	il luo**go**	i luo**ghi**

		Plural -ci		*Plural -gi*
drittletzte Silbe betont	il m**e**di**co** pr**a**ti**co**	i m**e**di**ci** pr**a**ti**ci**	il radi**o**lo**go**	i radi**o**lo**gi**
Aber:	l'ami**co**	gli ami**ci**		

c. Wörter auf -ca und -ga

Plural immer auf -che/-ghe	la domeni**ca** la tedes**ca**	le domeni**che** le tedes**che**	la colle**ga** la tar**ga**	le colle**ghe** le tar**ghe**

Achtung: l'ami**co**/l'ami**ca** – gli ami**ci**/le ami**che**; il/la colle**ga** – i colle**ghi**/le colle**ghe**; il/la bel**ga** – i bel**gi**/le bel**ghe**.

d. Wörter auf -cio/-gio, -cia/-gia

Plural auf -ci/gi bzw. ce/ge	l'annun**cio** il viag**gio**	gli annun**ci** i viag**gi**	l'aran**cia** la spiag**gia**	le aran**ce** le spiag**ge**

e. Wörter auf -io, -ie

Plural auf -i	l'esemp**io** la mogl**ie**	gli esempi le mogli

f. Wörter mit unverändertem Plural

la citt**à** il caff**è**	le citt**à** i caff**è**	*Wörter mit betonter Endsilbe*
il ba**r** l'autobu**s** il pullman**n**	i ba**r** gli autobu**s** i pullman**n**	*Wörter auf Konsonant (Fremdwörter)*

1. Trasformate secondo il modello:

> Questa *macchina* non è molto velo*ce*.
> – Queste *macchine* non sono molto velo*ci*.

a. Questa macchina non è molto veloce.

b. Stasera arriva la mia amica tedesca.

c. Il parcheggio in Piazzale Roma è comodo.

d. Il mio amico è medico.

e. Il bagaglio dell'ospite è in albergo.
f. L'impiegata chiede al medico se desidera fare la prenotazione.
g. Il mio amico tedesco è di Berlino.
h. Lo scialle di Graziella è molto pratico.
i. Questo luogo è proprio tranquillo.
l. Graziella legge l'annuncio sul giornale.
m. Questa spiaggia è molto tranquilla.
n. Il mio collega è giornalista.
o. È belga questo turista? No, è tedesco.
p. Questo viaggio turistico non è interessante.

2. Trasformate secondo il modello: QO

I miei *amici tedeschi* preferiscono andare a Roma. – Il mio *amico tedesco* preferisce andare a Roma.

a. I miei amici tedeschi preferiscono andare a Roma.
b. I medici sono qui per il congresso.
c. Le informazioni sono interessanti.
d. Queste arance sono buone.
e. I colleghi belgi desiderano fare una gita a Napoli.
f. Queste città sono proprio belle.
g. Le agenzie turistiche sono in centro.
h. Che cosa consiglia ai turisti belgi?
i. Le amiche tedesche di Mario capiscono l'italiano.
l. Dove sono le chiavi?
m. Queste canzoni sono interessanti.

3. Fate le domande e rispondete secondo il modello: QO

un lago in Lombardia – C'è un *lago* in Lombardia? – Sì, ci sono molti *laghi.*

a. un lago in Lombardia
b. un congresso a Torino
c. un'agenzia turistica in centro
d. un luogo tranquillo in Val d'Aosta
e. un annuncio interessante sul giornale
f. un parcheggio qui
g. un autobus per il centro
h. un pullmann per Aosta
i. una camera libera in quest'albergo
l. una spiaggia tranquilla in Sardegna

D

avere bisogno di . . . (etwas brauchen)

ich brauche	**Ho bisogno di** alcune informazioni.
du brauchst	Per quando **hai bisogno della** camera?
er, sie braucht	Giorgio/Graziella **ha bisogno di** un vestito nuovo.
Sie brauchen	**Di** che cosa **ha bisogno**, signora/ingegnere?
wir brauchen	**Abbiamo bisogno di** molti soldi.
ihr braucht	**Avete bisogno del** cameriere? No, grazie.
sie brauchen	I medici **hanno bisogno** di un posto tranquillo.

Fate le domande e rispondete secondo il modello: QO

Lei – alcune informazioni
– Di che cosa ha bisogno?
– Ho bisogno di alcune informazioni.

a. Lei – alcune informazioni
b. tu – un caffè
c. voi – una camera con bagno
d. il signor Rossi – un'informazione
e. i medici – un posto tranquillo
f. tu, Giorgio – un paio di scarpe
g. Graziella – un vestito
h. noi – una guida della città

E

capire (verstehen)

Von den Verben auf **-ire** verhalten sich einige wie **offrire** und andere wie **preferire,** → L 4, § C, p. 30; L 5, § G, p. 44; L 6, § G, p. 54. Vergleichen Sie:

offr**ire**:	offr**o**	offr**i**	offr**e**	offr**iamo**	offr**ite**	offr**ono**
cap**ire**:	cap*isc***o**	cap*isc***i**	cap*isc***e**	cap**iamo**	cap**ite**	cap*isc***ono**

Bei «capire» wird der Stamm im Singular Präsens und in der 3. Person Plural durch die Endung **-isc-** erweitert.
Von den Ihnen bereits bekannten Verben verhalten sich **sentire, partire, servire** wie **offrire** und **preferire, costruire** wie **capire**. Im folgenden werden wir im Verzeichnis «Wörter und Strukturen» von den Verben auf **-ire** immer die 1. Person Singular Präsens angeben, z.B. *offrire (offro), costruire (costruisco).*

Fate le domande e rispondete secondo il modello: QO

Signora – non molto – Signora, capisce l'italiano? – Sì, capisco l'italiano, ma non molto.

a. Signora – non molto
b. Signorina – non tanto bene
c. il signor Braun – non ancora bene
d. Signor Braun – non troppo bene
e. i medici belgi – non tutto
f. voi – non ancora tutto
g. tu – non tanto bene
h. la signora Braun – non molto bene
i. voi – non sempre

F

Die Zahlen von 0–16

0 (zero) 1 (uno) 2 (due) 3 (tre) 4 (quattro) 5 (cinque) 6 (sei) 7 (sette) 8 (otto) 9 (nove) 10 (d**i**eci) 11 (**u**ndici) 12 (d**o**dici) 13 (tr**e**dici) 14 (quatt**o**rdici) 15 (qu**i**ndici) 16 (s**e**dici)

Man sagt:
un quarto d'ora (eine Viertelstunde), **mezz'ora** (eine halbe Stunde; im Ital. ohne **una**), **tre quarti d'ora** (eine $^3/_4$ Stunde), **un'ora** (eine Stunde), **un'ora e un quarto** ($1^1/_4$ Stunden), **un'ora e mezzo** oder **mezza** ($1^1/_2$ Stunden) usw.

1. Fate le domande e rispondete secondo il modello: QO

al centro della città – 3 minuti – In quanto tempo si arriva da qui al centro della città? – Di solito si arriva al centro della città in tre minuti.

a. al centro della città – 3 minuti
b. all'agenzia turistica – 10 minuti
c. a Piazzale Roma – 5 minuti
d. a Piazza S. Marco – $^1/_4$ d'ora
e. all'albergo – 12 minuti
f. al Lago di Como – 2 ore
g. a Rapallo – 2 ore e mezza
h. ad Aosta – mezz'ora
i. al ristorante «Milano» – alcuni minuti

2. Fate le domande e rispondete secondo il modello: QO

Milano–Bergamo in pullmann – mezz'ora
– Quanto dura il viaggio da Milano fino a Bergamo in pullmann?
– Non molto, si arriva in mezz'ora.

a. Milano–Bergamo in pullmann – mezz'ora
b. Catania–Taormina in autobus – $^3/_4$ d'ora
c. Milano–Monza in macchina – $^1/_4$ d'ora
d. Torino–piedi del Monte Bianco in pullmann – un'ora e $^3/_4$
e. Verona – Venezia in macchina – 1 ora e mezza
f. Monaco–Milano in aereo – $^3/_4$ d'ora
g. Monaco–Roma in aereo – 1 ora e mezza
h. Genova–Firenze in macchina – due ore e $^1/_4$

G

Die Zahlen ab 17

17 (diciassette) 18 (diciotto) 19 (diciannove) 20 (venti) 21 (ventuno) 22 (ventidue) 23 (ventitré) 24 (ventiquattro) 25 (venticinque) 26 (ventisei) 27 (ventisette) 28 (ventotto) 29 (ventinove) 30 (trenta) 31 (trentuno) 32 (trentadue) 38 (trentotto) 40 (quaranta) 50 (cinquanta) 60 (sessanta) 70 (settanta) 80 (ottanta) 90 (novanta) 100 (cento) 200 (duecento) 900 (novecento) 1.000 (mille) 2.000 (duemila). Achten Sie darauf, daß der Endvokal von vent**i**, trent**a**, quarant**a** ... in Verbindung mit **u**no und **o**tto entfällt: Ventuno ... ventotto.

1. Dite il numero successivo, per esempio: QO

24 – venticinque

16, 20, 30, 37, 26, 47, 29, 19, 15, 18, 69, 59, 87, 98, 999, 1.999, 57, 1.976, 17, 77, 79, 60, 67, 90.

2. Avete 14 giorni a disposizione e desiderate fare un viaggio turistico in macchina. Andate in un'agenzia turistica, dove l'impiegata vi consiglia questo giro turistico. Fate la conversazione con l'impiegata secondo il modello:

Impiegata:	1° giorno da Milano a Piacenza.
Domanda:	Quanti chilometri ci sono da Milano a Piacenza?
Impiegata:	Ci sono 90 chilometri.

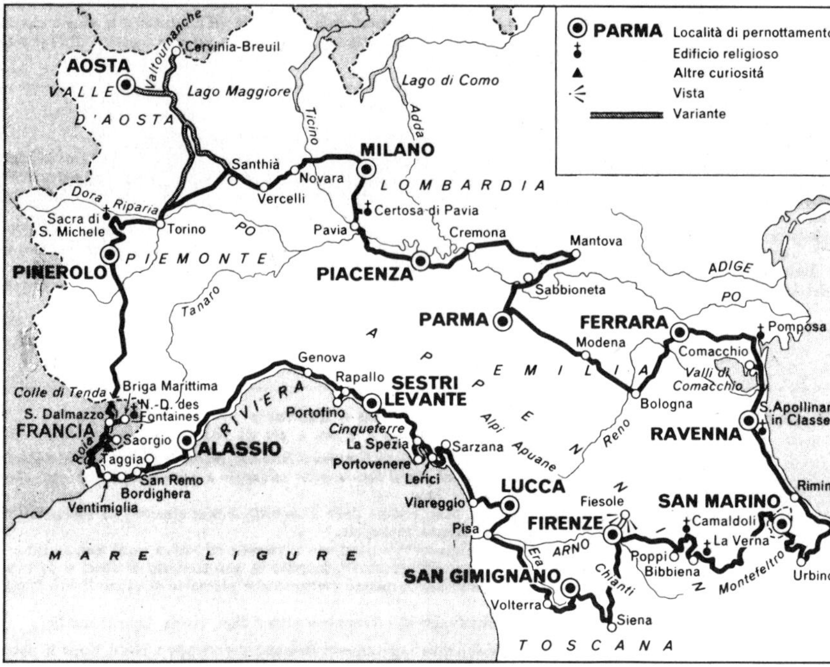

1° giorno	**Milano – Piacenza** 90 km	**9° giorno**	**Firenze – San Gimignano** 107 km
2° giorno	**Piacenza – Parma** 165 km	**10° giorno**	**San Gimignano – Lucca** 114 km
3° giorno	**Parma – Ferrara** 144 km	**11° giorno**	**Lucca – Sestri Levante** 187 km
4° giorno	**Ferrara – Ravenna** 96 km	**12° giorno**	**Sestri Levante – Alassio** 166 km
5° giorno	**Ravenna – San Marino** 179 km	**13° giorno**	**Alassio – Pinerolo** 239 km
6° giorno	**San Marino – Firenze** 213 km	**14° giorno**	**Pinerolo – Milano** 222 km
7° e 8° giorno	**Firenze** (2 giorni)		

Lezione ottava 8

Si va in vacanza! A

Maria (M), Lucio (L) e Guglielmo (G) fanno già i progetti per le loro vacanze.

M: Ragazzi, dove andiamo quando finisce la scuola?
L: Vogliamo andare in campeggio?
M: Che bell'idea! Ma dove? Preferisci il campeggio al mare o in montagna?
L: In montagna. I miei genitori vanno ogni anno al mare, ma quest'anno io preferisco venire con voi, se siete d'accordo.
M: Certo! E tuo padre e tua madre vanno in albergo?
L: No, anche loro preferiscono la tenda invece di una stanza d'albergo. Ora però hanno la roulotte ed io posso prendere la nostra vecchia tenda.

La scuola finisce . . . e si va in vacanza

M: È comoda? Per quante persone è?
L: Per quattro. Devo solo riparare la finestrella.
M: Allora prendiamo la vostra tenda. Guglielmo, se vuoi, puoi venire anche tu, c'è posto.
G: Mi dispiace, io non posso. Mio fratello ed io dobbiamo andare all'estero con i nostri genitori ed un loro amico.
M: Devi proprio andare anche tu con loro? Va bene, Guglielmo vuole fare il bravo e andare in vacanza con il suo papà, la sua mammina ed il suo caro fratello. Non ha il coraggio di viaggiare senza i suoi genitori.
G: Sei cattiva! Perché mi prendi in giro? Mio fratello ed io non possiamo fare un viaggio così lungo da soli ed io non voglio perdere l'occasione di visitare quei paesi.
M: Ragazzi, e se l'anno scolastico finisce male?
L: Non dire sciocchezze. Non può e non deve finire male. Siamo tutti bravi, noi!

B La famiglia di Guglielmo

La famiglia di Guglielmo è molto grande. Lui è l'ultimo di tre figli. Suo fratello Luigi ha 19 anni e sua sorella Luisa, che è già sposata ed ha un bambino, ha 25 anni. Luisa, suo marito e il loro bambino abitano nella casa dei genitori di Guglielmo. Con loro abitano anche i nonni, che sono i genitori della mamma, e la zia Clotilde, che è una sorella del papà.
Quante persone abitano nella casa di Guglielmo?
Quante persone abitano nella Sua casa? Quali sono?

C

il mio, il tuo, il suo . . . (mein, dein, sein . . .)

	il mio giornale.		**i miei** fratelli.
Quest**o** è	**il tuo** soprabito.	Quest**i** sono	**i tuoi** vestiti.
	il suo albergo.		**i suoi** bagagli.
	la mia camera.		**le mie** scarpe.
Quest**a** è	**la tua** giacca.	Quest**e** sono	**le tue** colleghe.
	la sua borsa.		**le sue** riviste.

Questo è	**il nostro** ospite. **il vostro** amico. **il loro** collega.	Questi sono	**i nostri** genitori. **i vostri** soldi. **i loro** passaporti.
Questa è	**la nostra** macchina. **la vostra** tenda. **la loro** roulotte.	Queste sono	**le nostre** cartoline. **le vostre** chiavi. **le loro** sigarette.

Achten Sie darauf, daß «il suo/la sua» dem deutschen «sein» und «ihr» entspricht (→ L 2, § D, p.15):
Dov'è la giacca di **Giorgio**? Ecco, questa è **la sua giacca**. (seine)
Dov'è la giacca di **Chiara**? Ecco, questa è **la sua giacca**. (ihre)

«loro» bleibt immer unverändert: **il, la, i, le loro**. Es wird verwendet, wenn Sachen oder Personen (dabei kann es sich auch nur um *eine* Sache oder *eine* Person handeln) *mehreren* Personen zugeordnet sind:
Maria e Lucio hanno un amico. **Il loro** amico è Guglielmo. (ihr Freund)
I genitori di Lucio hanno una tenda. **La loro** tenda è vecchia. (ihr Zelt)
Guglielmo e Luigi vanno all'estero con **i loro** genitori. (ihren Eltern)
Maria e Lucio passano **le loro** vacanze in campeggio. (ihre Ferien)

Bei der höflichen Anrede verwendet man im Singular «il Suo, la Sua...» (→ L 2, § D, p. 15) und im Plural «il, la... Loro»:
Signora/Ingegnere, dov'è **la Sua macchina**?
Signori, **i Loro passaporti**, per favore!

1. Completate secondo il modello:

Ho un amico.__________ amico è Guglielmo.
– Ho un amico. *Il mio amico* è Guglielmo.

a. Ho un amico. __________ amico è Guglielmo.
b. Ho due amici. __________ amici sono Guglielmo e Maria.
c. Maria ha un'amica. __________ amica è Chiara.
d. Lucio ha una macchina. __________ macchina è una Fiat.
e. Abbiamo molti bagagli. __________ bagagli sono in macchina.
f. La mamma ha uno scialle. __________ scialle è di lana.
g. I genitori di Lucio hanno una roulotte. __________ roulotte è nuova.
h. Hai una famiglia molto grande. __________ famiglia è di 10 persone.

i. Grazie, ingegnere, per _________ gentilezza.
l. Ragazzi, grazie per _________ visita.
m. Signori, dove sono _________ bagagli?
n. Signora, dove sono _________ bagagli?
o. Ingegnere, ecco _________ chiavi!

2. Rispondete secondo il modello: QO

Abiti qui? – Sì, questa è *la mia casa.*

a. Abiti qui?
b. Abitate qui?
c. Maria abita qui?
d. Signora, abita qui?
e. La signora Rossi abita qui?
f. Guglielmo e Luigi abitano qui?
g. I genitori di Lucio abitano qui?
h. I Signori abitano qui?

3. Rispondete secondo il modello: QO

Sono queste le scarpe di Maria? – No, *le sue scarpe* sono quelle.

a. Sono queste le scarpe di Maria?
b. È questa la macchina di Giorgio?
c. È questa la roulotte di Lucio?
d. È questa la tenda dei genitori di Lucio?
e. Sono questi i bagagli dei Mancuso?
f. È questo il soprabito di Lucio?
g. Sono queste le sigarette dei tuoi amici?
h. Sono questi i giornali di Maria?
i. È questo l'albergo dei Mancuso?

4. Fate le domande e rispondete secondo il modello: QO

il vestito – Dov'è il mio vestito? – Il tuo vestito? Deve essere in camera, no?	*le scarpe* – Dove sono le mie scarpe? – Le tue scarpe? Devono essere in camera, no?

a. il vestito
b. le scarpe
c. la borsa
d. il soprabito
e. la giacca
f. le chiavi
g. i giornali
h. le cartoline
i. i soldi

volere (wollen), **potere** (können), **dovere** (müssen, sollen)

voglio	posso	devo	Quest'anno **voglio** andare in campeggio.
vuoi	puoi	devi	**Puoi** venire con noi, se **vuoi**.
vuole	può	deve	Guglielmo **deve** andare all'estero.
vogliamo	possiamo	dobbiamo	**Vogliamo** andare al mare o in montagna?
volete	potete	dovete	Non **potete** venire anche voi con noi?
vogliono	possono	devono	Quando **devono** partire i tuoi genitori?

Beachten Sie den Unterschied zwischen **voglio** (ich will) und **vorrei** (ich möchte) sowie zwischen **vuole** (er, sie will) und **vorrebbe** (er, sie möchte)

1. Rispondete secondo il modello: QO

Vuoi andare in campeggio?
– Sì, ma quest'anno non *posso*.

a. Vuoi andare in campeggio?
b. Volete andare al mare?
c. Signora, vuole andare in montagna?
d. Maria vuole andare in vacanza?
e. Vogliamo andare all'estero?
f. Guglielmo e suo fratello vogliono andare in campeggio?
g. Ragazzi, volete venire al mare con noi?

2. Rispondete secondo il modello: QO

Noi andiamo in campeggio; *puoi* venire anche tu, se *vuoi*.
– No, io non *posso*, perché *devo* andare all'estero.

a. Noi andiamo in campeggio; puoi venire anche tu, se vuoi.
b. Io vado in montagna; può venire anche Lei, Signora, se vuole.
c. Io vado al mare; potete venire anche voi, se volete.
d. Noi andiamo al Lago di Como; possono venire anche Mario e Graziella, se vogliono.
e. Io vado al Lago di Garda; può venire anche Giorgio, se vuole.
f. Io vado a Pompei; può venire anche Graziella, se vuole.

E

mio fratello – i miei fratelli

In Lektion 2, § D, p. 15 wurde bereits darauf hingewiesen, daß bei Verwandtschaftsbezeichnungen der Artikel wegfällt, wie z. B. **mio marito, mia moglie, tuo fratello, sua sorella, nostro padre, vostra madre** etc. Dies gilt jedoch nur, wenn die Verwandtschaftsbezeichnungen im Singular, ohne nähere Bestimmung und nicht in einer Koseform stehen. Vgl.:

sua sorella aber **le sue sorelle** (Plural)
suo fratello aber **il suo caro fratello** (nähere Bestimmung: caro)
mio fratello / mia sorella aber **il mio fratellino / la mia sorellina**.
Weitere Koseformen sind **la mia mamma** (aber **mia madre**), **il mio papà** (aber **mio padre**), **il mio bambino**.

Achten Sie darauf, daß «loro» in jedem Fall mit dem Artikel steht.

1. Fate una frase secondo il modello:

I miei genitori vanno in vacanza con i loro amici.

genitori
padre
amico
papà
fratello
amico e sua moglie
caro fratello
zia
vecchia zia e una sua amica
fratelli
zio
amici
mamma
marito
sorelle
madre
figlio e sua moglie
figli

va in vacanza con
vanno in vacanza con

amici
mamma
genitori
amiche
nonni
sorella
da solo

2. La signora Tebaldi fa i progetti per le vacanze:

Quando finisce la scuola, andiamo in vacanza con (nostro) ________ figli. (mio) ________ figli ogni anno vanno in campeggio al mare, ma quest'anno andiamo tutti in montagna con (nostro) ________ tenda. (mio) ________ marito preferisce (suo) ________ comoda stanza d'albergo, però adesso è d'accordo di venire con noi. (suo) ________ amici vanno in campeggio con (loro) ________ roulotte e, se vogliamo, possiamo andare anche noi. Ma questi amici vanno al mare con (loro) ________ mogli e (loro) ________ amiche, e noi invece abbiamo proprio bisogno di andare tutti in montagna.

3. Fate la conversazione secondo il modello:

Signora – marito
A: Signora, dove va in vacanza?
B: Io voglio andare in campeggio, ma mio marito preferisce andare in albergo.
A: Vuole andare al mare o in montagna?
B: Quest'anno preferiamo andare al mare.

a. Luigi – sorella
b. Ragazzi – genitori
c. Signorina Giglio – ragazzo
d. Giulia – fratelli
e. Signora Tebaldi – figli
f. Anna – amici

Ecco la famiglia di Guglielmo

Lezione nona 9

A Alla stazione di Roma

La signora ed il signor Caputo vogliono andare a Milano in treno. Alla stazione il signor Caputo fa i biglietti e domanda alcune informazioni all'impiegata della biglietteria.
(C) Caputo, (S) Signora Caputo, (I) Impiegata, (P) Portabagagli.

C: A che ora parte il primo treno per Milano?
I: Un espresso è partito proprio dieci minuti fa, ma c'è un rapido alle nove e cinquantadue (9.52) e poi c'è un altro espresso alle dieci e dieci (10.10).
C: Ma per il rapido si deve pagare un supplemento, vero?
I: Sì, sono 2.700 lire a persona.
C: Allora, due biglietti di seconda per l'espresso delle 10.10.
I: Andata e ritorno?
C: No, solo andata, per favore. Quant'è?
I: Sono 15.600 lire.

Attenzione! Attenzione!

È in arrivo sul terzo binario il Rapido Trans-Europa-Express «**Ambrosiano**» da Milano – Bologna – Firenze

È in partenza dal sesto binario il Rapido «**Freccia della Laguna**» per Firenze – Bologna – Venezia – Trieste

L'Espresso «**Palatino**» da Parigi – Torino – Genova – Pisa – Livorno – Civitavecchia viaggia con cinque minuti di ritardo

Il diretto per Orte – Terni – Foligno – Fabriano – Ancona parte oggi dal binario numero 14 e non dal binario 16

Il treno locale da Viterbo – Capranica – Sutri arriva oggi al binario numero 21 e non al binario numero 20

S: Dove sei stato tanto tempo? Che cosa è accaduto?

C: Ho dovuto fare la fila per i biglietti e poi ho aspettato per comprare i giornali e le sigarette. E tu, intanto, che cosa hai fatto?

S: Sono andata al bar ed ho avuto il tempo di bere un caffè. Che ora è adesso?

C: Sono le dieci meno venti. Il nostro treno parte fra mezz'ora.

S: Vogliamo cercare un facchino per le valige?

C: Sì! Portabagagli, è libero?

P: Eccomi! Dove porto le Loro valige?

C: Sull'espresso delle dieci e dieci per Milano, per favore.

La Stazione Termini di Roma

Alla biglietteria di Milano **B**

A: Vorrei tre biglietti di prima, andata e ritorno, per Torino, due adulti e un bambino.

B: Sono 17.000 lire.

C All'«Ufficio Informazioni» di Venezia

A: C'è un treno per Cortina d'Ampezzo, signorina?

B: Fino a Cortina non c'è, ma può prendere il treno fino a Calalzo, qui deve cambiare e prendere il pullmann per Cortina.

A: Bene! Allora vorrei l'orario di un treno fra l'una e le tre del pomeriggio.

B: Vediamo! Ecco, c'è un espresso che parte da Venezia alle 13.24 e arriva a Calalzo alle 15.50. Qui c'è subito la coincidenza con il pullmann delle 16.00 (sedici) e arriva a Cortina alle 17.00 (diciassette).

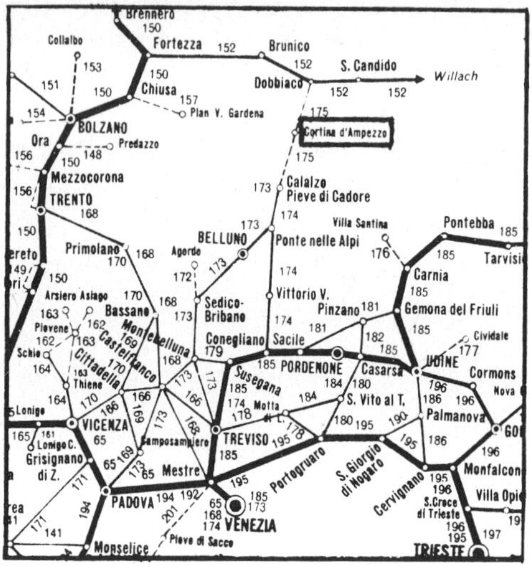

D

ho comprato (ich habe gekauft), **è accaduto** (es ist geschehen), **è partito** (er ist abgefahren)

Die Endungen des Partizips Perfekt lauten normalerweise auf **-ato** bei den Verben auf **-are (comprare – comprato)**, auf **-uto** bei den Verben auf **-ere (vendere – venduto)** und auf **-ito** bei den Verben auf **-ire (finire – finito)**.

comprare	**Ho comprato** uno scialle moderno ai Grandi Magazzini.
perdere	Perché **hai perduto** l'occasione di fare un viaggio all'estero?
finire	Guido non **ha** ancora **finito** di leggere il giornale.
telefonare	**Abbiamo telefonato** a Carla alle otto e mezza.
vendere	Perché **avete venduto** la vostra macchina?
capire	Chiara e Giuliana non **hanno capito** il tuo nome.

andare	**Sono andato** (**andata**, wenn eine Frau spricht) a Milano due anni fa.
arrivare	A che ora **sei arrivato**, Giorgio? **sei arrivata**, Paola?
accadere	Che cosa **è accaduto**?
partire	**Siamo partiti** alle nove in punto (**partite**, wenn von mehreren Frauen die Rede ist).
salire	**Siete saliti** / **salite** anche sul Vesuvio?
entrare	I miei amici (le mie amiche) **sono** già **entrati (entrate)**.

Wie Sie sehen, wird das Perfekt gebildet:

1. mit **avere** + **Partizip Perfekt**; dabei bleibt das Partizip unverändert
   Mario / Maria ha telefonat**o**.
2. mit **essere** + **Partizip**; dabei ist auf die Übereinstimmung mit dem Subjekt zu achten (wie bei den Adjektiven L 4, § F, p. 33)
   Mario è partit**o**. – Maria è partit**a**.
   I miei amici sono partit**i**. – Le mie amiche sono partit**e**.

1. Fate le domande e rispondete secondo il modello:

tu (telefonare a Carla)
– Che cosa hai fatto domenica?
– Ho telefonato a Carla.

a. tu (telefonare a Carla)
b. voi (visitare il centro di Napoli)
c. Carla (avere degli ospiti)
d. Giorgio (guardare la TV)
e. il signor Rossi (passare alcune ore al mare)
f. Signora (finire la nuova lezione)
g. i Mancuso (invitare i loro amici a colazione)
h. voi (preferire stare in casa tutto il giorno)

2. Rispondete secondo il modello:

Lucio è a Venezia per la prima volta. E Maria?
– Maria è già stata a Venezia due volte.

a. Lucio è a Venezia per la 1ª volta. E Maria?
b. Noi siamo in Germania per la 1ª volta. E voi?

c. Guglielmo è in Francia per la 1^a volta. E i suoi genitori?
d. Il signor Braun è in Italia per la 1^a volta. E sua moglie?
e. Io sono al mare per la 1^a volta. E tu, Chiara?
f. Noi siamo in montagna per la 1^a volta. E Lei, signora?
g. Lucio è a Napoli per la 1^a volta. E le sue sorelle?
h. Tu sei in Sicilia per la 1^a volta. E i tuoi fratelli?

3. Fate le frasi secondo il modello:

> *io – Milano – genitori*
> – Domenica sono andato a Milano dove ho fatto una visita ai miei genitori.

a. io – Milano – genitori
b. noi – Napoli – nonni
c. Carla – mare – zia
d. Guglielmo – montagna – fratello
e. voi – Genova – zii
f. Maria e Lucio – campeggio – amici
g. Maria e Chiara – Torino – fratello
h. tu – mare – amica

4. Formate le frasi:

Carla		in albergo	in tassì
Giorgio ed io	è andato	in campeggio	in pullmann
I miei amici	è andata	in centro	in treno
Giuliano e Chiara	sono andati	in Italia	in macchina
Il signor Braun	sono andate	in Piazza S. Marco	in autobus
Il collega di Carla	siamo andati	in Sicilia	in aereo
Le mie amiche		in Val d'Aosta	in vaporetto
			con la roulotte
			a piedi

5. Trasformate secondo il modello:

> I Rossi comprano una roulotte.
> – I Rossi hanno comprato una roulotte.

a. I Rossi comprano una roulotte.
b. Giorgio va a Roma.
c. Sali sul Vesuvio, Maria?
d. Guardo la televisione.
e. Quando arrivano i tuoi amici?
f. Capisci la lezione, Maria?

g. L'ingegnere non ha tempo.
h. Chiara e Giuliana partono alle otto e un quarto.
i. I turisti domandano alcune informazioni al portiere.
l. Le signore non sono in quest'albergo.

E

Unregelmäßige Perfektbildung

Viele Verben – besonders die, die auf **-ere** enden – haben eine unregelmäßige Perfektbildung. Prägen Sie sich die folgenden Verben gut ein und achten Sie auf die unregelmäßigen Formen, die von nun an in der Liste «Wörter und Strukturen» angegeben werden:

accendere	Perché hai **acceso** la televisione?
perdere	Ho **perso** (aber auch **perduto**) tanto tempo per fare i biglietti.
prendere	Abbiamo **preso** un caffè al bar della stazione.
ridere	Non ho capito perché hai **riso**.
spendere	Graziella non ha **speso** molti soldi ai grandi magazzini.
chiedere	Avete **chiesto** queste informazioni all'impiegata?
rispondere	Il portiere non ha **risposto** alla mia domanda.
vedere	Che cosa avete **visto** (aber auch **veduto**) di Venezia?
dire	Che cosa hai **detto**? Non ho capito.
fare	Guglielmo ha **fatto** un viaggio all'estero.
leggere	Hai già **letto** il giornale della domenica?
offrire	Giulietta, hai già **offerto** un aperitivo ai nostri ospiti?
spegnere	Ho **spento** la televisione perché non è interessante.
venire	Perché non sono **venuti** anche i tuoi genitori?
bere	Che cosa hai **bevuto** al bar della stazione?
essere	Domenica siamo **stati** al mare con i nostri amici.

Chiara e Giuliano sono stati una settimana in montagna. Giuseppe, un loro amico, domanda come hanno passato la settimana di vacanze in montagna. Completate le domande di Giuseppe e le risposte di Chiara e Giuliano:

Che cosa (fare) *avete fatto* la settimana passata?	(essere) *Siamo stati* in montagna.

a. Che cosa (fare) __________ la settimana passata?	(essere) __________ in montagna.
b. Dove (andare) __________?	(andare) __________ a Cortina.
c. (andare) __________ in macchina?	No, (prendere) __________ il treno fino a Calalzo e lì (salire) __________ sul pullmann per Cortina.
d. Quanto tempo (essere) __________ in viaggio?	Il viaggio in treno fino a Calalzo (durare) __________ due ore e mezzo e da Calalzo fino a Cortina un'altra ora. Ma alla stazione di Calalzo (dovere aspettare) __________ un'ora e mezza perché (perdere) __________ la coincidenza.
e. E come (passare) __________ la settimana in montagna?	Molto bene! Anche Paola e Francesco (venire) __________ con noi e (ridere) __________ tanto; (fare) __________ anche delle gite nelle Dolomiti.
f. (vedere) __________ anche la città di Belluno?	No, non (avere) __________ il tempo di visitare Belluno.
g. (trovare) __________ un albergo comodo?	Sì, (avere) __________ proprio fortuna e non (spendere) __________ molti soldi. Quando (arrivare) __________ a Cortina, (andare) __________ all'Ufficio Informazioni e (chiedere) __________ all'impiegata un consiglio per un albergo non troppo caro.
h. E che cosa (dire) __________ l'impiegata?	(rispondere) __________ con gentilezza a tutte le nostre domande e (telefonare) __________ all'albergo «Le Dolomiti» dove (prenotare) __________ per noi una camera con una bellissima vista.

Die Uhrzeit

F

Die offiziellen Zeitangaben – z. B. am Bahnhof, im Radio u. ä. – lauten: **Sono le otto e quindici** (8.15). Il treno parte **alle sedici e trenta** (16.30). L'aereo da Monaco arriva a Milano alle **ventuno e quarantacinque** (21.45). Ansonsten wird die Frage «Che ora è?» oder «Che ore sono?» so beantwortet:

(6.15) Sono le sei e un quarto. (12.00) È mezzogiorno.
(7.30) Sono le sette e mezzo (oder mezza). (12.30) È la mezza.
(8.45) Sono le nove meno un quarto. (1.00) È l'una.
(9.00) Sono le nove in punto. (24.00) È mezzanotte.

Auf die Frage «A che ora arrivano i tuoi amici?», antwortet man:

(um 10.10) Alle dieci e dieci. (um 16.40) Alle cinque meno 20.
(um 11.20) Alle undici e venti. (um 17.50) Alle sei meno dieci.
(um 14.25) Alle due e venticinque. (um 18.55) Alle sette meno cinque.
(um 15.35) Alle tre e trentacinque.

Beachten Sie: mit «e» werden die Minuten bis zur Zahl 40 an die volle Stunde angehängt, ab 40 werden die Minuten von der nächsten vollen Stunde mit «meno» abgezogen: **le tre e trentacinque; le quattro meno venti.**

Antworten Sie auf die Fragen unter Zuhilfenahme der Zeichnungen:
a. Che ora è? b. A che ora sono venuti i tuoi amici? c. A che ora parte il primo treno per Milano? (amtliche Zeitangabe!)

2. Lei è l'impiegata dell'«Ufficio Informazioni» della Stazione Santa Lucia di Venezia. Entra un signore e domanda:

a. «Vorrei andare a Cortina d'Ampezzo. C'è un treno fra le nove e le undici della mattina?»
Lei che cosa consiglia? (Guardate l'orario!)
E che cosa consiglia . . .

b. . . . se il signore vuole partire verso le tre del pomeriggio?

c. . . . se il signore chiede: «A che ora parte l'ultimo treno?»

d. . . . se il signore domanda: «Se prendo il treno delle 13.24, quanto tempo devo aspettare a Calalzo?».

Venezia – Treviso – Conegliano – Vittorio Veneto – Calalzo – Pieve di Cad.

K.			628 Expr 1 e 2	4344 1 e 2	7966 local 1 e 2	2310 local 1 e 2	2312 diretto 1 e 2	2318 diretto 1 cl.	170 Expr 1 e 2	4422 1 e 2		618 Expr 1 cl.	4326 1 e 2	172 Expr 1 e 2	2322 diretto 1 e 2	4334 1 e 2	7974 local 1 e 2
»	VENEZIA S. L.	p	518	...	624	...	756	1010	1044	1150		1324	1522	1642	1740	1804	1848
6	Venezia P. Marghera			...	—	...				—			—			1812	—
9	VENEZIA MESTRE	a	528	...	634	...	806	1018	1054	1159		1333	1530	1652	1749	1815	1858
		p	532	...	636	...	809	1021	1057	1201		1335	1533	1654	1751	1817	1901
18	Mogliano Veneto		|	...	645	...	|	|	|	1209		|	1540	|	◆	1825	1910
23	Preganziol		|	...	650	...	|	|	|	1214		|	1545	|	|	1829	1916
30	TREVISO C.	a	546	...	657	...	824	1035	1111	1221		1350	1551	1708	1807	1836	1923
		p	548	...	659	...	826	1037	1115	1225		1352	1555	1710	1809	1838	1931
36	Lancenigo		|	...	705	...	|	|	|	1232		|	1601	|	|	1844	1938
43	Spresiano		|	...	712	...	|	|	|	1240		|	1608	|	|	1851	1947
49	Susegana		↓	...	717	...	|	|	↓	1246		|	1613	↓	|	1856	1954
57	CONEGLIANO	a	605	...	724	...	845	1055	1137	1253		1412	1619	1727	1827	1902	2001
			4406	...	4412				4418				4432	4434		4440	4442
				...			local										
			1 e 2	...	1 e 2				1 e 2				1 e 2	2 cl.		2 cl.	1 e 2
		p	610	...	735	...	848	1056	1210	1304	CADORE	1414	1630	1732	1829	1925	2020
69	Soffratta		622	...	747	...	|	|	1222	1316		|	1642	1744	|	1937	2032
71	VITTORIO VENETO	a	625	...	750	...	903	1112	1225	1319		1428	1645	1747	1843	1940	2035
		p	626	...	751	...	904	1117	1226	...		1429	1646	—	1844	—	2037
79	Nove		637	...	802	...	918	|	1241	—		|	1657		↓		2048
85	S. Croce del Lago		646	...	817	...	929	1136	1249	4356		|	1706	4352	1903	7972	2057
90	Stazione per l'Alpago		653	...	824	...	937	1143	1256			1453	1713		1915	local	2103
94	Cadola-Soccher		658	...	831	...	943	|	1301	1 e 2		|	1720	1 e 2	1920	1 e 2	2109
98	PONTE A.-POLPET	a	702	¬	835	¬	947	1151	1305	¬		1501	1724	¬	1924	┌	2112
	Belluno	a	712	↓	910	↓	*1010*	—	1315	↓		*1516*	1740	↓	*1938*	↓	2128
98	PONTE A.-POLPET	p	...	735	...	854	1000	1157	...	1337		1505	...	1730	1928	2124	...
105	Faè-Fortogna		...	745	...	906	1011	|	...	1346		|	...	1739	1937	2136	...
109	Longarone-Zoldo		...	751	...	914	1017	1210	...	1352		1518	...	1745	1943	2145	...
111	Castellavazzo		...	756	...	921	|	|	...	1356		|	...	1749	1947	2151	...
116	Ospitale di Cadore		...	803	...	934	1027	|	...	1408		|	...	1755	1954	2159	...
124	Perarolo di Cadore		...	818	...	945	1038	1226	...	1418		|	...	1805	2004	2210	...
132	Sottocastello-Tai		...	831	...	1003	↓	↓	...	1431		↓	...	1818	—	2229	...
135	CALALZO-PIEVE C.	a	...	835	...	1008	1100	1241	...	1435		1550	...	1822	20[illegible]0	2234	...

Autoservizio Calalzo-Cortina d'Ampezzo

CALALZO (Stazione) . p	840	1020	1100	1310	1445	1600	1830	1830	1855	2010
Pieve di Cadore	845	1025	1105	1315	1450	1605		1835	1900	2015
Tai di Cadore	849	1029	1109	1319	1454	1609	|	1839		2019
Nebbiù (Stazione)	851	1031	1111	1321	1456	1611	|	1841	|	2021
Valle di Cadore	855	1035	1115	1325	1500	1615	|	1845	|	2025
Venas (Centro)	900	1040	1120	1330	1505	1620	|	1850	|	2030
Peajo (Stazione)	906	1046	1126	1336	1511	1626	|	1856	|	2036
Vodo	908	1048	1128	1338	1513	1628	|	1858	|	2038
Borca	913	1053	1133	1343	1518	1633	|	1903	1924	2043
S. Vito (Centro)	919	1059	1139	1349	1524	1639	1905	1909	1930	2049
Chiapuzza	921	1101	1141	1351	1526	1641	|	1911	|	2051
Acquabona	930	1110	1150	1400	1535	1650	|	1920	|	2100
Zuel (Stazione)	932	1112	1152	1402	1537	1652	↓	1922	↓	2102
CORTINA D'AMPEZZO a	940	1120	1200	1410	1545	1700	1920	1930	1945	2110

dieci minuti fa (vor 10 Minuten) – **fra dieci minuti** (in 10 Minuten)

Achten Sie auf die unterschiedliche Bedeutung und Satzstellung von «fa» und «fra»: Quando parte il primo treno per Milano? **È partito** dieci minuti **fa**. **Parte fra** dieci minuti.
Verwechseln Sie nicht «fra» mit «in»:
Fra mezz'ora arriviamo ad Aosta. (in einer halben Stunde)
Siamo arrivati ad Aosta **in** mezz'ora. (in = innerhalb/binnen)

1. Rispondete secondo il modello: QO

Quando parte tua madre per Rapallo? (2 giorni)
– *È partita* due giorni *fa*.

a. Quando parte tua madre per Rapallo? (due giorni)
b. Quando arriva il direttissimo da Roma? (mezz'ora)
c. Quando parte il rapido per Genova? (10 minuti)
d. Quando parte il diretto per Viterbo? (un momento)
e. Quando partono i tuoi genitori per l'Austria? (3 settimane)
f. Quando arrivano le tue amiche in Germania? (15 giorni)
g. Quando partono le tue colleghe per Firenze? (10 giorni)
h. Quando parte la «Freccia del Sud» per Siracusa? (un'ora e mezza)

2. Wählen Sie die richtige Antwort für die jeweilige Frage aus:

a. Quando siete stati in Sicilia l'ultima volta?
b. Quanto tempo dura il viaggio da Venezia a Cortina?
c. Quanto tempo dobbiamo aspettare ancora?
d. A che ora parte il primo treno per Milano?
e. I tuoi genitori sono partiti domenica?
f. A che ora finisce la lezione d'italiano?
g. È arrivato in ritardo il rapido da Parigi?

Fra due minuti è finita.
No, due settimane fa.
Due anni fa.
In tre ore e mezza si può arrivare.
Fra mezz'ora partiamo.
Fra un quarto d'ora c'è un rapido.
No, è arrivato alle 8.28 come gli altri giorni.

Lezione decima 10

A Una visita

Bianca (B) e Vincenzo (V) vanno a trovare i loro amici Lucia (L) e Giorgio (G).

G: Hanno suonato?
L: Credo di sì. Apri tu la porta, per favore, io sono ancora occupata in cucina.
G: Bianca, Vincenzo! Che bella sorpresa! Entrate! Lucia, guarda chi c'è.
L: Che bellezza! Ma venite avanti, perché state sulla porta? Dove siete stati tutto questo tempo? Ho telefonato due o tre volte a casa vostra, ma non ha mai risposto nessuno.
B: Eh già! Siamo ritornati appena due giorni fa dalle vacanze. E voi, come state?
L: Abbastanza bene. Io e le bambine siamo andate prima in campagna dai miei genitori e poi, tutti insieme, abbiamo passato un paio di settimane al mare.
G: Ma raccontate un po' voi delle vostre vacanze! Dove siete stati?
V: Quest'anno siamo andati all'estero. Abbiamo fatto un giro attraverso l'Austria, la Germania e la Svizzera.
L: Che bello! Noi non siamo mai stati in Austria e nemmeno in Germania. E della Svizzera conosciamo molto poco.
G: Ma avete fatto un viaggio così lungo con la vostra 600?
B: No, no! Abbiamo comprato una nuova Fiat 131 già tre mesi fa.
G: Oh! È un'ottima macchina. Anche noi abbiamo intenzione di comprare una 131. Che linea! E com'è veloce! E poi . . .
L: Ma Giorgio, smetti di interrompere i nostri amici! Quando Giorgio comincia a parlare di macchine, è sempre lo stesso.
G: Lucia ha ragione. Scusate, eh! Finisci pure il tuo discorso, Vincenzo!
V: Ecco, abbiamo fatto un giro di 3.000 Km. attraverso l'Austria, la Germania e la Svizzera. Abbiamo trascorso un mese meraviglioso.
L: Che cosa avete visto in Austria?

V: Prima di tutto abbiamo voluto visitare Vienna, dove siamo restati una settimana, e poi siamo rimasti a Salisburgo per alcuni giorni. Ma abbiamo visto tante altre cose: laghi, montagne e boschi.

G: E in Germania?

B: In Germania abbiamo girato tutta la costa che è veramente bella.

G: E della Svizzera che cosa avete visto?

V: In Svizzera purtroppo siamo rimasti solo pochi giorni. Abbiamo fatto una sosta a Davos e poi, attraverso l'Engadina, siamo rientrati in Italia.

L: Ma, sentite, noi continuiamo a parlare e non vi ho offerto ancora niente. Vi faccio un caffè?

V: Volentieri, grazie! Ma forse è già un po' troppo tardi per voi, no?

L: No, no! Rimanete ancora un po', vi prego. Giorgio, metti le tazze per favore. Io intanto vado a preparare il caffè.

B Lucia e Giorgio raccontano a Mario, un loro amico, di aver ricevuto la visita di Bianca e Vincenzo. Ma Mario non ha ancora avuto l'occasione di conoscere questi due amici. Voi siete Lucia e Giorgio e rispondete alle domande di Mario:

Chi sono Bianca e Vincenzo?
Hanno trascorso le vacanze con voi al mare?
Dove hanno passato le vacanze?
Hanno fatto il viaggio in treno?
Che macchina hanno?
Quanto tempo sono stati all'estero?
Che cosa hanno fatto in Austria?
Che cosa hanno visto in Germania?
Sono stati anche a Berlino?
E voi siete già stati in Germania?
Che cosa hanno visitato della Svizzera?
Io non sono mai stato in Svizzera, e voi?

C

mai (niemals), **nessuno** (niemand), **nemmeno** (nicht einmal, schon gar nicht, auch nicht), **niente** (nichts)

Diese Wörter werden doppelt verneint:

non ... mai	**Non** vado **mai** in aereo. **Non** sono **mai** andato in aereo.
non ... nessuno	**Non** risponde **nessuno**. **Non** ha risposto **nessuno**.
non ... nemmeno	Non conosco Vincenzo e **non** conosco **nemmeno** sua moglie .../e **non** ho conosciuto **nemmeno** sua moglie.
non ... niente	**Non** compriamo **niente**. **Non** abbiamo comprato **niente**.

Statt «niente» kann man auch «nulla» sagen:
Non compriamo **nulla**. **Non** abbiamo comprato **nulla**.
Vergleichen Sie auch:

Non ho **più** soldi.	(Ich habe *kein* Geld *mehr*.)
Non ho **più** avuto tempo.	(Ich habe *keine* Zeit *mehr* gehabt.)

Wenn die obengenannten Wörter aus Gründen der Hervorhebung vor dem Verb stehen, dann entfällt «non»:
Non ha risposto **nessuno**. Aber: **Nessuno** ha risposto a questa domanda.
Non è venuta **nemmeno** Bianca. Aber: **Nemmeno** Bianca è venuta.
Non sono **mai** stato così contento. Aber: **Mai** come ora sono stato così contento.
Venezia è bellissima, **non** conosco **niente** di più bello. Aber: **Niente** è più bello di Venezia.

1. Completate con *nemmeno, nessuno, niente, mai*:

a. Ho telefonato a casa tua alle otto, ma non ha risposto ________.
b. A quest'ora ci sono solo i miei genitori, io non sono ________ a casa prima delle nove.
c. Ma non hanno risposto ________ i tuoi genitori.
d. Non ho parlato con ________ della tua famiglia.
e. Non hai raccontato ancora ________ delle tue vacanze. Dove sei stato?
f. Ho trascorso una settimana in montagna, ma non ho fatto ________ di interessante. E tu?
g. Le mie vacanze cominciano fra due settimane. Ho intenzione di andare in Svizzera. Non sono ________ stato in Svizzera, e tu?
h. ________ io!
i. Sono già venuti i tuoi amici? No, ________ è venuto, ________ Giorgio.
l. Hai intenzione di comprare una macchina nuova? Chi, io? ________ ho avuto quest'intenzione!
m. Sei già stato a Napoli? No, ________.

2. Rispondete secondo il modello:

A chi hai telefonato? – *Non* ho telefonato a *nessuno*.

a. A chi hai telefonato?
b. Chi avete visto?
c. Di chi ha parlato, signora?
d. Con chi siete venuti?
e. A chi hanno risposto?
f. Con chi hai parlato?
g. A chi ha chiesto, signorina?
h. Per chi ha prenotato Luisa?
i. Chi avete aspettato?
l. A chi hanno domandato?

3. Cambiate le frasi in senso contrario e usate *mai, niente, nessuno, nemmeno*:

Lucia è stata molte volte in Svizzera. – Lucia *non* è *mai* stata in Svizzera.

a. Lucia è stata molte volte in Svizzera.
b. Ho conosciuto tutta la tua famiglia.

c. Quando viaggio, vado sempre in aereo.
d. Maria ha risposto a tutti.
e. Abbiamo visto tutto.
f. È venuto anche Giorgio.
g. Sono venuti tutti, anche i nostri amici.
h. Bianca racconta sempre tutto ai suoi genitori.

D

Die Befehlsformen (Imperativ)

Ein Befehl in der 2. Person Singular (du) und in der 2. Person Plural (ihr) lautet:

guardare	**Guarda** chi c'è! **Guardate** chi è venuto!	**-a**	**-ate**
rimanere	**Rimani** ancora un po'! **Rimanete** ancora un'ora!	**-i**	**-ete**
aprire	**Apri** la porta! **Aprite**, sono io!	**-i**	**-ite**
finire	**Finisci** di parlare! **Finite** il vostro discorso!	**-isci**	**-ite**

Ein Befehl in der 1. Person Plural (wir) lautet immer:

entrare	**Entriamo** in questo bar!	**-iamo**
smettere	**Smettiamo** di fumare!	**-iamo**
partire	**Partiamo** domenica!	**-iamo**
finire	**Finiamo** la colazione e poi andiamo fuori!	**-iamo**

Ein verneinter Befehl in der 2. Person Singular (du) wird immer durch **non + Infinitiv** ausgedrückt (dies gilt *nur* für die du-Form):

parlare	Giorgio, **non parlare** sempre tu! Anche gli altri vogliono parlare.
mettere	Lucia, **non mettere** le tazze qui!
venire	Bianca, **non venire** alle otto, ma alle nove, per favore!

1. Trasformate secondo il modello: ○○

Giorgio, puoi aprire la porta?
– *Apri* la porta, per favore!

a. Giorgio, puoi aprire la porta?
b. Bianca, puoi prendere le tazze?
c. Potete rimanere ancora un po'?
d. Potete rispondere a questa domanda?
e. Potete aspettare fino alle sette?

f. Vincenzo, puoi smettere di fumare?
g. Potete venire alle otto?
h. Lucia, puoi accendere la televisione?
i. Bianca, puoi restare ancora un'ora?
l. Potete domandare all'altra impiegata?

2. Trasformate secondo il modello: QO

Perché non *resti* ancora un po'? – *Resta* ancora un po', ti prego.	Perché non *restate* ancora un po'? – *Restate* ancora un po', vi prego.

a. Perché non resti ancora un po'?
b. Perché non restate ancora un po'?
c. Perché non porti le valige in camera?
d. Perché non racconti delle tue vacanze?
e. Perché non parli?
f. Perché non ritornate domani?
g. Perché non entri?
h. Perché non telefoni a Luisa?

3. Rispondete secondo il modello: QO

Lucia, posso entrare?
– Certo, *entra* pure!

a. Lucia, posso entrare?
b. Lucia, possiamo venire domani?
c. Giorgio, posso telefonare?
d. Possiamo ritornare?
e. Posso leggere?
f. Posso rimanere, Vincenzo?
g. Possiamo andare?
h. Posso continuare?
i. Possiamo fumare?
l. Posso spegnere?

4. Trasformate secondo il modello: QO

Giorgio, perché *interrompi* i nostri amici?
– *Non interrompere* i nostri amici!

a. Giorgio, perché interrompi i nostri amici?
b. Perché state sulla porta?
c. Perché telefoni a quest'ora?
d. Perché compri una macchina nuova?
e. Perché vai in campagna?
f. Perché prendi le tazze vecchie?

g. Perché gridate tanto?
h. Perché inviti anche Mario?
i. Perché lasciate la macchina qui?

5. Per ogni frase scegliete la risposta adatta:

a. Vogliamo fare una visita ai nostri amici?	Non è molto tardi, resta ancora un po'!
b. Hanno suonato?	Telefona un po' più tardi!
c. Possiamo entrare?	Prendi le tazze nuove!
d. Ho telefonato, ma non ha risposto nessuno.	Sì, apri tu, per favore!
e. Vorrei comprare una macchina nuova.	Entriamo in questo bar!
f. Perché interrompi sempre?	Andiamo a trovare Lucia e Giorgio!
g. Quali tazze devo mettere?	Certo, venite avanti, vi prego!
h. Io vorrei andare a casa.	Se vuoi un consiglio, non comprare una macchina troppo grande!
i. Dove possiamo prendere un caffè?	Scusa, Vincenzo!

E

andare a trovare gli amici = fare una visita agli amici (die Freunde besuchen)

Faccio una visita **ai** miei amici. (Vado a trovare **i** miei amici.)
Perché non **fai** una visita **a** Lucia? (. . . non vai a trovare **Lucia**?)
Ogni domenica Maria **fa** una visita **ai** suoi nonni. (. . . va a trovare **i** . . .)
Perché non **facciamo** una visita **a** Mario? (. . . andiamo a trovare **Mario**?)
Perché non **fate** una visita **alla** signora Rossi? (. . . andate a trovare **la** . . .)
Bianca e Vincenzo **fanno** una visita **ai** loro amici. (. . . vanno a trovare **i** . . .)

Achten Sie auf die Präposition «a» nach *andare* sowie auch nach *cominciare* und *continuare*:

Vado a prendere i nonni alla stazione.	(ich hole . . . ab)
Puoi **andare ad** aprire la porta?	(. . . öffnen gehen?)
Andiamo a fare i biglietti!	(Gehen wir die Fahrkarten lösen!)
Non **cominciare a** parlare di macchine!	(Fang nicht an, . . . zu sprechen!)

Comincio già **a** parlare l'italiano.	(Ich fange schon an, . . . zu sprechen)
Vincenzo **continua a** raccontare.	(V. fährt fort, . . . zu erzählen, erzählt weiter)
Chi **continua a** leggere?	(Wer liest weiter)

Trasformate secondo il modello: QO

Vorrei andare a trovare i nonni. – Vorrei fare una visita ai nonni.	Bianca è andata a trovare Lucia. – Bianca ha fatto una visita a Lucia.

a. Vorrei andare a trovare i nonni.
b. Bianca è andata a trovare Lucia.
c. Ogni domenica vado a trovare i miei genitori.
d. Due giorni fa sono andata a trovare mio zio.
e. Fra alcuni giorni devo andare a trovare mia zia.
f. Mio fratello ed io siamo andati a trovare i nostri zii.
g. Quando vai a trovare tua sorella?
h. Quando andate a trovare Giorgio?

F

a casa mia (bei mir zu Hause, bzw. zu mir nach Hause)

Der Ausdruck «a casa» entspricht dem deutschen «zu Hause» und «nach Hause»:

Giorgio non è mai **a casa** prima delle otto.	(zu Hause)
A che ora vai **a casa**? Oggi vado **a casa** alle sei.	(nach Hause)

Prägen Sie sich folgende Formen gut ein:

Quando potete venire **a casa mia**?	(zu mir nach Hause)
Sono contento di essere **a casa tua**.	(bei dir zu Hause)
Lucia (Giorgio) va **a casa sua**.	(zu sich nach Hause)
Mario vuole telefonare a Chiara. Telefona **a casa sua** alle otto.	(bei ihr)
Chiara invita Mario. Telefona **a casa sua** alle sette.	(bei ihm)
Signora (Ingegnere), quando posso venire **a casa Sua**?	(zu Ihnen nach Hause)

Siamo **a casa nostra** dalle tre in poi.	(bei uns zu Hause)
Ho telefonato **a casa vostra** alle quattro.	(bei euch zu Hause)
Hai visto i tuoi amici? Sì, sono andato **a casa loro**.	(zu ihnen nach Hause)
I miei amici hanno invitato Giorgio **a casa loro**.	(zu sich nach Hause)

Rispondete secondo il modello:

Dove vai?
– Vado *a casa mia.*

a. Dove vai?
b. Dove andate?
c. Dove va, signora?
d. Dove andiamo?
e. Dove vanno i tuoi amici?
f. Dove va Maria?
g. Dove va Giorgio?
h. Dove vanno le tue amiche?

G

dai miei genitori (bei/zu meinen Eltern)

«da» hat verschiedene Anwendungsmöglichkeiten. Sie erinnern sich an:

A che ora servite la colazione? **Dalle** sette in poi.	(ab 7 Uhr)
Da Torino **ad** Aosta ci sono 100 Km.	(von . . . bis)
È in partenza **dal** sesto binario . . .	(ab Gleis 6)
Siamo ritornati due giorni fa **dalle** vacanze.	(vom/aus dem Urlaub)

Da + **Artikel** bildet die gleichen Kombinationen wie **a** + **Artikel** (→ L 6, § D, p. 48):
da + il, lo, l', la = **dal, dallo, dall', dalla**
da + i, gli, le = **dai, dagli, dalle.**

In Verbindung mit Personen wird «da» verwendet im Sinne von *zu* oder *bei*:
Dove sei stato? Sono stato **dai** miei genitori, **da** Carlo, **da** un amico (bei)
Dove vai? Vado **da** Chiara, **dal** portiere, **dall**'impiegata, **da** un'amica (zu)
Im Gegensatz zu *di* wird *da* nie apostrophiert: Vado *da* Antonia.

Completate le frasi con *da, a, in, di, attraverso*:

a. Bianca e Vincenzo vanno ________ loro amici.
b. Suonano e Giorgio va ________ aprire la porta, perché Lucia è ________ cucina.
c. Bianca e Vincenzo sono tornati ________ vacanze alcuni giorni fa.
d. Sono stati ________ estero: ________ Austria, ________ Germania e ________ Svizzera.
e. Giorgio e Lucia invece non sono andati ________ estero, ma ________ mare.
f. Lucia ha passato alcuni giorni ________ campagna, ________ suoi genitori.
g. Bianca e Vincenzo raccontano ________ loro vacanze.
h. Sono stati anche ________ Vienna e ________ Salisburgo; ________ Austria hanno trascorso due settimane meravigliose ________ montagna e ________ laghi.
i. Quando Giorgio sente che Vincenzo ha comprato una nuova 131, comincia ________ parlare ________ macchine.
l. Ma poi Bianca e Vincenzo continuano ________ raccontare ________ loro viaggio.
m. ________ Svizzera sono rimasti solo pochi giorni e, ________ l'Engadina, sono rientrati ________ Italia.
n. Lucia vuole offrire ________ suoi ospiti un caffè: va ________ cucina ________ preparare un espresso.
o. Bianca e Vincenzo sono rimasti tre ore ________ loro amici: ________ 5 ________ 8; quando ritornano ________ casa loro, è già molto tardi.

Non amano molto le visite!

Lezione undicesima 11

A Una lettera da Siena

Karin, una studentessa austriaca, si trova a Siena per frequentare un corso d'italiano. Oggi scrive una lettera ad una sua amica siciliana.

Alla Sig.na
Maria Giannitrapani
Via Trinacria 7
90144 Palermo

Karin Höhn
presso Alighieri
Via Roma 17
53100 Siena

25 luglio 1980

Cara Maria,

già da dieci giorni mi trovo in questa bellissima città. Come sai, ho sempre avuto il desiderio di venire qui per frequentare un corso d'italiano all'Università per Stranieri. Ora ti racconto brevemente cosa faccio: mi sono trovata una camera presso una famiglia molto simpatica, dove ho conosciuto anche una studentessa inglese. Tutti sono molto gentili con noi e fanno di tutto per venire incontro ai nostri desideri. Ci troviamo veramente bene, anche perché abbiamo già molti amici, italiani e stranieri. Naturalmente cerchiamo di parlare in italiano il più spesso possibile.

Ogni mattina mi alzo verso le sette, faccio colazione e poi vado all'università a piedi. Mi sono iscritta al corso superiore, la mia amica invece si è iscritta a quello medio. Ho già imparato molte cose e alla fine del corso spero di parlare l'italiano molto meglio.
I nostri professori sono molto bravi e rispondono sempre gentilmente alle nostre domande.

La sera usciamo con i nostri compagni di corso e con alcuni studenti italiani: facciamo delle belle passeggiate in città e poi, quando ci stanchiamo, ci sediamo davanti ad un caffè di "Piazza del Campo" e ci divertiamo a guardare la gente che passa.

Come ti senti dopo la malattia che hai avuto? Tu e Giovanni, che fate di bello? Che progetti avete per le vacanze? Se vi decidete ad andare a Roma, perché non fate un salto anche a Siena, almeno per un paio di giorni?

Ti chiedo scusa se ti scrivo così poco, ma ora esco perché ho un appuntamento con un ragazzo, uno studente di Siena. È molto simpatico e si chiama Marco Ciccarelli.

In attesa di una tua lettera, ti saluto affettuosamente

tua Karin

Darsi del tu e darsi del Lei

B

Marco: Ci diamo del tu, sei d'accordo?
Karin: Certo! In Italia quasi tutti si danno del tu, no?
Marco: Sì, è vero. E non solo i giovani, ma anche le persone che lavorano insieme o che si vedono spesso.
Karin: E quando si dà del Lei?
Marco: Be', si dà del Lei ad una persona anziana o . . .

Karin: Tu, per esempio, ai tuoi professori dai del Lei o del tu?

Marco: Di solito, io do del Lei, ma a due professori, che sono giovani e simpatici, diamo tutti del tu.

Karin: Due mesi fa sono stata a Napoli e ho sentito che la gente si dà o del tu o del Voi, il «Lei» non si sente quasi mai.

Marco: È vero, ma è una caratteristica dell'Italia del Sud.

C

mi trovo (ich befinde mich) – **ti senti** (du fühlst dich) . . .

Vergleichen Sie folgende Paare:
trovare (finden) – **trovarsi** (sich befinden); **sedere** (sitzen) – **sedersi** (sich hinsetzen); **decidere** (beschließen) – **decidersi** (sich entschließen); **sentire** (hören, fühlen) – **sentirsi** (sich fühlen). Die reflexiven Verben enden im Infinitiv auf **-arsi, -ersi, -irsi**. Im Präsens Indikativ lauten die einzelnen Personen:

mi	Da 10 giorni **mi trovo** a Siena.	trov**arsi**	= sich befinden
ti	Come **ti senti** adesso?	sent**irsi**	= sich fühlen
si	Il mio amico **si chiama** Marco.	chiam**arsi**	= heißen
ci	A Siena **ci divertiamo** molto.	divert**irsi**	= sich unterhalten
vi	A quale corso **vi iscrivete**?	iscriv**ersi**	= sich einschreiben
si	I miei amici non **si decidono** a venire.	decid**ersi**	= sich entschließen

Wie das Beispiel «chiamarsi» zeigt, können im Italienischen Verben reflexiv sein, deren deutsche Entsprechung nicht reflexiv ist. Weitere Beispiele sind: **alzarsi** (mi alzo, ti alzi, . . .) = aufstehen, **stancarsi** (mi stanco, ti stanchi, . . .) = müde werden, u. a.
Achten Sie auf *darsi del Lei/del tu* = sich siezen/duzen

Auch nicht-reflexive Verben können reflexiv *gebraucht* werden:

Compro un vestito.	Aber: **Mi compro** un vestito. (ich kaufe mir ein Kleid)
Trovi un albergo.	Aber: **Ti trovi** una camera. (du findest ein Zimmer für dich)
Prepara un caffè.	Aber: **Si prepara** un caffè. (er kocht sich einen Kaffee)

1. Completate le seguenti frasi:

a. Come __________ trovi a Siena? __________ trovo molto bene, perché ho molti amici.
b. Dove __________ incontrate, quando uscite? Di solito __________ incontriamo al bar.
c. __________ vedete spesso? Marco ed io __________ vediamo quasi ogni giorno.
d. Come __________ chiama la via dove abiti? __________ chiama «via Roma».
e. Ci sono molti studenti a Siena? Sì, ma tutti __________ conoscono e __________ incontrano al bar dell'Università o in Piazza del Campo.
f. Quando __________ decidete ad andare a Roma? Per il momento non possiamo partire.

2. Rispondete secondo il modello:

A che ora *ti alzi*? (verso le otto)
– *Mi alzo* verso le otto.

a. A che ora ti alzi? (verso le 8)
b. A che ora vi alzate? (alle 7)
c. A che ora si alza, signora? (alle 6.30)
d. A che ora si alzano i bambini? (alle 6.45)
e. A che ora si alza Marco? (alle 7.15)
f. A che ora si alza Maria? (alle 7.40)
g. A che ora si alza il signor Rossi? (alle 7.35)
h. A che ora ti alzi, Marco? (a 12.00)

3. Per ogni domanda scegliete la risposta esatta:

a. Che cosa fate di bello?	Bene! (telefonarsi) ogni giorno.
b. Devi uscire?	È uno studente, (chiamarsi) Marco.
c. Chi è questo ragazzo?	No, non (parlarsi) più.
d. Come sta Paola?	(divertirsi) a guardare la TV.
e. Perché non frequenti un corso all'Università?	Sì, forse (iscriversi) ad un corso medio.
f. Come sono i tuoi professori?	Molto bravi e non (stancarsi) mai di rispondere alle nostre domande.
g. Siete ancora amici?	Sì, (prepararsi) per andare a lavorare.

D

mi sono iscritta (ich habe mich eingeschrieben) – **mi sono trovata** una camera (ich habe ein Zimmer für mich gefunden)

Prägen Sie sich ein, daß die Vergangenheitsformen der reflexiven Verben immer mit *essere* (sein) gebildet werden. Dabei ist auf die Übereinstimmung mit dem Subjekt zu achten:
Maria, a che ora **ti sei** alzat**a**? Oggi **mi sono** alzat**a** alle 7.00.
I miei amici **si sono** iscritt**i** ad un corso superiore, la mia amica inglese invece **si è** iscritt**a** ad un corso medio.
Vi siete divertit**i**? Io sì, ma le mie amiche non **si sono** divertit**e**.
Mario e Paolo hanno fatto una gita in montagna e **si sono** stancat**i** molto.
Dove abitano i tuoi colleghi? Le mie colleghe tedesche **si sono** trovat**e** una camera in via Roma, gli altri invece vicino all'Università.
Oggi **mi sono** decis**o**/decis**a** ad andare a trovare la mia amica di Firenze.

1. Rispondete secondo il modello:

Maria, *ti alzi* sempre alle 7?
– Sì, oggi però non *mi sono* alzat*a* alle 7.

a. Maria, ti alzi sempre alle 7?
b. Tu e Gianni, vi vedete sempre?
c. Tu e i tuoi compagni vi incontrate sempre all'Università?
d. Karin, ti stanchi molto al corso d'italiano?
e. Signora, si diverte a fare le gite in gruppo?
f. Vi telefonate ogni giorno?
g. La tua amica si sente bene dopo la malattia?
h. Ingegnere, si alza sempre alle 6?

2. Paola domanda a Maria che cosa ha fatto oggi:

P: Che cosa hai fatto stamattina? M: Mi sono alzata alle 7, ho fatto colazione e poi sono uscita. P: E dove sei andata? M: Sono andata ai «Grandi Magazzini» e mi sono comprata una giacca di lana.	Che cosa si può comprare ai «Grandi Magazzini»?: una giacca di lana un soprabito un paio di . . . ecc.

a. Paola domanda a Maria che cosa ha fatto oggi.
b. Paola domanda a Marco che cosa ha fatto oggi.

c. La signora Rossi domanda alla signorina Neri che cosa ha fatto oggi.
d. Paola domanda a Maria che cosa ha fatto oggi suo fratello.
e. Carlo domanda a Gianni che cosa hanno fatto oggi le sue sorelle.
f. Paola domanda al signor Rossi che cosa ha fatto oggi sua moglie.

3. Chiara e Giuliana parlano di Mario:

C: Da quanto tempo conosci Mario? G: Ci siamo conosciuti due mesi fa al mare. C: Ho sentito che vi date del «tu», vero? G: Sì, è così simpatico che ci siamo subito dati del «tu».	Dove si può conoscere una persona?: al mare in montagna . . . ecc.

a. Chiara e Giuliana parlano di Mario.
b. La signora Rossi e suo marito parlano dell'ingegner Bianchi.
c. Roberto e Marco parlano delle sorelle di Giuseppe.
d. La signorina Lorenzini e la signora Guidi parlano del professor Merlo.
e. Giovanna e Angela parlano di Elisabetta.

4. Completate secondo il modello:

> Karin (trovarsi) __________ a Siena da 10 giorni.
> – Karin *si trova* a Siena da 10 giorni.
>
> 10 giorni fa (iscriversi) __________ ad un corso medio.
> – 10 giorni fa *si è* iscritt*a* ad un corso medio.

a. Karin (trovarsi) __________ a Siena da 10 giorni.
b. Dieci giorni fa (iscriversi) __________ ad un corso medio.
c. Una settimana fa (trovarsi) __________ una camera in via Roma.
d. Stasera ha un appuntamento con Marco; (conoscersi) __________ due giorni fa.
e. Da due giorni Karin e Marco (incontrarsi) __________ al bar dell'Università dopo il corso d'italiano.
f. Alcuni giorni fa Karin e la sua amica siciliana (telefonarsi) __________.
g. Un mese fa Maria ha avuto una malattia, ma da una settimana (sentirsi) __________ molto meglio.

E

gentile – gentilmente

Achten Sie auf folgende Beispiele:
Tutti **sono** molto **gentili** con noi. (Alle sind sehr freundlich zu uns.)
I professori **rispondono gentilmente** alle nostre domande. (Die Lehrer antworten höflich auf unsere Fragen.)
Im ersten Beispiel wird eine Eigenschaft hervorgehoben (Adjektiv), während im zweiten Beispiel die Art und Weise ausgedrückt wird, mit der die Lehrer antworten (Adverb).
Viele Adverbien werden vom Adjektiv abgeleitet und enden auf **-mente**:
È comodo quest'albergo? La sera ci **sediamo comodamente** davanti ad un bar.
È un bambino così **affettuoso**! **Ti saluto affettuosamente**.
Questa lettera **è** troppo **breve**. Ho **telefonato brevemente** alla mia amica.
Il rapido **è** un treno **veloce**. Siamo **arrivati velocemente** a casa.
Questa **è** un'aranciata **naturale**! Karin parla bene l'italiano, ma **naturalmente** non capisce ancora tutto.
Adjektive auf **-le** (wie naturale, gentile, difficile) bilden die Adverbien auf **-lmente** (naturalmente, gentilmente, difficilmente).
Achten Sie auf «buono» (Adjektiv) und «bene» (Adverb) sowie auf «cattivo» (Adjektiv) und «male» (Adverb):
Questo vino **è buono**. Come **stai**? **Bene**, grazie.
La colazione in quest'albergo **è** molto **buona**. Abbiamo **mangiato bene**.
Questo caffè **è cattivo**. Ho sentito che Maria si **sente male**, è vero?

Completate le seguenti frasi:

(comodo o comodamente?)	a. Mi sono trovata una camera in via Roma: è molto __________.
(buono o bene?)	b. Se non faccio colazione, non mi sento __________.
(comodo o comodamente?)	c. Anche in una casa vecchia si può abitare __________.
(cattivo o male?)	d. Che cosa hai detto? Ho capito __________.
(diretto o direttamente?)	e. C'è una linea __________ da Venezia a Cortina?

(buono o bene?)	f. Faccio una __________ colazione e poi vado all'università a piedi.
(cattivo o male?)	g. Il caffè in questo bar è sempre così __________!
(diretto o direttamente?)	h. Non si può andare __________ da Venezia a Cortina.
(breve o brevemente?)	i. Vogliamo fare una __________ passeggiata per il centro?
(benissimo o buonissimo?)	l. Non gridare tanto! Ho capito __________.
(breve o brevemente?)	m. Vincenzo ha raccontato __________ del suo viaggio in Germania.
(benissimo o buonissimo?)	n. Questo vino è __________, non trovi?

F

uscire (ausgehen) – **sedersi** (sich hinsetzen)

Achten Sie auf folgenden Vokalwechsel:

uscire	sedersi	
esco	mi **sie**do	Stasera **esco** con Francesco.
esci	ti **sie**di	Perché non ti **siedi** un po'?
esce	si **sie**de	Maria **esce** tutte le sere.
usciamo	ci sediamo	Ci **sediamo** in questo caffè?
uscite	vi sedete	A che ora **uscite**?
escono	si **sie**dono	Quando i professori entrano, gli studenti si **siedono**.

1. Rispondete secondo il modello:

> Giorgio, vai fuori stasera?
> – Sì, *esco* con un mio amico.

a. Giorgio, vai fuori stasera?
b. Andate fuori stasera?
c. Tua sorella va fuori stasera?
d. I tuoi genitori vanno fuori stasera?
e. Signorina, va fuori stasera?
f. Signori, vanno fuori stasera?
g. Le tue colleghe vanno fuori stasera?
h. Tuo marito va fuori stasera?

2. Rispondete secondo il modello: QO

Che cosa fai domenica? – *Esco* con i miei amici.	Giorgio, che cosa hai fatto domenica? – *Sono uscito* con i miei amici.

a. Che cosa fai domenica?
b. Giorgio, che cosa hai fatto domenica?
c. Ragazzi, che cosa avete fatto domenica?
d. Signorina, che cosa fa domenica?
e. Che cosa hanno fatto i tuoi genitori domenica?
f. Che cosa hanno fatto Paolo e Lucia domenica?
g. Maria, che cosa hai fatto domenica?
h. Che cosa fa la tua collega domenica?
i. Che cosa hanno fatto le tue sorelle domenica?
l. Signorina, che cosa ha fatto domenica?
m. Che cosa fanno i tuoi fratelli domenica?

Lezione dodicesima 12

Al ristorante A

I Rinaldi di Firenze – padre, madre e una bambina di 8 anni – vanno a pranzo al ristorante «Michelangelo» con un loro ospite, il dottor Guidi di Milano (**R** Romeo Rinaldi, **E** Emma Rinaldi, **M** la figlia Marisa, **G** il dottor Guidi, **C** il Cameriere).

R: C'è un tavolo libero per quattro?
C: Sì, s'accomodino qui, signori! Questo è libero.
E: Però qui c'è un po' di corrente, eh! Le dispiace chiudere la finestra?
C: No, si figuri, signora!
R: Ci porti il menù, per favore!
C: Eccolo!
E: Che cosa ci consiglia di buono oggi?
C: Come antipasto abbiamo degli ottimi antipasti di pesce.

G: Buona idea! Mi porti pure un antipastino di pesce.
R: Io invece prendo un prosciutto con fichi.
E: Per me e per la bambina niente antipasto. Come primo piatto io prendo un risotto alla milanese. E tu, Marisa? Vuoi anche tu il risotto?
M: No, il risotto non mi piace, preferisco gli spaghetti.
E: Allora, le porti gli spaghetti al pomodoro che le piacciono tanto.
G: Io invece vorrei mezza porzione di tagliatelle alla bolognese.
R: E per me i tortelloni alla panna, per favore.
C: E per secondo, che cosa prendono? Se mi permettono, raccomando Loro la frittura di pesce o, se preferiscono la carne, il vitello arrosto che è una nostra specialità.
G: No, io vorrei qualcosa di leggero. Che cosa mi consiglia?
C: Be', allora prenda i petti di pollo con patatine arrosto e finocchi al forno.
G: Sì, ecco, va bene.
C: E Lei, signora?
E: Io prendo una fiorentina e un'insalata mista, ma a mio marito porti pure la frittura di pesce che gli piace molto, vero, Romeo?
R: Se mi garantisce che il pesce è fresco, sì!
C: Le assicuro che è freschissimo. E la bambina che cosa prende?
M: Io non voglio il secondo, voglio un dolce.
E: Ma Marisa, lo sai che i dolci poi ti fanno male, no?
M: Ma se vi dico sempre che la carne e il pesce non mi piacciono, perché devo mangiare solo quello che dite voi?
C: E da bere, che cosa desiderano? Porto Loro del vino bianco o rosso?
R: Ci porti una buona bottiglia di vino rosso.
C: Allora, prendano il «Chianti Classico», è il migliore che abbiamo.
R: Ecco, sì! E ci porti anche una bottiglia di acqua minerale naturale.
M: Mamma, passami il pane, per favore.
E: Oh, scusami, tesoro! Vuoi anche un po' d'acqua? Mi scusi, dottore, le apra la bottiglia e le versi un po' d'acqua, Le dispiace?
G: Cameriere, guardi che io ho ordinato i finocchi e non gli zucchini, eh!
C: Oh, mi scusi, signore! Le cambio subito il piatto.
G: Grazie, gli zucchini proprio non mi piacciono.
C: I signori desiderano altro? Frutta, formaggio?
R: Ci porti un gelato e tre caffè, per favore! E il conto, poi!
C: Subito, signore!

B

RISTORANTE MICHELANGELO

MENÙ DEL GIORNO

ANTIPASTI:

Prosciutto e melone	2.500
Prosciutto e fichi	2.500
Antipasti misti	1.800
Antipasto di pesce	1.800
Frutti di mare	2.000

PRIMI PIATTI:

Spaghetti alla napoletana	800
Spaghetti alla chitarra	800
Spaghetti alla veneziana	800
Risotto alla milanese	1.000
Tagliatelle alla bolognese	1.000
Tortelloni alla panna	1.200
Lasagne alla siciliana	1.200

SECONDI PIATTI:

Petto di pollo alla milanese	2.000
Arrosto di vitello al forno	2.500
Bistecca alla fiorentina	2.300
Scaloppine al vino bianco	2.000
Frittura di pesce	1.900
Scampi alla griglia	5.000

CONTORNI:

Insalata mista di stagione	500
Zucchini al parmigiano	600
Verdure miste	500
Finocchi al forno	600
Peperonata toscana	500
Patatine arrosto al rosmarino	500

FORMAGGIO:

Formaggi toscani (porzione)	600

FRUTTA:

Frutta mista di stagione	600
Macedonia di frutta-Maraschino	800
Fragole alla panna liquida	1.500
Fragole al vino passito di Pantelleria	1.500

DOLCE:

Torta gelato	800
Torroncino all'Amaretto	800

VINI:

I migliori vini toscani e nazionali

Servizio, pane e coperto inclusi nel prezzo

Uno studente fa il cameriere e un altro risponde alle domande:

Signora, Signore, Signori,	che cosa desidera / desiderano	come antipasto? come 1° piatto? come 2° piatto?	Mi porti ... Ci porti ...

C

Cameriere, mi (ci, gli, le ...) porti (bringen Sie mir, uns, ihm, ihr ...)

Achten Sie bitte auf folgende Beispiele:

mi	(mir)	Il risotto non **mi** piace, preferisco gli spaghetti.
ti	(dir)	Marisa, i dolci **ti** fanno male.
gli	(ihm)	Mio marito prende il pesce perché **gli** piace molto.
le	(ihr)	Marisa non prende il risotto perché non **le** piace.
Le	(Ihnen)	Dottore / Signora, **Le** garantisco che il pesce è fresco.
ci	(uns)	Che cosa **ci** consiglia per secondo?
vi	(euch)	Ogni giorno **vi** dico che la carne non mi piace.
loro	(ihnen)	Che cosa offriamo ai nostri ospiti? Facciamo **loro** un caffè?
Loro	(Ihnen)	Signori, porto **Loro** del vino bianco o rosso?

Anmerkungen:

1. **mi, ti, ci, vi** gelten für Dativ und Akkusativ – also *mir* und *mich* – (→ L. 11, § C, p. 94):
   Mi trovo a Siena. (ich befinde *mich*) / Marco non **mi** saluta più. (grüßt *mich* ...) / Il cameriere **mi** porta un caffè. (bringt *mir* ...)

2. Bei der höflichen Anrede für eine Person (männlich oder weiblich) verwendet man immer **Le**:
   Cameriere, Le dispiace chiudere la finestra? (macht es *Ihnen* was aus?)
   Signora, Le consiglio il vitello arrosto che è una nostra specialità. (ich empfehle *Ihnen*)

3. Die Formen **loro** (ihnen) und **Loro** (Ihnen, höfliche Anrede für mehrere Personen) werden grundsätzlich dem Verb nachgestellt, im Gegensatz zu den übrigen Formen. Vergleichen Sie:
   Carlo **mi (ti, gli, le, Le, ci, vi) offre** un caffè. (bietet mir an)
   Scrivi ai tuoi amici siciliani? Sì, **scrivo loro** una lettera.
   Signori, se mi permettono, **raccomando Loro** la frittura di pesce.
   Zur Stellung dieser Formen s. auch § E.

4. In der modernen Umgangssprache wird **loro** meist durch **gli** ersetzt:
   Come stanno **i tuoi amici**? Perché non **gli scrivi** una lettera? Statt:
   Perché non **scrivi loro** una lettera?
   Aus dem Satzzusammenhang kann man entnehmen, ob **gli** die Bedeutung von *ihm* oder *ihnen* hat.

5. Bei der höflichen Anrede für mehrere Personen wird anstelle von **Loro** – das heute als sehr förmlich gilt – vielfach **Vi** verwendet (2. Person Plural). Demnach würde ein Kellner sagen:
Se mi **permettete, Vi** raccomando la frittura di pesce. Statt:
Se mi **permettono**, raccomando **Loro** la frittura di pesce.

6. Die Höflichkeitsformen **Le, Loro, Vi** kann man groß oder klein schreiben. Im Lehrbuch wird die Großschreibung praktiziert.

1. Completate le seguenti frasi secondo il modello:

Marisa, perché non prendi il risotto? Non ________ piace?
– Non *ti* piace?

a. Marisa, perché non prendi il risotto? Non ________ piace?
b. No, il risotto non ________ piace, preferisco gli spaghetti.
c. Signora, se ________ permette, ________ consiglio il vitello arrosto.
d. È fresco il pesce? Sì, signore, ________ garantisco che è freschissimo.
e. Mia figlia non mangia mai la carne perché non ________ piace.
f. I bambini vogliono sempre mangiare i dolci anche se ________ fanno male.
g. Bambini, non mangiate tanti dolci! ________ fanno male!
h. Come stanno i Cinquetti? Non scrivo ________ da due mesi.
i. Cameriere, ________ dispiace chiudere la finestra? Qui c'è corrente.
l. Dottore, ________ piace il pesce? No, non ________ piace, preferisco la carne.
m. Il dottor Guidi mangia volentieri il pesce? No, il pesce non ________ piace.
n. Signora, ________ porto le patate arrosto, se vuole.
o. Mia moglie non mangia mai patate, non ________ piacciono.

2. In einem Restaurant werden die Gäste von zwei Kellnern unterschiedlich angesprochen:

– Che cosa *desiderano* mangiare? Se *preferiscono* la carne, raccomando *Loro* le scaloppine.
– Che cosa *desiderate* mangiare? Se *preferite* la carne, *Vi* raccomando le scaloppine.

Wechseln Sie in der folgenden Übung die Anredeform:

a. Che cosa desiderano mangiare? Se preferiscono la carne, raccomando Loro le scaloppine.
b. Signori, se desiderate del vino rosso, Vi consiglio il Chianti Classico.
c. Se vogliono, possono accomodarsi a questo tavolo.
d. Per il pesce garantisco Loro che è freschissimo.
e. Se desiderano ordinare un po' di formaggio, consiglio Loro i nostri formaggi toscani.

3. Rispondete secondo il modello:

Marisa, *ti* piace il risotto? (no) – No, non *mi* piace molto.	Dottore, *Le* piacciono gli spaghetti? (sì) – Sì, *mi* piacciono molto.

a. Marisa, ti piace il risotto? (no)
b. Dottore, Le piacciono gli spaghetti? (sì)
c. Dottore, Le piace il pollo? (sì)
d. Ragazzi, vi piace il vitello? (no)
e. Signori, Vi piacciono i formaggi toscani? (no)
f. Marisa, ti piacciono gli zucchini? (no)
g. Ti piace questo vino? (no)
h. Dottore, Le piacciono le tagliatelle? (sì)
i. Signori, Vi piace il Chianti? (sì)
l. Ragazzi, vi piacciono i fichi? (sì)
m. Marisa, ti piacciono i gelati? (sì)
n. Signore, Le piacciono i tortelloni? (sì)

4. Rispondete secondo il modello:

A tua moglie non piacciono le patate, vero? – No, non *le* sono mai piaciut*e*.

a. A tua moglie non piacciono le patate, vero?
b. A Marisa non piace il risotto, vero?
c. Al dottor Guidi non piacciono gli zucchini, vero?
d. A tuo marito non piacciono le tagliatelle, vero?
e. Dottore, non Le piace il pollo, vero?
f. Non vi piacciono i fichi, vero?

g. A tua figlia non piace la carne, vero?

h. Al vostro amico non piace l'insalata, vero?

5. Fate le domande e rispondete secondo il modello: QO

tu – a Giuseppe – Da quanto tempo non telefoni a Giuseppe? – Gli ho telefonato alcuni giorni fa.

a. tu – a Giuseppe
b. voi – a Maria
c. tu – alla signora Rinaldi
d. voi – ai vostri genitori
e. loro – a Carla
f. Lei, signora – a Sua figlia
g. Lei, dottore – a Suo figlio
h. la signora Rinaldi – al dott. Guidi

6. Completate le domande secondo il modello: QO

Perché non mi rispondi? . . . – Perché non mi rispondi? *Ti* ho fatto una domanda!

a. Perché non mi rispondi?
b. Perché non mi rispondete?
c. Signora, perché non mi risponde?
d. Perché non mi rispondono i tuoi bambini?
e. Perché non ci rispondete?
f. Perché non ci rispondi?
g. Perché tuo marito non mi risponde?
h. Signori, perché non mi rispondono?
i. Dottore, perché non ci risponde?
l. Perché il tuo amico non ci risponde?
m. Perché tua figlia non mi risponde?
n. Perché Sua moglie non ci risponde?

7. Fate la conversazione secondo il modello:

Maria, come sta tuo fratello? A: Mio fratello non *mi* scrive da un mese. B: E tu, quando *gli* hai scritto l'ultima volta? A: *Gli* ho scritto due settimane fa. B: Forse la tua lettera non *gli* è ancora arrivata.

a. Maria, come sta tuo fratello?
b. Signora, come sta Sua figlia?
c. Giuseppe, come stanno i tuoi amici?
d. Come sta la vostra amica?
e. Dottore, come sta Suo figlio?
f. Come sta vostra zia?
g. Signori, come stanno i Loro due figli?

8. Rispondete alle domande del cameriere secondo il modello: QO

Signora, che cosa desidera? (una bistecca) – *Mi porti* una bistecca, per favore!

a. Signora, che cosa desidera? (una bistecca)
b. Signori, che cosa desiderano? (un antipasto di pesce)
c. Che cosa desidera la bambina? (un dolce)
d. Che cosa desiderano i bambini? (un gelato)
e. Che cosa desidera da bere, signore? (una bottiglia di Chianti)
f. Che cosa desidera come primo piatto, signorina? (le tagliatelle)
g. Che cosa desidera il ragazzo come contorno? (gli zucchini)

Cameriere! Se questo è caffè, mi porti un thè! Se invece è thè, mi porti un caffè!

D

Die Befehlsformen in der höflichen Anrede

Die Imperativformen der 2. Person Singular sowie der 1. und 2. Person Plural sind Ihnen bereits bekannt (→ L. 10, § D, p. 86). Für die höfliche Anrede *einer* bzw. *mehrerer* Personen gelten folgende Befehlsformen:

scus**are**	Signora, mi scus**i**! Signori, mi scus**ino**!	**-i**	**-ino**
prend**ere**	Dottore, prend**a** il vino! Signori, pren**dano** il vino!	**-a**	**-ano**
part**ire**	Signora, part**a** domenica! Signori, par**tano** domenica!	**-a**	**-ano**
cap**ire**	Dottore, mi cap**isca**! Signori, mi capi**scano**!	**-isca**	**-iscano**

Auch hier wieder kann die höfliche Anrede für mehrere Personen durch die 2. Person Plural (ihr) ausgedrückt werden (s. § C 5, p. 105).

Diese Form wird in der heutigen Umgangssprache bevorzugt. Vergleichen Sie:
Signori, se **vogliono** il vino, **prendano** il Chianti Classico!
Signori, se **volete** il vino, **prendete** il Chianti Classico!
Prendete entspricht also nicht nur dem deutschen «nehmt», sondern auch «nehmen Sie» (meine Herren). Die höfliche Anrede für *eine* Person wird dagegen stets mit «prenda» ausgedrückt.

1. Trasformate secondo il modello: QO

Cameriere, può chiudere la finestra?
– Cameriere, *chiuda* la finestra, per favore!

Cameriere, può
a. chiudere la finestra?
b. portare il menù?
c. aprire la bottiglia?
d. versare un po' d'acqua alla bambina?
e. aspettare un momento?
f. chiedere in cucina?
g. finire il conto?
h. servire il dolce più tardi?
i. domandare al Suo collega?
l. mettere un po' di cognac nel gelato?
m. preparare l'insalata senza pomodori?
n. guardare se c'è un tavolo libero?
o. cambiare il piatto alla bambina?
p. aprire la finestra?
q. mettere un po' di whisky nel caffè?

2. Rispondete secondo il modello: QO

Possiamo entrare?
– Prego, *entrino* pure!

a. Possiamo entrare?
b. Possiamo fumare?
c. Possiamo aprire la finestra?
d. Possiamo restare?
e. Possiamo telefonare?
f. Possiamo chiudere la finestra?
g. Possiamo ritornare?

3. Come l'esercizio 2, secondo il modello: QO

Possiamo entrare?
– Prego, *entrate* pure!

E

Stellung des Pronomens: passami il pane! (reich' mir das Brot) aber **mi passi** il pane! (reichen Sie mir das Brot)

In Anmerkung § C 3, p. 104 wurde darauf hingewiesen, daß die Pronomina – **loro** bzw. **Loro** ausgenommen – dem Verb vorangestellt werden. Dies gilt jedoch nicht, wenn sie in Verbindung mit einer Befehlsform in der 2. Person Singular bzw. der 1. und 2. Person Plural (nur in solchen Fällen) auftreten. Vergleichen Sie:

Passami il pane!	(reich' mir!)	Signora, **mi passi** il vino! (Reichen Sie mir!)
Passiamogli il vino!	(reichen wir ihm!)	
Passatemi l'acqua!	(reicht mir!)	Signori, **mi passino** il vino!

Wie Sie sehen, wird das Pronomen in der höflichen Anrede immer vorangestellt, bei den übrigen Personen dagegen nachgestellt und an die Verbform angehängt.

Beachten Sie den Unterschied zwischen folgenden Äußerungen:

Mamma, **mi passi** il pane, per favore? (reichst du mir das Brot, bitte?)	– Mamma, **passami** il pane, per favore! (reich' mir das Brot, bitte!)
Ci sediamo qui? (Wollen wir uns hier hinsetzen?)	– **Sediamoci** qui! (Laßt uns hier hinsetzen!)
Perché non **vi accomodate** qui? (Warum nehmt ihr nicht hier Platz?)	– **Accomodatevi** qui! (Nehmt hier Platz!)

1. Rispondete secondo il modello: QO

Carla, ti dispiace se mi siedo qui?
– No, *accomodati* pure lì, se vuoi!

a. Carla, ti dispiace se mi siedo qui?
b. Giorgio, ti dispiace se ci sediamo qui?
c. Signora, Le dispiace se mi siedo qui?
d. Dottore, Le dispiace se ci sediamo qui?
e. Signori, Vi dispiace se ci sediamo qui?
f. Cameriere, Le dispiace se mi siedo qui?

g. Cameriere, Le dispiace se ci sediamo qui?

h. Maria, ti dispiace se io e lui ci sediamo qui?

2. Was würden Sie sagen, wenn ...?

Al ristorante Lei ha ordinato gli spaghetti e il cameriere Le porta le tagliatelle. Lei può dire: – Senta, mi scusi sa, ma guardi che io ho ordinato gli spaghetti e non le tagliatelle, eh!

a. Al ristorante Lei ha domandato del Chianti e il cameriere Le porta del Lambrusco.
b. In un albergo di Roma Lei ha prenotato una camera con bagno e il portiere Le dà una camera senza bagno.
c. Al ristorante Sua figlia ha ordinato un gelato e il cameriere le porta una torta.
d. Al bar Lei ha ordinato una spremuta d'arancia e il cameriere Le porta un Cinzano.
e. In un bar di Firenze Lei si è seduta ad un tavolo. Dopo 5 minuti si alza per andare alla toilette e quando ritorna vede che un signore si è seduto al Suo posto.
f. Lei ha telefonato al ristorante Michelangelo ed ha prenotato un tavolo per quattro persone per le otto e mezza. Quando Lei e i Suoi ospiti entrano nel ristorante il cameriere Le dice che tutti i tavoli sono occupati.
g. Lei ha prenotato un posto sul Trans-Europa-Express «Freccia della Laguna» da Venezia a Roma. Le hanno dato il posto numero 45. Quando sale in treno vede che una signora si è seduta al Suo posto.
h. Lei cerca un parcheggio in centro. Ha visto un posto libero e vuole parcheggiare la macchina lì. In questo stesso momento c'è un signore che vuole parcheggiare anche lui lì.
i. In un albergo Lei ha telefonato al portiere per avere la colazione. Dopo mezz'ora la colazione non è ancora arrivata.
l. Da tre giorni Lei cerca di telefonare a Carla, una Sua amica, ma purtroppo questa Sua amica non è mai a casa. Il giorno dopo Lei incontra Carla e questa Le dice: «Perché non mi telefoni mai?»

Lezione tredicesima 13

A Turisti a Firenze

Anna (A) e Franco (F), in gita a Firenze, chiedono ad un passante (P) la strada per arrivare a Piazzale Michelangelo.

F: Mi scusi, ci sa dire come si arriva da qui a Piazzale Michelangelo?
P: Dunque ... sapete dov'è San Miniato al Monte?
F: No, purtroppo non lo sappiamo, non siamo pratici di Firenze.
P: Be', guardi! Vede quella chiesa sulla collina?
F: Sì, la vedo bene.
P: Ecco, quella è la Chiesa di San Miniato e lì sotto c'è Piazzale Michelangelo. Adesso voi, da qui, prendete la prima via a sinistra e andate sempre dritto fino a quel palazzo in fondo alla strada, lo vede?
A: Sì, e poi?
P: A quell'angolo voltate a destra e continuate per Via dei Benci, passate il Ponte alle Grazie e dopo il ponte voltate a sinistra. Però mica è vicino, eh! Forse vi conviene prendere l'autobus o un tassì.
A: No, no, facciamo una bella passeggiata a piedi e così vediamo meglio la città. Comunque grazie dell'informazione.
F: Una bella passeggiata, hai detto? È già da mezz'ora che siamo in giro!
A: Sei già stanco? Sù, non essere così pigro! Ancora un paio di minuti e poi siamo arrivati.
F: Che bel panorama! Si vede proprio tutta la città da qui. Hai la guida con te?
A: Sì, la tengo nella borsetta, perché?
F: Tirala fuori e guarda un po' che cosa dice di tutti quei palazzi. Li riconosci?
A: Vediamo! So che quello è Palazzo Pitti e quegli altri due sono Palazzo Vecchio e gli Uffizi; e quello è il Ponte Vecchio.
F: Come si chiama questo parco qui sotto con tutti quegli alberi?
A: Dev'essere il Giardino di Boboli. Vogliamo fare alcune fotografie?
F: Sì, facciamole, è una bell'idea. Mettiti lì, vicino a quelle piante!
A: Chiediamo a qualcuno di fotografarci insieme!

F: Senta, può farci un paio di fotografie, Le dispiace?

P: No, no, senz'altro, se la macchina fotografica non è troppo complicata. Mettetevi vicino a quei bei fiori!

A: Ci prende bene tutti e due?

P: Signora, si metta più vicino a Suo marito e così prendo anche il panorama! Ecco, così! Pronti? Posso scattare?

A: Aspetti! Ecco, adesso scatti pure!

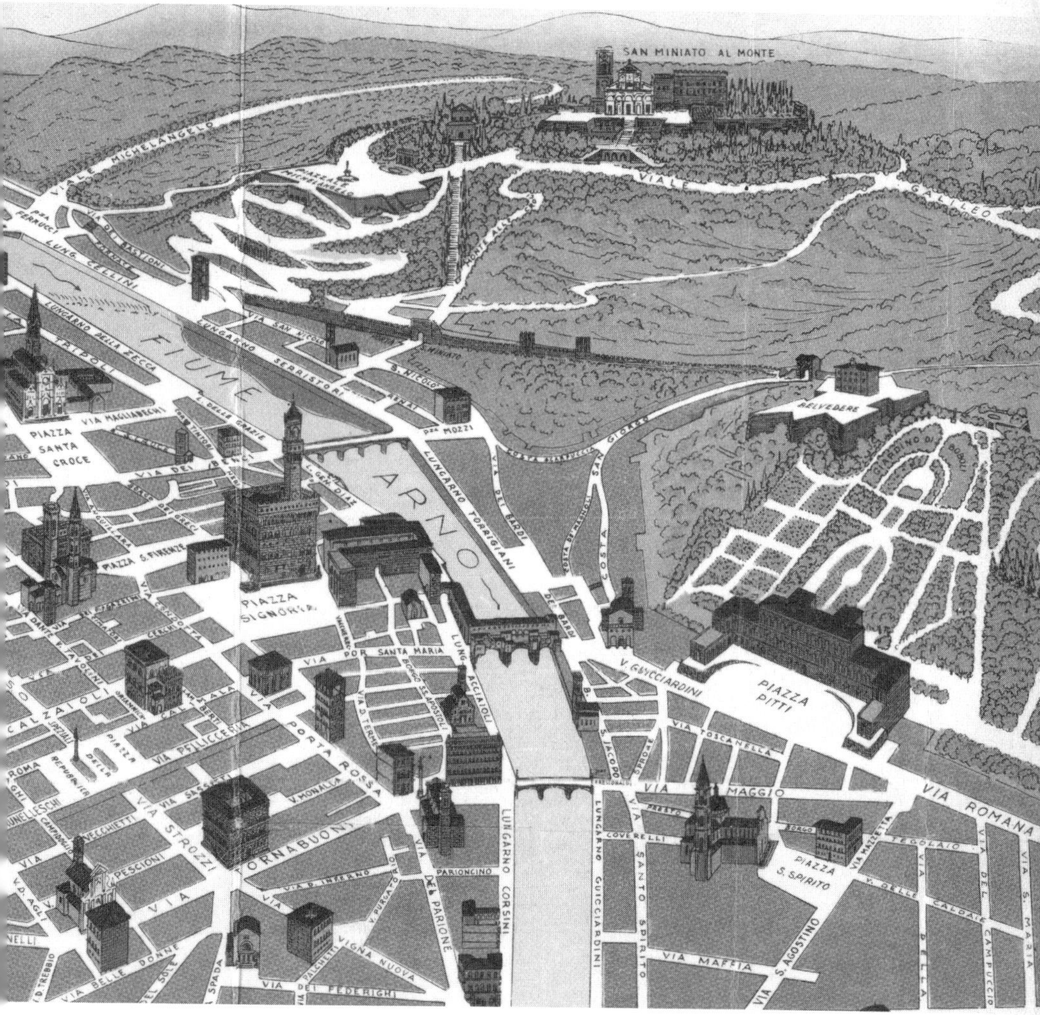

B In Piazzale Michelangelo una signora, una turista di Milano, domanda ad un signore:
«Scusi, vorrei andare in Piazza della Signoria. Che strada devo prendere?»
Il signore, che è molto pratico di Firenze, le risponde:
(Guardate la pianta della città: Lungarno Serristori – Ponte alle Grazie – Lungarno Diaz).
«Signora, vada sul Lungarno Serristori, passi il ponte alle Grazie e dopo il ponte volti a sinistra; vada sempre dritto per il Lungarno Diaz e la seconda strada a destra è la Via Proconsolo; prenda poi la terza strada a sinistra ed è subito in Piazza della Signoria».

a. Anche Lei è molto pratico (pratica) della città. Si trova in Piazza Santa Croce (3) e un turista Le domanda: «Scusi, mi sa dire come si arriva da qui a Piazza del Duomo (2)?» (Via Verdi–Via Oriuolo)

b. Lei si trova vicino al Battistero (1) e due turisti Le domandano: «Scusi, vogliamo andare a visitare la Casa di Michelangelo Buonarroti (14). Ci può dire la strada che dobbiamo fare, per favore?» (Piazza Duomo – Via Oriuolo – Via Verdi – Via Ghibellina)

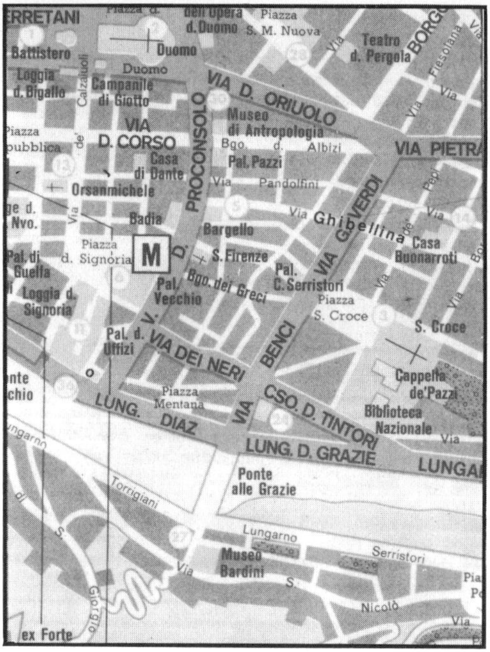

C

sapere (wissen, können)

sapere wird nicht nur im Sinne von «wissen», sondern auch von «können» verwendet. Achten Sie auf den Unterschied zwischen *potere* und *sapere*:

Non **so** aprire la finestra. (ich kann nicht = ich weiß nicht, wie es zu öffnen geht)
Non **posso** aprire la finestra. (ich kann/darf nicht)
Prägen Sie sich folgende Beispiele mit *sapere* ein:

so	Dove sono Anna e Franco? **So** che sono in gita a Firenze.
sai	Franco, **sai** dov'è Piazzale Michelangelo?
sa	Scusi, mi **sa** dire come si arriva a San Miniato?
sappiamo	Purtroppo non **sappiamo** ancora parlare bene l'italiano.
sapete	**Sapete** andare alla stazione da qui?
sanno	Anna e Franco non **sanno** la strada per andare in centro.

1. Rispondete secondo il modello:

Sai dov'è Piazzale Michelangelo?
– No, non lo *so,* non sono pratico di Firenze.

a. Sai dov'è Piazzale Michelangelo?
b. Sapete dov'è la stazione?
c. Franco sa dov'è Palazzo Pitti?
d. Signori, sanno dov'è Via Verdi?
e. Signora, sa dov'è l'Hotel Incanto?
f. La signora Rossi sa dov'è San Miniato?
g. Ragazzi, sapete dov'è Via Roma?

2. Fate la conversazione secondo il modello:

Una signora chiede ad un passante la strada per andare alla stazione:
S: Scusi, mi sa dire come si arriva alla stazione?
P: Mi dispiace, signora, non lo so. Lo chieda a quel signore!
S: Senta, mi sa dire come posso arrivare alla stazione?
P: Sì, signora! Prenda la prima via a sinistra e subito dopo il ponte vede la stazione.

a. Anna chiede ad un amico la strada per andare in centro.
b. I signori Guidi chiedono ad una signora la strada per andare a Santa Maria del Fiore.
c. Anna e Franco chiedono ad un amico la strada per andare a Piazzale Michelangelo.
d. Anna chiede alle sue colleghe la strada per arrivare al ristorante Milano.

D **quello** (jener)

Quello entspricht dem deutschen «jener» wohl in der Bedeutung, nicht aber in der Verwendung. Wenn man im Italienischen auf Personen oder Sachen hinweist, die sich nicht in unmittelbarer Nähe des Sprechenden befinden oder zeitlich zurückliegen, wird grundsätzlich *quello* verwendet. Vergleichen Sie:
Vede **quella** collina? (Sehen Sie den Hügel dort?)
È **quella** l'amica di Maria? (Ist dies [diese da] die Freundin von M.?)
Dove sei stata nell'agosto del 1975? In **quel** mese sono stata a Firenze. (Im August? Da war ich in Florenz.)
Wenn *quello* vor einem Substantiv steht, verhält es sich wie der Artikel *il*:

il signore	Chiediamo a **quel** signore dov'è Piazzale Michelangelo!
lo scialle	Dove hai comprato **quello** scialle che hai messo 2 giorni fa?
l'angolo	A **quell'**angolo in fondo alla strada voltate a destra!
i turisti	Tutti **quei** turisti che vedi sono arrivati da Milano.
gli stranieri	Chissà dove vanno tutti **quegli** stranieri!
gli amici	Conosci **quegli** amici di Maria che abbiamo visto domenica?
la chiesa	Ti piace **quella** chiesa sulla collina?
l'insalata	Ottima **quell'**insalata che abbiamo mangiato a Firenze!
le arance	**Quelle** arance non costano tanto come queste.

Steht *quello* **nicht** vor einem Substantiv, so nimmt es die Endungen eines normalen Adjektivs an: **quello – quella – quelli – quelle.**
Vergleichen Sie:
Vedi **quel** palazzo? Sì, **quello** è Palazzo Pitti.
Conosci **quei** signori? Sì, **quelli** sono i signori Guidi.
Ottimi **quegli** spaghetti che fa tua madre! Sì, **quelli** sono proprio buoni.
Come si chiama **quell'**agenzia turistica? **Quella** è la CIT.
Sono queste **quelle** fotografie che abbiamo fatto a Firenze? No, **quelle** non sono ancora pronte.

Completate con *quello (quell', quei, quegli . . .):*
a. Scusi, Piazzale Michelangelo è ________ sulla collina?
b. No, ________ è la chiesa di San Miniato.

c. Come si chiama __________ palazzo?
d. Il ponte vicino a __________ due palazzi è Ponte Vecchio.
e. Vedi __________ giardino con tutti __________ alberi?
f. __________ due grandi alberi devono essere molto vecchi.
g. È __________ l'amica di Maria? No, __________ è Giuliana.
h. Chi è Giuliana? È __________ amica di Chiara che abbiamo conosciuto a Roma.
i. Chi ha avuto __________ idea di andare a piedi? Non arriviamo mai.
l. Siete già stati a Piazzale Michelangelo? Sì, è meraviglioso __________ panorama che si vede dalla collina!
m. Dove sono __________ fotografie che abbiamo fatto a Firenze?

E

bello (schön)

Wie *quello* verändert sich auch **bello** vor dem Substantiv (vgl. § D):
Che **bel** panorama! Sì, il panorama è molto **bello**.
Vogliamo comprare questi **bei** fiori? Sono **belli**, ma sono cari.
Vedi quei **begli** alberi? Sì, quegli alberi sono proprio **belli**.

1. Fate le domande e rispondete secondo il modello: QO

giacca
– È *bella* questa giacca?
– Sì, è proprio una *bella* giacca.

a. giacca	c. albergo	e. soprabito	g. borsetta
b. vestito	d. scialle	f. gonna	h. ristorante

2. Fate la conversazione secondo il modello:

il palazzo	*i fiori*
A: Vedi quel palazzo?	A: Vedi quei fiori?
B: No, quale?	B: No, quali?
A: Quello!	A: Quelli!
B: Oh, è veramente un bel palazzo!	B: Oh, sono veramente dei bei fiori!

a. il palazzo	d. le piante	g. il parco	l. la casa
b. i fiori	e. gli alberi	h. i giardini	
c. la chiesa	f. lo scialle	i. la ragazza	

3. La signora Clara Booth Luce, ambasciatore degli Stati Uniti d'America a Roma per molti anni, riceve, un giorno, la visita di una ragazza americana che tutta confusa, le dice:

   «Oh, signora Luce, che cosa meravigliosa essere qui a Roma, vedere tutte queste rovine ed anche Lei!»
   An welchen Stellen dieser Anekdote könnte man «bello (bel, bella ...)» einsetzen, ohne den Sinn zu entstellen?

F **lo – la – li – le** (ihn, sie, es)

Achten Sie auf folgende Beispiele:

Vedi quel *palazzo*? Sì, **lo** vedo bene.	(ich sehe ihn gut)
Vedi quella *chiesa*? No, non **la** vedo.	(ich sehe sie nicht)
Vedi quei *giardini*? No, non **li** vedo.	(ich sehe sie nicht)
Vedi quelle *piante*? Sì, **le** vedo bene.	(ich sehe sie gut)
Sai *dov'è la stazione*? No, non **lo** so.	(ich weiß es nicht)

Zur Satzstellung dieser Pronomina gilt, was in Lektion 12, § C, Anmerkung 1 und § E gesagt wurde. Vergleichen Sie:

Che bel vestito! **Compralo**!	Che bella borsa! **La compri**, signora!
Che belle scarpe! **Compriamole**!	Che bella frutta! **La comprino**, signori!
Che bei fiori! **Comprateli**!	

Auch in Verbindung mit *ecco* werden die Pronomina nachgestellt:

Dove sono i biglietti? **Eccoli**!	Dov'è il facchino? **Eccolo**!
Dov'è la valigia? **Eccola**!	Dove sono le sigarette? **Eccole**!

1. Rispondete secondo il modello: ՕՕ

Posso prendere il tuo giornale? – Sì, *prendilo* pure!	Posso prendere il Suo giornale, Signora? – Sì, *lo prenda* pure!

a. Posso prendere il tuo giornale?
b. Posso prendere il Suo giornale, Signora?
c. Posso prendere la tua guida?
d. Possiamo prendere la tua guida?
e. Gianni, posso chiudere la porta?
f. Dottore, posso aprire la finestra?
g. Posso mettere le tazze, Maria?
h. Signori, posso servire il caffè?

2. Fate le domande e rispondete secondo il modello:

il giornale – Dov'è il mio giornale? – Eccolo qui! Non lo vedi?

a. il giornale
b. la guida
c. le scarpe
d. la rivista
e. le sigarette
f. la tazza
g. il piatto
h. la macchina fotografica

Io le amo tutte.
Chi?
le piante?
le chiese di Firenze?
le persone?
le ragazze?

G

chiediamo . . . di fotografarci (uns zu fotografieren)

In Verbindung mit einem Infinitiv werden alle Personalpronomina (vgl. L 12, § C, p. 104 und L 13, § F, p. 118) nachgestellt und an die Infinitivform angehängt:
Non ho bisogno di spendere tanti soldi per **divertirmi**.
Maria chiede ad un signore di **fotografarla**.
Jetzt verstehen Sie auch, warum es **arrivederci** bzw. **arrivederLa** heißt.
Wenn die Infinitivform im Zusammenhang mit **potere, dovere, volere** oder **sapere** steht, ergeben sich für die Stellung des Pronomens zwei Möglichkeiten:

Scusi, **mi può dire** (oder **può dirmi**) dov'è la stazione?
Anna, **mi vuoi dare** (**vuoi darmi**) la guida, per favore?
Domani **mi devo alzare** (**devo alzarmi**) alle sette.
Scusi, **ci sa dire** (**sa dirci**) dov'è Palazzo Vecchio?

1. Trasformate secondo il modello: QO

Mi dai la guida, per favore?
– Ti prego di *darmi* la guida.

a. Mi dai la guida, per favore?
b. Signore, ci fa una fotografia, per favore?
c. Mi date il giornale, per favore?
d. Mi dite dov'è la stazione, per favore?
e. Cameriere, ci porta il menù, per favore?
f. Anna, mi compri le sigarette, per favore?
g. Dottore, ci telefona alle 8, per favore?

2. Come l'esercizio 1. Trasformate secondo il modello: QO

Mi puoi dare la guida, per favore?
– *Puoi darmi* la guida, per favore?

Lezione quattordicesima 14

Andiamo a fare la spesa? A

La signora Alighieri (A) deve fare un po' di spesa e domanda a Karin (K) se vuole accompagnarla. Di solito la signora Alighieri fa la spesa in un negozio di generi alimentari vicino a casa sua, dove c'è un commesso (C) che la serve sempre molto bene.

A: Signorina Karin, io adesso vado a fare la spesa. Viene anche Lei? Venga e così Le faccio vedere i negozi e il mercato di Siena.

K: Bene, vengo volentieri, signora. Mi faccia vedere anche un grande magazzino! Mi servono alcune cosette nel reparto biancheria e poi della carta da lettere.

A: Allora, guardi, quella è la Standa e lì trova tutto quello che Le serve. Io intanto vado in questo negozio e ci troviamo qui. D'accordo?

K: Va bene, signora. Fra mezz'ora credo di avere sbrigato tutto.
C: Buon giorno, signora! Che cosa Le do oggi?
A: Buon giorno! Mi dia prima di tutto un chilo di riso e degli spaghetti.
C: Le do un pacco di spaghetti numero cinque?
A: Sì, sì, prendo sempre quelli medi. Mi serve anche del formaggio. A quanto va il parmigiano?
C: A 7.500 al chilo, signora, ma è parmigiano reggiano di prima qualità. Quanto ne vuole, signora?
A: Due etti mi bastano, grazie! Mi serve anche della frutta. Ha dell'uva?
C: No, signora, non ne abbiamo più. Però, se vuole, abbiamo delle ottime mele. Ne vuole un paio?
A: Ma sì, mi dia qualche mela, cinque in tutto. E mi dia anche sei uova fresche, per favore.
C: Non dimentica nient'altro, signora? Zucchero, caffè, burro, olio . . .?
A: No, per oggi no! In casa ne ho abbastanza fino alla settimana prossima.
C: Vino?
A: Ah già! Mi dia un litro di quel vino bianco. Ecco, adesso credo di avere tutto. Mi faccia pure il conto, per favore!
C: Dunque, vediamo: un chilo di riso 700, mezzo chilo di spaghetti 250, due etti di parmigiano reggiano 1.500, le mele 300, le uova 480 e il vino 300. Sono 3.530 lire in tutto, signora. Prego, s'accomodi alla cassa! Le metto tutto assieme, signora?
A: No, mi metta la roba in due sportine, Le dispiace? Così la mia amica mi aiuta a portarle.

B Sie befinden sich am Eingang des Labyrinths (ENTRATA) und suchen den Ausgang (USCITA). Beginnen Sie mit der Eingangsfrage. Haben Sie eine Frage mit «ja» beantwortet, dann folgen Sie dem weißen Pfeil bis zur nächsten Nummer und damit zur nächsten Frage; sind Sie dagegen der Meinung, daß eine Frage mit «nein» beantwortet werden muß, dann folgen Sie dem schwarzen Pfeil, usw.
Beispiel: a) Beantworten Sie die Eingangsfrage mit «ja», so folgen Sie dem weißen Pfeil und gelangen zu Frage Nr. 9.
b) Beantworten Sie die Eingangsfrage mit «nein», so verweist Sie der schwarze Pfeil auf die Frage Nr. 7, usw. Alle Fragen (1–14) dürfen nur einmal beantwortet werden.

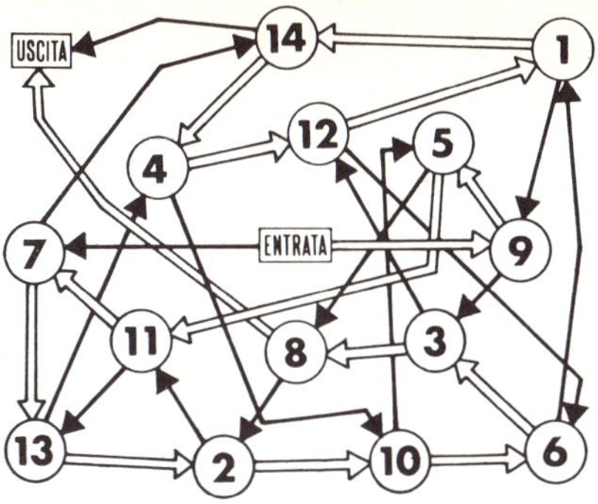

Gli spaghetti alla panna e al prosciutto sono una specialità di molti ristoranti italiani?

1. Il commesso può lavorare anche in un negozio di scarpe?
2. Le uova sono un frutto?
3. La roba è un vestito lungo ed elegante?
4. Se sei uova costano 480 lire, un uovo costa 60 lire?
5. Piazza del Campo è una bellissima piazza di Firenze?
6. La gita è un breve viaggio?
7. La Standa è un grande magazzino?
8. La mela è un frutto di mare?
9. Il parmigiano è un formaggio?
10. «assieme» e «insieme» sono la stessa cosa?
11. L'uva può essere anche rossa?
12. «Qualche mela» e «alcune mele» sono la stessa cosa?
13. Il parmigiano è il prosciutto di Parma?
14. «Mezz'ora fa ho sbrigato tutto» è come dire: «Fra mezz'ora ho sbrigato tutto»?

C

venire (kommen)

Die Formen von **venire** im Präsens Indikativ lauten:

vengo	Signora, se va a fare la spesa, **vengo** anch'io con Lei.
vieni	Vado al mercato, **vieni** anche tu? Sì, vengo anch'io.
viene	Signorina, se **viene** con me, Le faccio vedere i negozi.

veniamo Se domani abbiamo tempo, **veniamo** a trovarvi.
venite Perché non **venite** a trovarci qualche volta?
vengono A che ora **vengono** i tuoi amici? Alle otto.

Der Gebrauch von *andare* und *venire* entspricht nicht immer dem Gebrauch von «gehen» und «kommen» im Deutschen. Achten Sie auf die Beispiele die in den folgenden Übungen enthalten sind.

---

vieni, veniamo, venite sind zugleich Befehlsformen (komm!, kommen wir!, kommt!).
In der höflichen Anrede lauten die Imperativformen:
venga Signorina, **venga** con me e andiamo a fare la spesa!
vengano C'è un tavolo libero? Prego, signori, **vengano** a questo tavolo!

Auch die Formen von **tenere** lauten wie die von *venire*: **tengo, tieni, tiene, teniamo, tenete, tengono / tenga, tengano.**

1. Completate con *andare* o *venire*:

a. Franca, perché non __________ con noi in montagna?
b. Ragazzi, perché non __________ in vacanza con i vostri genitori?
c. I nostri ospiti di Milano __________ a casa nostra la settimana scorsa.
d. Stamattina mi sono alzata alle sette e alle otto sono uscita per ______ ____ a fare la spesa.
e. Signorina, __________ con me! Io __________ fuori per fare la spesa.
f. La nostra amica Karin si trova a Siena già da due settimane. Carlo ed io abbiamo intenzione di __________ a trovarla la settimana prossima.
g. Chiara, dove __________ in vacanza quest'anno? Chi __________ con te?
h. Non vedo più Carla da due settimane; come sta? Bene, __________ da me la settimana scorsa.
i. Se volete, __________ a trovarci qualche volta!

2. Rispondete secondo il modello:

Io vado in centro, e tu? – No, io non *vengo*.

a. Io vado in centro, e tu?
b. Noi andiamo in montagna, e voi?

c. Noi andiamo al mare con i Rossi, e voi?
d. Io ed Anna andiamo in gita a Firenze, e Lei, signora?
e. Tu vai in campeggio, e i tuoi amici?
f. Noi andiamo a Piazzale Michelangelo, e Loro, signori?
g. Voi andate al Lago di Como, e Franco?
h. Io vado a fare la spesa, e Lei, signora?

D

fare (machen, tun)

Die nachstehende Zusammenstellung gibt einen Überblick über die Formen von **fare** im Präsens Indikativ, die Sie zum größten Teil bereits kennen.

faccio	Che cosa posso offrirvi? Vi **faccio** un caffè?
fai	Franco, mi **fai** vedere la guida, per favore?
fa	La signora Rossi **fa** la spesa in un negozio vicino a casa sua.
facciamo	Perché non **facciamo** colazione in camera?
fate	Dove **fate** la spesa? In un negozio o al mercato?
fanno	I Signori **fanno** colazione in camera o al ristorante?

Die Befehlsformen lauten: **fa'** (auch **fai** möglich), **facciamo, fate** (mach'!, machen wir!, macht!).

Für die höfliche Anrede gelten folgende Formen:

faccia	Signora, mi **faccia** vedere anche un grande magazzino!
facciano	**Facciano** attenzione, Signori! Il treno è in arrivo!

Achten Sie darauf, daß bei den Verbindungen «*fa*' + Personalpronomen» die Anfangskonsonanten der Pronomina verdoppelt werden (eine Ausnahme bildet nur *gli*):

Anna, **fammi** un caffè, per favore! Guido, **facci** una fotografia! **Falle** vedere dov'è il mercato! usw.

1. Rispondete secondo il modello:

> Giorgio, mi sai dire dove posso comprare della carta da lettere?
> – Sì, se vieni con me, ti *faccio* vedere il negozio.

a. Giorgio, mi sai dire dove posso comprare della carta da lettere?
b. Signora, mi sa dire dove posso comprare della frutta?

c. Anna, ci sai dire dove possiamo comprare della biancheria?
d. Ragazzi, ci sapete dire dove possiamo comprare del vino?
e. Franco, sai dire a mia moglie dove può comprare un paio di scarpe?
f. Dottore, sa dire ai nostri ospiti dove possono comprare dei fiori?
g. Signori, mi sanno dire dove posso comprare delle cartoline?
h. Signori, ci sanno dire dove possiamo comprare i giornali?

2. Fate le domande secondo il modello:

Anna domanda ad un signore di farle una fotografia. Che cosa dice? – Scusi, mi *faccia* una fotografia, per favore!

a. Anna domanda ad un signore di farle una fotografia.
b. Franco domanda a sua moglie di fargli una fotografia.
c. Karin domanda alla signora Alighieri di farle vedere un grande magazzino.
d. Karin domanda ai suoi amici di farle vedere il mercato.
e. La signora Alighieri domanda a suo marito di fare vedere a Karin i negozi del centro.

f. La signora Alighieri chiede al commesso di farle il conto.
g. Anna e Franco chiedono ad un passante di fare loro una fotografia.
h. Anna e Franco chiedono ad un amico di fare loro una fotografia.

E

mi servono alcune cosette (ich brauche ein paar Kleinigkeiten)

servire im Sinne von «servieren, bedienen» ist Ihnen bereits bekannt:

A che ora **servite** la colazione?	(servieren Sie . . .)
Il commesso la **serve** molto bene.	(bedient sie gut)

Wenn die jeweils dritten Personen von *servire* – **serve** und **servono** – in Verbindung mit dem Personalpronomen (Dativ!) auftreten, haben sie die Bedeutung von *avere bisogno di* (→ L. 7, § D, p. 61) = brauchen:

Per fare il risotto ho bisogno di / **mi serve** mezzo chilo di riso.
Per fare il dolce ho bisogno di / **mi servono** sei uova.
Signora, di che cosa ha bisogno? / Che cosa **Le serve**?

1. Rispondete secondo il modello: QO

Di che cosa ha bisogno, signora? (1 kg. di riso)
– *Mi serve* un chilo di riso.

a. Di che cosa ha bisogno, signora? (1 kg. di riso)
b. Di che cosa hai bisogno? (1 litro di vino)
c. Di che cosa avete bisogno? (sei uova)
d. Di che cosa hanno bisogno i tuoi amici? (una tenda per il campeggio)
e. Di che cosa ha bisogno la signora Alighieri? (due etti di parmigiano)
f. Di che cosa ha bisogno la tua amica? (della carta da lettere)
g. Di che cosa avete bisogno? ($^1/_2$ kg. di pane)
h. Di che cosa ha bisogno tuo marito? (le sigarette)

2. Rispondete secondo il modello: QO

Ti serve qualcos' altro?
– *No, non mi serve* nient'altro, per il momento.

a. Ti serve qualcos'altro?
b. Vi serve qualcos'altro?
c. Dottore, Le serve qualcos' altro?
d. A tua moglie serve qualcos'altro?
e. Signora, Le serve qualcos'altro?
f. Serve qualcos'altro alla signora Rossi?
g. Signori, Vi serve qualcos'altro?

3. Fate le domande e rispondete secondo il modello: QO

frutta
Le serve altro, signora?
– Sì, mi serve anche della frutta.

a. frutta
b. 5 mele
c. un pacco di spaghetti
d. un litro di vino bianco
e. uva
f. sei uova
g. zucchero
h. arance

F

mi dia (geben Sie mir)

Die Befehlsformen der höflichen Anrede von **dare** lauten:

dia	Le serve anche della frutta, signora? Sì, mi **dia** qualche mela!
diano	Signori, mi **diano** i Loro passaporti, per favore!

Die übrigen Befehlsformen lauten wiederum wie die des Präsens Indikativs (→ L. 11, § B, p. 93): **da'** (auch **dai** möglich), **diamo, date** (gib!, geben wir!, gebt!). Achten Sie auf **dammi** (gib mir!) etc. wie **fammi** (vgl. § D).

1. Che cosa si dice se . . . ꝏ

Lei è a tavola e chiede a Suo marito il pane.
– *Dammi* il pane, per favore!

a. In un negozio Lei domanda un litro di vino bianco al commesso.
b. Alla biglietteria della stazione Suo marito domanda all'impiegata due biglietti di andata e ritorno per Roma.
c. In un albergo il portiere domanda a Lei e a Suo marito i passaporti.
d. Lei e una Sua amica vanno alla CIT di Torino e chiedono alcune informazioni per una gita al Lago di Como.
e. A tavola domanda a Suo marito di passare l'acqua alla bambina.
f. I Suoi due figli vogliono andare in campeggio e Le chiedono la tenda.
g. Alla stazione Lei vuole comprare il Corriere della Sera.
h. Lei e Sua moglie vanno al mercato e vogliono comprare un chilo d'uva.

2. Rispondete secondo il modello: ꝏ

Maria, che cosa vuoi? (il giornale)
– *Dammi* il giornale, per favore!

a. Maria, che cosa vuoi? (il giornale)
b. Signora, che cosa desidera? (un'aranciata)
c. Signori, che cosa prendono da bere? (una bottiglia di Chianti)
d. Che cosa desidera Sua figlia, Signora? (un gelato)
e. Che cosa porto a Suo figlio, signora? (un dolce)
f. Quanti soldi ti servono? (2.000 lire)
g. Che cosa prendono da bere i bambini, signora? (un' aranciata)

ne (davon)

Die Grundbedeutung von **ne** ist «davon», im Deutschen gibt es dafür aber keinen entsprechenden Anwendungsbereich. Vergleichen Sie:
Vorrei *del formaggio*. Quanto **ne** vuole, signora? (wieviel möchten Sie?)
Ha *dell'uva?* No, non **ne** abbiamo più! (wir haben keine mehr)
Abbiamo *delle ottime mele*. **Ne** vuole un paio? (möchten Sie welche?)
Le serve *dello zucchero*? No, in casa **ne** ho abbastanza. (ich habe noch genug)
Die Beispiele machen klar, daß das *ne* immer nur eine Teilmenge einer vorher genannten Sache bezeichnet (*del formaggio, dell'uva* usw.).

1. Fate la conversazione secondo il modello:

formaggio – due etti
– Mi serve del formaggio!
– Quanto ne vuole, signora?
– Due etti mi bastano.

mele – mezzo chilo
– Mi servono delle mele.
– Quante ne vuole, signora?
– Mezzo chilo mi basta.

a. formaggio – due etti
b. mele – mezzo chilo
c. riso – mezzo chilo
d. prosciutto – due etti
e. uova – sei
f. spaghetti – mezzo chilo
g. uva – un chilo
h. caffè – due etti
i. vino – un litro
l. finocchi – due
m. zucchini – 1 kg
n. zucchero – $^1/_2$ kg

2. Rispondete alle domande:

Le serve *del vino*, signora? (no)
– No, in casa *ne* ho ancora abbastanza.

Le servono *degli spaghetti*, signora? (sì)
– Sì, in casa non *ne* ho più.

a. Le serve del vino, signora? (no)
b. Le servono degli spaghetti, signora? (sì)
c. Le serve della verdura, signora? (no)
d. Le serve dell'olio, signora? (sì)
e. Le servono delle mele, signora? (no)
f. Le servono delle uova, signora? (sì)

g. Le serve del latte, signora? (no)
h. Le servono dei panini, signora? (sì)

3. Rispondete secondo il modello: QO

Quanti *figli* hanno i Rossi? (due)
– *Ne* hanno due.

a. Quanti figli hanno i Rossi? (2)
b. Quante sigarette fumi al giorno? (10)
c. Quanti anni ha Maria? (25)
d. Quanti soldi spendi al giorno? (molti)
e. Quanti spaghetti compriamo? (un pacco)
f. Metti dello zucchero nel caffè? (sì, un po')
g. Vuoi del vino? (no)
h. Quante camere ha l'albergo? (50)

Lezione quindicesima 15

All'Arena di Verona

A

In gita a Verona, la signora e il signor Alberti vanno a visitare l'Arena, accompagnati da una guida turistica. (**S** Signora Alberti, **A** Signor Alberti, **G** Guida Turistica, **C** Cassiera)

G: Signore e signori, questa famosa e bellissima costruzione che Loro vedono è uno degli anfiteatri più antichi del mondo romano. È stato costruito nel primo secolo dopo Cristo ed è l'anfiteatro più grande dopo il Colosseo di Roma. Pensate che può contenere 25.000 spettatori!

A: Caspita! E il Colosseo allora, quanti ne contiene?

G: 50.000, signore! Come Loro sanno, l'Arena di Verona è uno dei teatri più importanti per l'opera lirica.

S: La stagione d'opera c'è tutti gli anni?

G: Sì, ogni anno nei mesi di luglio e agosto, già dal 1913.

S: E qual è stata la prima opera che hanno dato?

G: L'Aida, signora, di Giuseppe Verdi, che da allora è il pezzo forte dell'Arena. E anche stasera danno l'Aida. È la quinta rappresentazione di questa stagione.

A: Sa se è ancora possibile avere dei posti per stasera?

G: Credo di sì! Ma lo chieda alla cassa dell'ingresso centrale! Bene, la visita è finita, signori! Escano di qua, s'accomodino! Grazie, grazie!

A: Signorina, ci sono ancora dei posti liberi per stasera?

C: Sì, ma solo in gradinata.

A: Non importa! Due, signorina, per favore!

C: 6.000 lire, signore!

La sera, all'Aida

S: Abbiamo avuto fortuna, non trovi? I posti sono davvero comodi.

A: Sì, siamo un po' lontani dal palcoscenico, ma si sente bene lo stesso.

S: Che bella voce ha il baritono! Come si chiama?

A: Non lo so, so che è un baritono americano. Anche il soprano che fa la parte di Aida è un'americana e il tenore invece, che fa la parte di Radamès, è uno spagnolo.

S: Ha una bella voce, forte e sicura. Ma anche gli altri cantano benissimo. Senti, compriamo il programma durante la pausa?

A: D'accordo!

ARENA DI VERONA
FESTIVAL DELL'OPERA LIRICA

ROMEO E GIULIETTA
DI CHARLES GOUNOD

AIDA
DI GIUSEPPE VERDI

CAVALLERIA RUSTICANA
DI PIETRO MASCAGNI

PAGLIACCI
DI RUGGERO LEONCAVALLO

SPETTACOLO DI BALLETTI
IDEATO E DIRETTO DA MAURICE BEJART
CON IL "BALLET DU XXème SIECLE"
PRIMA MONDIALE

B

L'Arena
di Verona

QUOTIDIANO DEL MATTINO FONDATO NELL'ANNO 1866

Successo trionfale dell' Aida ieri sera all'Arena. Grandi applausi per i cantanti, per l'orchestra diretta da Riccardo Muti e per la meravigliosa scenografia

Scrivete una lettera ad un amico (o amica) italiano (italiana), dove dite:

a. di essere a Verona (come turista o per affari)
b. che cosa volete vedere della città
c. perché volete andare alla rappresentazione dell'Aida

C

L'Arena è uno dei teatri più importanti

Man sagt:

L'Arena è **un teatro importante** per l'opera lirica.	(ein Theater) **Aber:**
L'Arena è **uno dei teatri più importanti.**	(eins der Theater)
È **un** anfiteatro romano.	(ein Amphitheater) **Aber:**
È **uno** degli anfiteatri romani più antichi.	(eins der Amphitheater)

1. Rispondete secondo il modello:

Vuole un dolce, signora? (alla fragola)
– Sì, ne voglio uno alla fragola.

a. Vuole un dolce signora? (alla fragola)
b. Vuoi un gelato? (alla frutta)
c. Volete un antipasto? (di pesce)
d. Vuoi una cartolina? (con il panorama)
e. Vogliono una camera a due letti, signori? (con vista sul mare)
f. Vuole una bottiglia di vino, signora? (di Chianti)

2. Trasformate secondo il modello:

L'Arena è un teatro importante. (per l'opera lirica) – L'Arena è *uno dei teatri più importanti* per l'opera lirica.

a. L'Arena è un teatro importante. (per l'opera lirica)
b. Verona è una città interessante. (d'Italia)
c. L'Arena è un anfiteatro antico. (del mondo romano)
d. L'Aida è un'opera famosa. (di Giuseppe Verdi)
e. L'Arena è una costruzione antica. (di Verona)

D

L'Arena è una costruzione bellissima. (ein sehr schöner Bau)

Will man eine Eigenschaft besonders stark hervorheben, so verwendet man entweder
1. **molto** vor dem Adjektiv: una costruzione **molto bella** oder
2. die Endung **-issimo**, die an das Adjektiv angehängt wird: una costruzione **bellissima**.

Von beiden Möglichkeiten wird gleich häufig Gebrauch gemacht. Sie entsprechen dem deutschen «sehr + Adjektiv» (sehr schön).
Achten Sie darauf, welche Entsprechungen das deutsche «sehr gut» im Italienischen haben kann:
Questo vino è **buonissimo**. (Steigerung von *buono*: Dieser Wein ist sehr gut)
Qui si mangia **benissimo**. (Steigerung von *bene*: Man ißt hier sehr gut.)
Verona mi piace **moltissimo**. (Steigerung von *molto*: V. gefällt mir sehr gut.)

1. Rispondete secondo il modello: QO

Questa costruzione è molto bella, non trovi? – Sì, è veramente *bellissima*.

a. Questa costruzione è molto bella, non trovi?
b. Questo anfiteatro è molto grande, non trovi?
c. Questo teatro è molto interessante, non trovi?

d. Questi spaghetti sono molto buoni, non trovi?
e. Quest'albergo è molto caro, non trovi?
f. Quella cantante è molto brava, non trovi?
g. Quelle signore sono molto eleganti, non trovi?
h. La signora Bianchi è molto gentile, non trovi?
i. Queste scarpe sono molto pratiche, non trovi?
l. Marco è un ragazzo molto simpatico, non trovi?

2. Completate con *buonissimo* o *benissimo*:

a. In questa città mi trovo __________.
b. Siamo un po' lontani dal palcoscenico, ma si sente __________ lo stesso.
c. Hai capito che cosa ha detto la guida? Sì, ho capito __________.
d. In Piazza Bra, vicino all'Arena, ci sono dei __________ alberghi.
e. Il Chianti Classico è un vino __________. Non ne conosco uno migliore.
f. L'Arena può contenere __________ 20.000 spettatori.
g. Come sta, signora? __________, grazie, e Lei?

E

L'anfiteatro più grande dopo il Colosseo (das größte Amphitheater)

Der Superlativ wird im Italienischen gebildet durch den bestimmten Artikel + *più* + Adjektiv:
L'Arena è un teatro d'opera molto importante, ma la Scala di Milano è **il teatro più importante** (di tutti).
Giovanni è molto simpatico, ma Marco è **il più simpatico** (di tutti).

Rispondete secondo il modello:

L'Arena è un anfiteatro molto grande. (il Colosseo)
– Ma il Colosseo è *l'anfiteatro più grande* di tutti.

a. L'Arena è un anfiteatro molto grande. (il Colosseo)
b. Il Rigoletto è un'opera di Verdi molto famosa. (l'Aida)
c. Verona è una città del Veneto molto interessante. (Venezia)
d. Il baritono è un cantante molto bravo. (il tenore)
e. Questa è una costruzione molto antica. (quella)
f. L'Arena è un teatro importante. (la Scala)

F

in + Artikel

Auch die Präposition **in** geht – wie *a, di, da* – mit dem bestimmten Artikel besondere Verbindungen ein:
Siamo stati a Verona **nel** mese di agosto. (**in + il = nel**)
La stagione d'opera è cominciata **nell'**anno 1913. **(in + l' = nell')**
Nei mesi di luglio e agosto c'è la stagione d'opera. **(in + i = nei)**
Hier noch einmal in der Zusammenfassung alle Kombinationsmöglichkeiten:
in + il = **nel**, in + l' = **nell'**, in + lo = **nello**, in + i = **nei**, in + gli = **negli**, in + la = **nella**, in + le = **nelle**.

Beachten Sie: «im Jahre 1913» heißt auf Italienisch **nell'anno 1913** (millenovecentotredici) oder **nel 1913** (letzteres ist viel häufiger).
Im August, im Juli heißt auf Italienisch **in agosto, in luglio** oder **nel mese di agosto, nel mese di luglio**.

1. Fate le domande e rispondete secondo il modello:

Io sono nato / nata nel mese di . . ., e Lei / e tu? (ich bin geboren im Monat . . .)
Io sono nato / nata in . . .

gennaio, febbraio, marzo, aprile, maggio, giugno, luglio, agosto, settembre, ottobre, novembre, dicembre. (die Monate von Januar bis Dezember)

2. Trasformate secondo il modello:

I bagagli sono in macchina. (nostra)
– I bagagli sono *nella* nostra macchina.

a. I bagagli sono in macchina. (nostra)
b. Abitiamo in albergo. (che ci hai raccomandato)
c. Porto le valige in camera. (del 5° piano)
d. Ho trovato un parcheggio in centro. (di Roma)
e. Marco sta tutto il giorno in caffè. (di Piazza del Campo)
f. Quest'anno andiamo in campeggio. (del Lido di Venezia)
g. Non ci sono più posti in treno. (che viene da Milano)

h. Quest'anno passo le mie vacanze in Italia. (del Sud)
i. Sono stato a Firenze in agosto. (del 1976)
l. Entriamo in chiesa! (di San Miniato)
m. Abbiamo fatto una gita in campagna. (di Torino)

G

non importa! (macht nichts!)

Dieser Ausdruck wird besonders in der gesprochenen Sprache häufig verwendet. Er ist identisch mit **fa lo stesso** (ist egal!).
Achten Sie auf die unterschiedliche Bedeutung, die das Wort *stesso* haben kann:
Giorgio è sempre *lo stesso*, quando comincia a parlare di macchine. (derselbe)
Siamo un po' lontani dal palcoscenico, ma si sente bene *lo stesso*. (trotzdem)
Ci sono posti liberi solo in gradinata. Fa *lo stesso*, signorina. (macht nichts)

Ergänzen Sie die folgenden Mini-Dialoge nach dem Muster:

– Signorina, ci sono ancora due posti liberi per stasera?
– Sì, ma solo in gradinata.
– *Non importa*! oder *Fa lo stesso*, mi dia pure due posti in gradinata!

a. – Due biglietti d'ingresso per l'Arena, signorina.
– 700 lire, signore!
– Mi dispiace, ho solo mille lire.
– ________________________________.

b. – Scusi, c'è ancora una camera libera con bagno?
– Purtroppo no! Ne abbiamo solo una, ma è senza bagno.
– ____.

c. – Vorrei un chilo di mele «Delicius».
– Non ne abbiamo più, signora! Ci sono solo le «Renette».
– ____.

d. – Ho finito le mie sigarette. Ne ha una per me, per favore?
– Sì, volentieri, ma ho solo le MS.
– ______________________________.

e. – Che cosa posso offrirti?
– Un cognac, se è possibile.
– Oh, mi dispiace! In casa ho solo whisky.
– ______________________________.

f. – Signorina, questa borsetta mi piace molto, ma non ne ha una un po' più grande?
– No, signora, mi dispiace! Le borsette che abbiamo sono tutte così.
– ____.

g. – Cameriere, c'è un tavolo libero per quattro?
– Sì, signori, ma solo fuori in giardino.
– ______________________________.

h. – Mi dà un «Corriere della Sera», per favore?
– Mi dispiace, signore, ma a quest'ora i giornali sono tutti finiti. Ho solo «L'Unità».
– ______________________________.

Lezione sedicesima **16**

Ferragosto al mare **A**

Nei giorni di Ferragosto – dal 14 al 16 di agosto – gli Italiani che non sono ancora andati in vacanza, non perdono l'occasione di passare queste tre giornate fuori città. Anche la famiglia Schiavi di Bologna è andata al mare, al Lido degli Estensi, sulla costa adriatica. Sotto un ombrellone la signora Schiavi (S) parla con la signora Bianchi (B), mentre suo marito fa il bagno con i bambini.

S: Che gran folla che c'è! Ha visto, signora? Non c'è un ombrellone libero e nemmeno una sedia a sdraio vuota!

B: Eh sì! A Ferragosto è così. C'è tutta la gente che è venuta dalle città e dai paesi vicini, proprio come noi.

S: Ogni anno a Ferragosto diciamo di restare a casa, ma poi quando vediamo che la città si svuota, anche a noi viene la voglia di partire. In città non resta proprio nessuno, eh? E quasi tutti i negozi sono chiusi.

B: E con il caldo che fa, signora, al mare è sempre meglio che in città, non trova? Anche se il sole brucia come oggi, qui non c'è mai il gran caldo della città. L'unico svantaggio è che c'è solo un po' di confusione! Peccato!

S: I posti tranquilli ci sono ancora, sa? Giù, al Sud. Ma con tre giorni a disposizione non conviene fare un viaggio così lungo.

B: In luglio mio fratello è andato in Puglia e ha detto che lì le spiagge sono tranquillissime. Dice che non c'è anima viva.

S: Be', a me la confusione non piace, però nemmeno la tranquillità assoluta. A me piace sempre vedere un po' di gente intorno a me.

B: Ma dov'è Suo marito, signora? Non lo vedo.

S: Eccolo là. Fa il bagno con i bambini.

B: Ah sì! Adesso li vedo. Chiara ha un costume giallo e verde, vero?

S: Gianni è quello con il salvagente tutto colorato.

B: Sa nuotare Suo marito, signora?

S: Oh sì! Lui sa nuotare molto bene. I bambini invece imparano adesso. E Suo marito dov'è, signora?

B: È andato al mercato di Portogaribaldi a comprare del pesce per il pranzo. Se non si mangia qui il pesce che è fresco . . . Ma che ora è? Già mezzogiorno! Allora devo proprio andare.

S: Io invece aspetto finché i miei escono dall'acqua.

B: Ci vediamo oggi pomeriggio?

S: Senz'altro! Noi siamo qui dalle quattro in poi. Andiamo a fare un giro in barca, oggi?

B: Se il mare è calmo, ben volentieri. Allora a più tardi. Buon appetito!

S: Grazie, altrettanto, signora!

Lesen Sie die folgenden Schlagzeilen bzw. Zeitungsausschnitte und beantworten Sie dann die dazu gestellten Fragen: **B**

a.

Il Ferragosto di 400 mila italiani

Sei milioni di italiani si trovano in vacanza già dal 1° di agosto. Due milioni circa sono partiti ieri o oggi per i luoghi di vacanza, mentre altri due milioni rientrano in città in questi giorni. Per 400 mila persone le vacanze sono solo una breve gita di un giorno in campagna. Si parte la mattina e si ritorna in città la sera.

Domanda: Come trascorrono il Ferragosto 400.000 italiani?

b.

PER TRASCORRERE IL LUNGO WEEK-END DI FERRAGOSTO
Ultime partenze alla stazione Centrale per il week-end di Ferragosto

Mai come quest'anno gli italiani si sono serviti del treno per andare nei luoghi di vacanza. Gli italiani hanno lasciato la macchina a casa e hanno capito che il treno costa molto poco. C'è, lo stesso, un traffico abbastanza intenso su tutte le strade.

Domanda: Per le vacanze di Ferragosto quest'anno molti italiani vogliono risparmiare. Come?

c.

C'è anche chi va al camping di periferia
fra i milanesi che non hanno lasciato la città

I milanesi che non possono permettersi di passare il Ferragosto al mare o in montagna, sono contenti di trascorrere queste tre giornate in uno dei tanti campeggi a pochi chilometri dalla città. Proprio per risparmiare molte persone hanno preferito quest'anno il campeggio all'albergo o alla pensione.

Domanda: Dove trascorrono il Ferragosto i Milanesi che non vogliono o non possono spendere tanti soldi?

d.

IL PROBLEMA PER CHI TRASCORRE A CASA IL FERRAGOSTO
Oggi e domani negozi chiusi

Tutti i negozi, di generi alimentari e non alimentari, oggi e domani sono chiusi. Bar e ristoranti aperti da oggi fino a sabato.

Domanda: Di solito gli italiani fanno la spesa di giorno in giorno. Non hanno l'abitudine di fare la spesa per più giorni. Qual è il loro problema nei giorni di Ferragosto, se restano in città?

e.

Sole, caldo e tutto esaurito nell'Italia del Sud
L'Italia cittadina si è svuotata
Spesi quasi 500 miliardi in 3 giorni

Le grandi città dell'Italia del Sud si sono svuotate in questi giorni di Ferragosto. In città sono rimasti i turisti stranieri. Gli italiani sono andati quasi tutti nei luoghi turistici sulla costa. Gli alberghi e le pensioni hanno fatto il «tutto esaurito». Gli italiani hanno speso in questi giorni quasi 500 miliardi di lire: è molto, ma è meno degli altri anni.

Domanda: Perché gli italiani hanno speso 500 miliardi di lire in tre giorni?

C

durante – mentre (während)

Im Deutschen werden sowohl **durante** als auch **mentre** mit «während» wiedergegeben. Im Italienischen dagegen besteht ein großer Unterschied:
Compriamo il programma **durante** la pausa?
La signora Schiavi prende il sole, **mentre** suo marito fa il bagno.
Im ersten Beispiel steht **durante** (von *durare* = dauern, währen) vor einem Substantiv und ist somit eine Präposition. Im zweiten Beispiel verbindet **mentre** zwei Sätze (la signora prende il sole – suo marito fa il bagno), es handelt sich also um eine Konjunktion.

1. Verbinden Sie die folgenden Sätze miteinander nach dem Muster:

> La signora Bianchi è andata alla spiaggia, suo marito invece è andato al mercato.
> – *Mentre* la signora Bianchi è andata alla spiaggia, suo marito è andato al mercato. Oder:
> – La signora Bianchi è andata alla spiaggia, *mentre* suo marito è andato al mercato.

a. La signora Bianchi è andata alla spiaggia, suo marito invece è andato al mercato.
b. Il signor Schiavi fa il bagno, sua moglie invece sta sotto l'ombrellone.
c. Al mare si sta bene, in città invece fa molto caldo.
d. In città non resta nessuno, sulle spiagge invece c'è una gran folla.
e. I negozi nei luoghi turistici sono aperti, in città invece sono chiusi.
f. Quest'anno molti passano il Ferragosto in un albergo o in una pensione, alcuni altri invece hanno preferito il campeggio.
g. Gli altri anni gli italiani sono andati in vacanza in macchina, quest'anno invece molti hanno preso il treno per risparmiare.
h. Sulle spiagge dell'Italia del Nord c'è una gran folla, nell'Italia del Sud invece ci sono ancora molti posti tranquilli.
i. A mio marito piace la tranquillità assoluta, io invece preferisco vedere un po' di gente intorno a me.

2. Completate con *durante* o *mentre*:

a. Che cosa fate __________ i tre giorni del Ferragosto?
b. Io vado al mare, __________ i miei genitori vanno in montagna.
c. Dove hai imparato a nuotare? __________ le vacanze al mare.
d. __________ il mese di luglio mio fratello è stato in Puglia.
e. __________ il mese di luglio sono stato in città, perché ho avuto molto lavoro.
f. __________ il mese di luglio ha fatto molto caldo, __________ in agosto non ha fatto così caldo.
g. Che cosa avete fatto __________ il pomeriggio? Noi due siamo andate in barca, __________ mio marito ha fatto una passeggiata con i bambini.

D

dire (sagen)

Inzwischen kennen Sie fast alle Formen von **dire** im Präsens Indikativ. Wir fassen zusammen:

dico	A Ferragosto forse è meglio restare in città! Eh sì, lo **dico** anch'io.
dici	Mi **dici** che ora è, per favore?
dice	Mio fratello **dice** che sulle spiagge del Sud non c'è anima viva.
diciamo	Ogni anno a Ferragosto **diciamo** di restare a casa, ma poi . . . anche noi lasciamo la città.
dite	Io vorrei andare in barca. Voi che ne **dite**?
dicono	I bambini **dicono** che l'acqua è molto calda oggi.
ho detto	ist die Form des Perfekts, die Sie ebenfalls schon kennen.

1. Rispondete secondo il modello:

> Ogni anno a Ferragosto dico di restare a casa. E tu?
> – Anch'io *dico* sempre di restare a casa.

Ogni anno a Ferragosto dico di restare a casa.

a. E tu?
b. E voi?
c. E Lei, dottore?
d. E la signora Schiavi?
e. E Loro, signori?
f. E i tuoi amici?
g. E il signor Bianchi?
h. E i genitori di Maria?

2. Rispondete secondo il modello:

> Chissà se anche domani fa così caldo come oggi. Tu che ne dici? (sì)
> – Io *dico* di sì!

a. Chissà se anche domani fa così caldo come oggi. Tu che ne dici? (sì)
b. Chissà se questo pesce è veramente fresco. Lei che ne dice, signora? (sì)
c. Chissà se oggi pomeriggio il mare è calmo. Voi che ne dite? (no)
d. Chissà se ci sono ancora dei posti tranquilli? Suo marito che ne dice, signora? (no)
e. Chissà se l'acqua oggi è veramente calda. Che ne dicono i Suoi bambini, dottore? (sì)
f. Chissà se conviene fare un viaggio così lungo. Che ne dice Maria? (no)

se – quando (wenn)

E

Im Deutschen werden sowohl **se** als auch **quando** mit «wenn» wiedergegeben. (**Se** kann außerdem die Bedeutung von «ob» haben: **Chissà se ...** = wer weiß, ob ... **Quando** kann auch «wann» und «als» bedeuten: **Quando** parti? = Wann fährst du ab? Stamattina, **quando** mi sono alzato, Paola mi ha telefonato. = Heute vormittag, als ich aufstand, ...)
Vergleichen Sie die Anwendung von **se** und **quando**:
Quando vediamo che la città si svuota, anche a noi viene voglia di partire.
Oggi andiamo a fare un giro in barca, **se** il mare è calmo.
Im 1. Beispiel drückt **quando** einen Zeitpunkt aus, zu dem etwas getan wird. Im 2. Beispiel drückt **se** eine Bedingung, eine Voraussetzung aus, unter der etwas geschehen kann. Wie unterschiedlich der Sinn sein kann, zeigen folgende Beispiele:
Andiamo in barca **quando** il mare è calmo ... jedesmal, wenn ... (die Handlung erfolgt zu einem bestimmten Zeitpunkt.)
Andiamo in barca **se** il mare è calmo. ... unter der Voraussetzung/Bedingung, daß ... (die Handlung wird erst vollzogen, wenn die Bedingung erfüllt ist.)

1. Completate con *quando* o *se*:

a. Andiamo in barca? Sì, __________ il mare è calmo.
b. __________ partiamo? __________ abbiamo finito di sbrigare tutto.
c. __________ partiamo? Domani, __________ prima abbiamo sbrigato tutto.
d. Io vorrei restare in città, ma __________ fa caldo preferisco andare al mare.
e. Non so __________ Maria parte domani. __________ parte, prende il treno delle 3.
f. Di solito, __________ viaggio, non prendo mai molta roba con me.
g. Ha comprato il pesce, signora? Eh sì, __________ non si mangia qui che è fresco!
h. Signora, __________ vuole, Le faccio vedere il pesce che ho comprato.
i. Signora, __________ mi fa vedere il mercato? __________ vuole!
l. Prendo il pesce, __________ mi garantisce che è fresco.

2. Bilden Sie sinnvolle Sätze:

				non sappiamo dove fare la spesa.
		è	in treno	arriviamo alle otto.
	Maria	restiamo	il treno	spende meno.
Se	il mare	non sa	al mare	ci divertiamo a fare il bagno.
	noi	andiamo	calmo	facciamo un giro in barca.
		prende	nuotare	deve prendere il salvagente.
			in città	

F

a me non piace – non mi piace (mir gefällt es nicht – es gefällt mir nicht)

Sie haben bereits gelernt, wie die einzelnen Personalpronomina im Dativ und Akkusativ lauten (→ L. 11, § C, p. 94; L. 12, § C, p. 104, 105; L. 13, § F, p. 118).

Neben diesen werden auch die sogenannten «betonten Formen» verwendet. Sie werden gebraucht, wenn die Person besonders hervorgehoben wird (daher betonte Formen). Z.B.:

A me la confusione non piace, però non **mi** piace nemmeno la tranquillità assoluta. (*Mir* gefällt der Trubel auch nicht . . .). Die einzelnen Formen lauten:

a me	A mio marito piace la montagna, **a me** invece piace solo il mare.
a te	A Gianni offro un thè, e **a te** che cosa posso offrire?
a lui	Cameriere, a me porti gli spaghetti, ma **a lui** porti pure il risotto!
a lei	Hai scritto a Maria e a Carlo? Sì, a lui ho già scritto, ma non ancora **a lei**.
a Lei	A me non piace andare in campeggio. E **a Lei**, signora? (dottore?)
a noi	Non ho visto Carlo da una settimana. **A noi** ha telefonato ieri.
a voi	Andiamo a fare la spesa. A me serve un vestito, e **a voi** che cosa serve?
a loro	A me dispiace se arriviamo in ritardo. A me non importa, ma **a loro** sì!
a Loro	Signori, ecco **a Loro** i passaporti, grazie!

Diese Formen werden auch verwendet, wenn sie in Verbindung mit einer Präposition **(con, per, da, di, davanti a, intorno a, ...)** auftreten:
Mi sento meglio, quando vedo un po' di gente **intorno a me**.
Signora, domani vengo **da Lei** alle cinque.
Perché non vieni **con noi** al mare?

1. Rispondete secondo il modello: QO

Ti piace il mare? – No, *a me* non piace.

a. Ti piace il mare?
b. Vi piace quest'albergo?
c. A Maria piace fare il bagno?
d. Signore, Le piace il pesce?
e. Ai tuoi amici piace il campeggio?
f. Ti piacciono questi gelati?
g. Dottore, Le piace questa spiaggia?
h. A Carlo piacciono questi fiori?

2. Rispondete secondo il modello:

Che cosa preferisci? La confusione o la tranquillità assoluta? – *A me* la confusione non piace, però non mi piace nemmeno la tranquillità assoluta.

a. Che cosa preferisci? La confusione o la tranquillità assoluta?
b. Che cosa preferite? Il freddo o il gran caldo?
c. Che cosa preferisce tuo marito? I viaggi lunghi o le gite di un giorno?
d. Che cosa preferisce, signora? Il campeggio o gli alberghi con molta gente?
e. Che cosa preferisce Gianni? Stare sempre in casa o uscire tutte le sere?

3. Rispondete secondo il modello: QO

Vieni con me? – Sì, *vengo* volentieri con te.

a. Vieni con me?
b. Venite con me?
c. Vieni con noi?
d. Signora, viene con noi?
e. Venite con noi?
f. Signori, vengono con me?
g. Signori, vengono con noi?
h. Dottore, viene con me?

4. Rispondete secondo il modello: QO

> Grazie per le informazioni che mi hai dato.
> – Non c'è di che! Grazie a te per la tua telefonata.

a. Grazie per le informazioni che mi hai dato!
b. Grazie per le informazioni che ci hai dato!
c. Grazie, signora, per le informazioni che mi ha dato!
d. Grazie per le informazioni che mi avete dato!
e. Grazie, Dottore, per le informazioni che ci ha dato!
f. Grazie per le informazioni che ci avete dato!

5. Rispondete secondo il modello: QO

> Perché non vai da Giorgio?
> – Sono stato ieri da lui!

a. Perché non vai da Giorgio?
b. Perché non andate dai nonni?
c. Perché non vai dalla zia?
d. Perché non va da Sua sorella, signora?
e. Perché non andate dai vostri genitori?
f. Perché non andiamo da Giovanna?
g. Carlo, perché non vai da tuo zio?
h. Carla, perché non vai dalle tue amiche?

Lezione diciassettesima 17

Dal medico

A

Capisco benissimo come si sente: anch'io sono alla mia prima operazione!

Ed è da molto che guida l'autobus della scuola?

Il signor Petrucci (P) non si sente bene e vuole andare dal medico. Un suo amico gli ha raccomandato il dottor Balocchi (B). Riceve in ambulatorio il lunedì, giovedì e sabato mattina dalle nove alle dodici e il martedì, mercoledì e venerdì pomeriggio dalle quattro alle sei. Il signor Petrucci ha già preso un appuntamento per telefono.

P: Buon giorno, dottore! Ho bisogno di una visita.

B: Che disturbi ha?

P: Mi sento poco bene. Ho spesso mal di testa, le gambe mi fanno male e ho degli strani dolori in tutto il corpo. La notte dormo poco e non mi va di mangiare. E poi mi sento sempre stanco, già di mattina.

B: Si spogli, per favore, così La visito meglio!

P: Devo togliermi anche la maglietta?
B: Sì, è meglio. Dunque, vediamo! Ha febbre?
P: Un pochino, la sera, ma non sempre.
B: Ha avuto malattie gravi in passato?
P: Be', da bambino ho avuto le solite malattie, ma niente di particolare.
B: Non si preoccupi, non è niente di grave. È solo un po' d'influenza. Deve solo cercare di riposarsi perché è un po' affaticato. Ha anche la gola che è un po' arrossata, Le fa male qui?
P: No, non ho mal di gola.
B: Fuma molto?
P: Sì, questo sì! Trenta sigarette al giorno.
B: Questo non Le può fare certamente bene. Cerchi di smettere o almeno di fumare meno.
P: È una parola, dottore! Ho già provato tante volte!
B: Be', comunque prenda le medicine che Le segno sulla ricetta. Prenda queste pastiglie tre volte al giorno dopo i pasti. Metta quindici di queste gocce in un bicchiere con un po' d'acqua e faccia dei gargarismi la mattina e la sera. Se proprio non può dormire, prenda una di queste capsule prima di andare a letto. Ma cerchi soprattutto di riposarsi!

In farmacia

B

A: Mi dà queste medicine, per favore?
B: Mi dia la ricetta. Vado a prenderle.
A: Che pastiglie sono queste?
B: Sono pastiglie di vitamina. Sono molto buone e le può prendere tranquillamente, non fanno male né allo stomaco né al fegato.
A: Le devo prendere tre volte al giorno, vero?
B: Sì, sempre dopo i pasti.
A: Ma io non faccio mai colazione.
B: Non importa! La prima la può prendere anche solo con il caffè.

C

Die Präposition «da»

Für die Anwendung der Präposition **da** kennen Sie schon eine Reihe von Beispielen (→ L. 10, § G, p. 90). Hier eine Zusammenfassung:
A che ora sei libero oggi? **Dalle** sette in poi. (ab/von ... an)
Quando facciamo una pausa? **Dalle** tre alle quattro. (von ... bis ...)
Mi trovo a Siena **da** 10 giorni, **da** un mese, **da** ieri ... (seit)
Quanti chilometri ci sono **da** Bologna a Milano? (von ... nach ...)
Come si arriva **da** qui a Piazzale Michelangelo? (von ... zu ...)
Da quale binario parte il treno per Roma? **Dal** terzo. (von ... ab)
Da dove parte il vaporetto per Piazza San Marco? (von wo ab)
Da dove vieni? (wo *kommst* du her?) Aber: **Di dove** sei? (wo *bist* du her)
Vengo dal mercato. (vom Markt) Aber: **Sono di** Monaco. (bin aus München)
Ebenso: Una lettera **da** Siena. (= der Brief kommt aus Siena) Aber: Marco è uno studente **di** Siena. (= er ist aus Siena, er ist Sieneser)
Abito a pochi metri **dalla** stazione. (wenige Meter vom Bahnhof)
Abito **lontano dal** centro. (weit weg vom Zentrum) Aber: **vicino al** centro.
Quando ritornano i tuoi amici **da** Roma, **dalla** Germania, **dalle** vacanze?
Ieri sono stato **dal** medico, **da** Maria, **da** lui } in Verbindung mit Personen «bei» und «zu»
Vado **dai** miei genitori, **da** mio zio, **da** loro }
I bambini **escono dall**'acqua, **esco dall**'albergo, **dalla** città ...

Aber: **Esco di** casa alle otto. Signori, escano **di** qua! (= hier durch)
Merken Sie ferner:
Da bambino ho avuto le solite malattie. (als Kind)
Abito **da solo/sola.** Fatelo **da voi**. (alleine, selbst)

1. Fate le domande e rispondete secondo il modello: QO

Marco è di Siena. – Di dov'è Marco? – Di Siena!	*Maria arriva da Bologna.* – Da dove arriva Maria? – Da Bologna!

a. Marco è di Siena.
b. Maria arriva da Bologna.
c. Questa lettera viene da Firenze.
d. Questa cartolina viene dalla Germania.
e. Karin è di Vienna.
f. I Rossi escono dall'albergo.
g. Karin arriva dall'Austria.
h. I suoi amici sono di Milano.
i. Vengono ora dalla stazione.

2. Fate le domande e rispondete secondo il modello: QO

Giorgio va dal dottor Balocchi. – Da chi va Giorgio? – Dal dottor Balocchi!	*Giorgio va alla stazione.* – Dove va Giorgio? – Alla stazione!

a. Giorgio va dal dottor Balocchi.
b. Giorgio va alla stazione.
c. Il signor Bianchi va al mercato.
d. Giuliana va da Chiara.
e. I Rossi vanno all'albergo Eden.
f. Luigi è andato da un suo amico.
g. Siamo andati dal portiere dell' albergo.
h. Maria è andata da una sua collega.

3. Fate la conversazione secondo il modello:

Abiti lontano dalla stazione? (pochi metri) – No, dalla stazione a casa mia ci sono solo pochi metri. – È comodo abitare vicino alla stazione, vero?

a. Abiti lontano dalla stazione? (pochi metri)
b. Abitate lontano dal centro? (500 metri)
c. Abiti lontano dall'Università? (mezzo chilometro)

d. Signora, abita lontano dal mercato? (un paio di metri)
e. Abitate lontano dal teatro? (600 metri)
f. I tuoi amici abitano lontano dalla spiaggia? (pochi metri)

4. Come l'esercizio 3, secondo il modello:

Abiti lontano dalla stazione? (pochi metri) – No, abito a pochi metri dalla stazione.

5. Completate con *di* o *da*:

a. Qual è il medico più bravo ______ città?
b. Io ti consiglio ______ andare ______ dottor Balocchi.
c. Riceve anche ______ pomeriggio?
d. Sì, ______ quattro alle sei.
e. Buon giorno, dottore. Sono venuto ______ Lei per farmi visitare.
f. Lei non è ______ qui, vero? ______ dove viene?
g. Sono ______ Milano. Sono qui per passare due settimane ______ vacanze.
h. La gola è un po' arrossata. Ha mal ______ gola?
i. No, ho spesso mal ______ testa, sono sempre stanco, già ______ mattina e non mi va ______ mangiare.
l. Non si preoccupi, non è niente ______ grave. Cerchi ______ riposarsi e, se vuole un consiglio ______ amico, smetta ______ fumare.

D

La visito meglio (= ich untersuche *Sie* besser)

Sie kennen bereits **Le** (= Ihnen) für die höfliche Anrede einer Person (männlich oder weiblich) im Dativ:
Cameriere, Le dispiace chiudere la finestra? **Signora, Le** consiglio il vitello arrosto. (→ L. 12, § C, p. 104, 105).
La ist die höfliche Anredeform (für Mann und Frau) im Akkusativ: Si spogli, e così **La** visito meglio.
Im Gegensatz zu **Le** kann **La** (muß aber nicht) apostrophiert werden: Signora / Dottore, **L(a)'a**spetto domani a casa mia.

Un momento, **L(a)'a**iuto a salire. (Denken Sie daran, daß *aiutare* immer den Akkusativ verlangt, während nach dem deutschen Verb «helfen» der Dativ steht.)

1. Completate con *La* o *Le*:

a. Pronto, signorina! Mi sente? Sì, ______ sento bene, parli pure!
b. Venga con me e così ______ faccio vedere il mercato di Siena.
c. Signora, dove ______ porto le valige? Al terzo binario, per favore.
d. Venga a trovarmi qualche volta! La settimana prossima vengo a trovar- ______ con mio marito. Ma ______ telefono domenica e prendiamo un appuntamento.
e. Signora, ______ metto la roba in una sportina? Sì, grazie!
f. Dottore, adesso ______ saluto, devo andare a casa.
g. Non mi riconosce più? Certo, ______ riconosco bene.
h. Signora, come sta? Non ci vediamo da un anno! ______ trovo bene.
i. Signore, come ______ servo l'insalata? Con poco olio, per favore.
l. Dottore, mio marito ed io desideriamo invitar______ a casa nostra.
m. Signorina, andiamo a prendere un caffè! ______ invito io, se permette.
n. Purtroppo non posso venire, perché non ho tempo. ______ chiedo scusa.
o. Signor Bianchi, vorrei chieder ______ un favore.
p. Signora, posso aiutar ______ a portare la roba?

2. Trasformate secondo il modello:

Signorina, La posso invitare a pranzo?
– Signorina, *posso invitarLa* a pranzo?

Signora, Le posso telefonare domani?
– Signora, *posso telefonarLe* domani?

a. Signorina, La posso invitare a pranzo?
b. Signora, Le posso telefonare domani?
c. Signora, La posso aiutare?
d. Ingegnere, Le posso offrire un caffè?
e. Professore, La posso interrompere un momento?

f. Signora, in che cosa La posso servire?
g. Signorina, Le posso chiedere un'informazione?
h. Dottore, La posso venire a trovare domani?
i. Signorina, Le posso fare una domanda?
l. Le posso versare un po' di vino, signora?

E

Niente di particolare, di grave ... (nichts Besonderes, Schlimmes ...)

In Verbindung mit einem Adjektiv werden **che cosa, qualcosa** und **niente** (was, etwas, nichts) mit **di** angeschlossen:

Graziella, **che cosa** c'è **di** nuovo sul giornale?	(was gibt es Neues?)
Vorrei mangiare **qualcosa di** leggero.	(etwas Leichtes)
Che cosa ho, dottore? – Non ha **niente di** grave.	(nichts Schlimmes)

1. Rispondete secondo il modello: QO

Dottore, che malattia ho? (grave)
– Non ha *niente di* grave.

a. Dottore, che malattia ho? (grave)
b. Che cosa hai letto sul giornale? (nuovo)
c. Che cosa ti ha scritto Maria? (importante)
d. Che cosa ti ha detto Carlo? (interessante)
e. Com'è la moda di quest'anno? (eccezionale)
f. Che cosa avete fatto ieri sera? (particolare)
g. Che cosa hai mangiato? (buono)
h. Che cosa hai visto in centro? (bello)

2. Che cosa ha detto il medico al signor Petrucci? ...

Il signor Petrucci torna a casa e sua moglie gli domanda: «E allora, che cosa ti ha detto il medico? Che malattia hai?»
Il signor Petrucci le risponde: «Non ho niente di grave, mi ha detto che non devo preoccuparmi.»
Che cosa ha detto il medico al signor Petrucci?
«Non ha niente di grave, non si preoccupi!»

Non ho niente di grave, mi ha detto

a. che non devo preoccuparmi.
b. che devo cercare di riposarmi.
c. che non devo lavorare troppo.
d. che non devo fumare tanto.
e. che devo smettere di fumare.
f. che devo prendere queste medicine.
g. che devo prendere queste pastiglie tre volte al giorno dopo i pasti.
h. che devo fare dei gargarismi la mattina e la sera.
i. che devo mettere quindici di queste gocce in un bicchier d' acqua.
l. che devo prendere una capsula prima di andare a letto.

F

La prima la prenda con il caffè. (die erste [Tablette] nehmen Sie . . .)

Die Personalpronomina **lo, la li, le** als Akkusativobjekt sind Ihnen schon bekannt (→ L. 13, § F, p. 118). Vergleichen Sie nun die beiden Beispiele:
Non prendo *queste pastiglie.* (Ich nehme diese Tabletten nicht.)
Queste pastiglie non **le** prendo. (Diese Tabletten [die] nehme ich nicht.)
Im 2. Beispiel wird das Akkusativobjekt (queste pastiglie) durch Voranstellung hervorgehoben, und durch das Pronomen **le** wieder aufgenommen. Diese Art der Betonung des Akkusativobjekts wird besonders in der gesprochenen Umgangssprache häufig gebraucht. Noch ein paar Beispiele:
Conosci questo giornale? No, **questo giornale** non **lo** conosco.
Vedi quel palazzo e quella chiesa? Il palazzo sì, ma **la chiesa** non **la** vedo.
Fai anche dei gargarismi? No, **i gargarismi** non **li** faccio mai.
Prendi anche le capsule? Sì, **le capsule le** prendo sempre.

1. Al ristorante il papà domanda alla bambina: QO

Marisa, vuoi gli spaghetti?
La bambina risponde:
– No, *gli spaghetti* non *li* voglio.

Voi siete la bambina:
Marisa,

a. vuoi gli spaghetti?
b. vuoi il risotto?
c. vuoi le tagliatelle?
d. vuoi la carne?
e. vuoi l'insalata?
f. vuoi gli zucchini?
g. vuoi il prosciutto?
h. vuoi le lasagne?

2. Rispondete secondo il modello:

Prendi sempre le medicine? – Sì, *le medicine le* prendo sempre.

a. Prendi sempre le medicine?
b. Fai sempre i gargarismi?
c. Prendi sempre le pastiglie?
d. Fai sempre la colazione?
e. Prendi sempre le capsule?
f. Fai sempre una passeggiata?
g. Prendi sempre le vitamine?
h. Tieni sempre le medicine con te?

Lezione diciottesima 18

A Un invito a cena

La signora Magnani (M) telefona alla signora Cigliano (C).

M: Pronto, parlo con la signora Cigliano?

C: Sì, chi parla?

M: Buon giorno, signora, sono Graziella Magnani, mi scusi se La disturbo.

C: Oh, signora Magnani! Non mi disturba affatto. Come sta?

M: Bene, signora, grazie! Da quando abitiamo qui in campagna mi sento così bene!

C: Ah, ma allora è già nella Sua nuova casa di campagna!

M: Eh sì, già da un mese. Senta, signora, io vorrei invitarLa assieme a Suo marito e a Sua figlia a cena da noi stasera. Le è possibile?

C: Lei è molto gentile, signora, e La ringrazio tanto, ma ora non so darLe una risposta definitiva perché mio marito non è in casa. Potrei ritelefonarLe più tardi?

M: Sì, benissimo! Guardi, Le do il mio nuovo numero di telefono, è 61-20-19. Mi raccomando, cerchi di venire! Ci farebbe un gran piacere passare una serata in Sua compagnia, signora.

C: Anche a me, sa, farebbe piacere rivederLa dopo tanto tempo. Comunque Le telefono nel pomeriggio, verso le quattro.

Alcune ore più tardi ...

C: Pronto, signora Magnani? Sono Lucia Cigliano. Purtroppo devo dirLe che mio marito stasera ha un impegno di lavoro e La prega di volerlo scusare. Gli dispiace molto, ma non può proprio venire.

M: Oh, che peccato! Ma Lei e Sua figlia possono venire lo stesso, vero?

C: Sì, noi due sì, e siamo molto liete di accettare il Suo invito.

M: Allora, Le aspettiamo per le otto, otto e mezza. Sa dove abitiamo?

C: Sì, lo so bene. La Sua nuova casa non l'ho mai vista, ma il posto lo conosco molto bene.

M: Bene, allora ci vediamo stasera.

C: Senz'altro, signora, e grazie di nuovo per l'invito.

B

A mezzogiorno il signor Cigliano torna a casa e sua moglie gli racconta della telefonata della signora Magnani.
(Vervollständigen Sie den folgenden Dialog mit den in der rechten Spalte vorgegebenen Äußerungen von Herrn Cigliano. Achten Sie auf die Reihenfolge!):

A: Sai chi mi ha telefonato un'ora fa?
B: ______________________

A: La signora Magnani!
B: ______________________

A: Dice che sta benissimo! Abitano già nella nuova casa di Bracciano.
B: ______________________

A: Dice che si trovano molto bene. Ci ha invitati a cena per stasera.
B: ______________________

A: E perché non puoi venire?
B: ______________________

a. Stasera? Peccato, io non posso venire.
b. No, chi?
c. Ho un impegno di lavoro e senz'altro prima delle dieci non finisco.
d. Ah sì? Non l'abbiamo più vista da almeno 3 mesi. E come sta?
e. Ah sì? E sono contenti?

C

ringraziare (danken)

Grazie **per le** informazioni / Grazie **delle** informazioni (→ L. 6, § E, Ü 3, p. 52) sind Ihnen als Dankesfloskeln schon bekannt. **Ringraziare per/di** ist eine weitere Möglichkeit, um Dank auszudrücken.
Ti ringrazio per l'invito / **Ti ringrazio della** telefonata.
Achten Sie darauf, daß das **ti** im Italienischen Akkusativ ist (also *dich* und nicht *dir*). Es muß deshalb heißen:
Signora, **La** ringrazio dell'invito, ma ora non so dar**Le** una risposta.

1. Fate la conversazione secondo il modello:

La signora Bianchi vuole invitare a cena la signora Rossi.
– Posso invitarLa a cena a casa mia?
– *La ringrazio* tanto, ma purtroppo ho già un impegno.

a. La signora Bianchi vuole invitare a cena la signora Rossi.
b. Mario vuole invitare a pranzo Francesca, una sua amica.
c. Francesca vuole invitare a cena due sue amiche.
d. Vittorio vuole invitare il dottor Rossi a pranzo.
e. Marco e Chiara vogliono invitare a cena Luisa e Vittorio.

2. Fate la conversazione secondo il modello:

La signora Bianchi ha invitato a cena la signora Rossi assieme a suo marito.
– La ringrazio tanto dell'invito, ma mio marito non può.
– Che peccato! Mi dispiace proprio!
– Mio marito La prega di volerlo scusare, ma ha un impegno.
– Ma Lei può venire lo stesso, vero?
– Sì, io vengo volentieri da Lei.

a. La signora Bianchi ha invitato a cena la signora Rossi assieme a suo marito.
b. Mario ha invitato a cena Francesca assieme a sua sorella.
c. Francesca ha invitato a cena Paola assieme alle sue due sorelle.
d. Vittorio ha invitato a cena il dottor Rossi assieme a sua moglie.
e. Marco e Chiara hanno invitato a cena Vittorio e Mario assieme ai loro genitori.

D

potrei (ich könnte, ich dürfte)

Sie wissen, daß ein höflicher Wunsch mit **vorrei** (ich möchte) und nicht mit **voglio** (ich will) ausgedrückt wird. Ebenso wird eine Bitte mit **potrei** höflicher ausgedrückt als mit **posso**. Vergleichen Sie:
Scusi, **posso** telefonarLe più tardi? (Darf/kann ich ...?)
Scusi, **potrei** telefonarLe più tardi? (Dürfte/könnte ich ...?)
Entsprechend zu **vorrebbe** (er, sie, es, Sie möchte(n)) bildet man **potrebbe** (er, sie, es, Sie dürfte(n)/könnte(n)). Vergleichen Sie:
Scusi, **può** passarmi il vino? (Können Sie mir ... reichen?)
Scusi, **potrebbe** passarmi il pane? (Könnten Sie mir ... reichen?)

1. Trasformate secondo il modello: ꝏ

Posso fare una telefonata?
– *Potrei* fare una telefonata?

a. Posso fare una telefonata?
b. Posso avere il Suo numero?
c. Posso chiudere la finestra?
d. Posso invitarLa a cena?
e. Posso domandarLe di dov'è?
f. Posso ritelefonarLe più tardi?
g. Posso accompagnarLa a casa?
h. Posso sedermi vicino a Lei?
i. Posso chiederLe il Suo nome?
l. Posso farLe una domanda?

2. Che cosa dice, se ...

Lei entra in un ristorante, si siede e domanda al cameriere il menù. Lei può dire:
– Scusi, *potrei* avere il menù, per favore?

a. In un ristorante Lei ha finito di cenare e vuole pagare. Che cosa domanda al cameriere?
b. Lei entra in un albergo e vorrebbe una camera matrimoniale con bagno per una notte. Che cosa chiede al portiere?
c. Il portiere Le ha dato una camera che non Le piace. Ne vorrebbe una più bella e più grande. Che cosa gli dice?
d. Lei entra in un negozio di generi alimentari e vuole comprare due etti di parmigiano (di prima qualità). Che cosa dice al commesso?
e. Lei va al mercato per comprare un chilo d'uva. Che cosa domanda al venditore?

f. Alla «Supermoda» Lei vorrebbe comprare un paio di scarpe, moderne, eleganti, non troppo alte. Che cosa domanda alla commessa?
g. Alla CIT di Roma Lei domanda all'impiegata l'orario di un treno per Milano. Che cosa dice?

3. Fate le domande secondo il modello:

A Firenze Lei domanda ad un passante dov'è Via dei Benci. Che cosa dice?
– Scusi, *potrebbe* dirmi dov'è Via dei Benci?

a. Non sa che ora è, e lo domanda ad un passante. Che cosa dice?
b. Telefona alla CIT per sapere a che ora partono gli aerei da Roma per Francoforte. Che cosa dice all'impiegata?
c. Telefona alla signora Magnani e risponde il marito che Le dice: «Mia moglie è uscita per fare la spesa». Lei che cosa gli domanda?
d. Alla stazione domanda ad un portabagagli di portarLe le valige al binario numero 18. Che cosa gli dice?
e. Ha fatto la spesa in un negozio di generi alimentari e domanda al commesso una sportina. Che cosa gli dice?
f. Telefona alla biglietteria dell'Arena per sapere se ci sono ancora dei posti liberi per l'Aida. Che cosa dice alla cassiera?
g. In un ristorante Lei vorrebbe ordinare come primo solo mezza porzione di tagliatelle alla bolognese. Che cosa dice al cameriere?

E

ci farebbe piacere passare ... (es wäre uns ein Vergnügen, ... zu verbringen)

Sie haben sicher erkannt, daß **farebbe** die gleiche Endung hat wie **vorrebbe** und **potrebbe.** Die eigentliche Bedeutung von **farebbe** ist «es täte, es würde machen» (von *fare*). **Farebbe piacere** bedeutet: «es würde Spaß/Freude machen». Vergleichen Sie:
Mi farebbe un gran piacere passare la serata in Sua compagnia.
(es wäre mir ein großes Vergnügen / ich würde mich sehr freuen / es würde mir eine große Freude bereiten, den Abend in Ihrer Gesellschaft zu verbringen.)

Mi farebbe piacere rivederti! (Ich würde dich gern wiedersehen)
Ci farebbe tanto piacere conoscere Sua figlia! (Wir würden so gern Ihre Tochter kennenlernen!)
Ti farebbe piacere andare al mare in agosto? (Würdest du gern im August ans Meer fahren?)

1. Setzen Sie in den folgenden Sätzen das passende Verb ein:

	?	una serata in Sua compagnia.
	?	a cena da Lei.
Mi farebbe tanto piacere	?	la Sua nuova casa di campagna.
	?	Lei e la Sua famiglia dopo tanto tempo.
	?	alcune ore con Lei e Suo marito.

2. Rispondete secondo il modello:

Perché non venite a cena da noi?
– *Ci farebbe piacere* venire a cena da voi, ma non possiamo.

a. Perché non venite a cena da noi?
b. Signora, perché non viene a cena da me?
c. Gianni, perché non vieni a cena da me?
d. Luisa, perché non vieni a cena da noi?
e. Signora, perché Suo marito non viene a cena da noi?
f. Dottore, perché Sua figlia non viene a cena da me?
g. Perché non venite a cena da me?
h. Perché i tuoi amici non vengono a cena da me?

F

Allora, Le aspettiamo (wir erwarten Sie [Sie und Ihre Tochter])

Sie haben gelernt, daß die höfliche Anrede für eine Person (männlich oder weiblich) im Akkusativ **La** lautet (→ L. 17, § D, p. 153, 154):
Signora, La vorrei invitare a cena da noi.
Dottore, La prego di venire.
Handelt es sich um mehrere Personen weiblichen Geschlechts, so lautet die Form **Le**; für mehrere Personen männlichen Geschlechts (bzw. eine gemischte Gesellschaft aus Damen und Herren) lautet die Anrede **Li**. Vergleichen Sie:

Signorine, Le prego di venire domani alle dieci.
Signori (oder **Signore e Signori**), **Li** aspetto domani alle otto.
Während **La** apostrophiert werden kann (Signora, **L'a**spetto domani), dürfen **Li** und **Le** niemals apostrophiert werden.

Entsprechend L 12, § C, Anm. 5, p. 105 wird in der heutigen Umgangssprache vorwiegend **Vi** statt **Li/Le** verwendet:
Signore e Signori, Vi (statt **Li**) prego di avere un po' di pazienza.
Signore, Vi (statt **Le**) prego, l'uscita è di qua!

1. Completate con *La, Li, Le* (Sie) e *Le* (Ihnen):

a. Signora, posso aiutar __________ a salire?
b. Signori, __________ ringrazio per questi bei fiori.
c. Dottore, __________ ringrazio per l'invito a pranzo.
d. Signora, venga a cena da noi con Sua figlia! __________ aspettiamo per le otto.
e. Signora, purtroppo devo dir __________ che mio marito non può venire.
f. Signore e Signori, mi scusino se __________ disturbo!
g. Signora, mio marito adesso non c'è. Potrei ritelefonar __________ più tardi?
h. Ci farebbe un gran piacere, signora, riveder__________ dopo tanto tempo!
i. Signorina, che cosa __________ porto come antipasto?
l. Signorina, vorrei invitar__________ assieme alla Sua mamma a cena. Anche a mio marito farebbe tanto piacere aver__________ come ospiti a casa nostra.

2. In welchen Sätzen der Übung 1 könnte man *Vi* verwenden?

G

La Sua casa non l'ho mai vista (Ihr Haus habe ich nie gesehen)

Treten **lo, la, li, le** in Verbindung mit einem Perfekt auf, so muß man stets auf die Übereinstimmung achten:
Conosci **Mario**? Sì, **l'**ho conosciut**o** due mesi fa. (lo ho = l'ho)
Invitiamo anche **Luisa**? Sì, **l'**ho già invitat**a**. (la ho = l'ho)

Hai comprato **i fiori**? No, non **li** ho ancora comprat**i**.
Avete visto **Luisa e Chiara**? Sì, **le** abbiamo vist**e** ieri.
Lo und **la** werden apostrophiert, **li** und **le** dagegen nie.

Die Übereinstimmung gilt ausschließlich für die Akkusativformen, nicht für den Dativ.

1. Fate le domande e rispondete secondo il modello: ꝏ

la mia casa
– Hai già visto la mia casa?
– Sì, l'ho già vista.

a. la mia casa
b. mia figlia
c. mio marito
d. le mie sorelle
e. la mia macchina
f. mio zio
g. le mie colleghe
h. i miei amici
i. i laghi della Lombardia
l. le mie scarpe
m. il panorama
n. questi bei fiori

2. Rispondete secondo il modello: ꝏ

Avete già comprato la carne?
– No, non *l'*abbiamo ancora comprat*a*.

a. Avete già comprato la carne?
b. Hai già letto il giornale?
c. Luisa ha già scritto la lettera?
d. Signora, ha già mangiato le tagliatelle alla panna?
e. Vittorio ha già conosciuto mio fratello?
f. Hai già invitato le tue amiche?
g. Avete già fatto i biglietti?
h. I tuoi amici hanno già ricevuto i soldi?

3. Rispondete secondo il modello: ꝏ

Hai letto questa rivista?
– Sì, *l'*ho lett*a* ieri.

Hai scritto a Paola?
– Sì, *le* ho scritt*o* ieri.

a. Hai letto questa rivista?
b. Hai scritto a Paola?
c. Hai telefonato a tua sorella?
d. Hai conosciuto mia sorella?
e. Hai comprato le sigarette?
f. Hai parlato alla signora Rossi?
g. Hai preso le medicine?
h. Hai telefonato a Guido?

Lezione diciannovesima **19**

A Dal parrucchiere

La signora Gabrieli (G) si trova in centro e decide di andare dal parrucchiere (P).

G: Buon giorno! Posso fermarmi per una piega o c'è molto da aspettare?
P: No, signora! Fra due minuti tocca a Lei, s'accomodi! Si metta in questa poltrona che è più comoda. Vuole qualcosa da leggere?
G: Sì, mi dia una rivista! No, non quella, l'ho già letta. Non ne ha una più recente?
P: Di questa settimana ho solo AMICA. La vuole?
G: Ecco, sì! Mi dia pure AMICA che è un po' più interessante delle altre.
P: Che pettinatura desidera, signora?
G: Mah . . . non so. Guardi questa fotografia, una pettinatura così, tutta ricci, mi piacerebbe molto, ma chissà se è adatta a me! Lei che ne dice?
P: Certo! Sono sicuro che Le sta bene, solo che i Suoi capelli non sono così lunghi come questi, e poi devo tagliarLe le punte perché sono deboli. Ma possiamo fare lo stesso una bella pettinatura.
G: Bene, io mi metto nelle Sue mani. Provi pure!

P: È contenta così, signora? Vede come Le sta bene?
G: Sì, sono proprio contenta e mi fa anche più giovane questa pettinatura, non Le sembra?
P: Ma signora, Lei non ha bisogno di sembrare più giovane!
G: Quanto Le devo?
P: 10.000 lire, signora, taglio compreso.
G: Ecco a Lei! Dia la mancia alla ragazza che mi ha lavato i capelli, per favore!

Dal barbiere

B

A: Prego, signore, s'accomodi! In che cosa posso servirLa?
B: Mi faccia prima uno shampo e poi un taglio normale.
A: Bene, signore, e i capelli come li vuole tagliati?
B: Li accorci soprattutto dietro e ai lati e li pettini all'indietro senza riga.

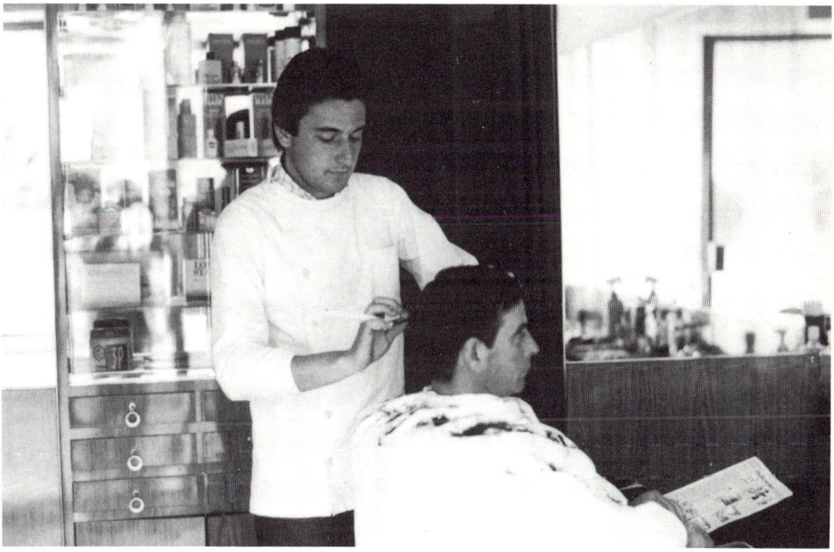

Rispondete alle domande:

a. L'ultima volta che Lei è andata/o dal parrucchiere quando è stato?
b. Va volentieri dal parrucchiere?

c. Si lava i capelli da sola/o qualche volta?
d. Si taglia i capelli da sola/o?
e. Che cosa Le ha fatto il parrucchiere l'ultima volta: Le ha lavato i capelli? Le ha tagliato i capelli? Le ha fatto la piega? L'ha pettinata/o con o senza riga? È stata/o contenta/o?
f. Lei va sempre dallo stesso parrucchiere o cambia spesso?
g. Quando deve andare dal parrucchiere prende un appuntamento per telefono?
h. Se Lei va dal parrucchiere e c'è da aspettare, che cosa fa per passare il tempo?
i. È già stata/o da un parrucchiere in Italia? Dove?

C

C'è molto da aspettare? (muß man da noch lange warten)

Vollständig müßte der Ausdruck heißen: *C'è molto tempo da aspettare?* (ist viel Zeit zu warten?), wobei *tempo* entfallen kann. Vergleichen Sie:
Hai aspettato **molto**? (Hast du lange gewartet?)
È molto che aspetti? (Wartest du schon lange?)
Achten Sie auf die Präposition **da** vor dem Infinitiv (aspettare), die auch in ähnlichen Ausdrücken anzuwenden ist:
C'è **molto da** vedere a Firenze? (Gibt es in F. viel zu sehen?)
Non **ho molti** soldi **da** spendere. (Ich habe nicht viel Geld zum Ausgeben.)
C'è **poco da** dire. (Da ist wenig zu sagen.)
Quanto c'è **da** pagare? (Wieviel ist noch zu zahlen?)
Vuole **qualcosa da** leggere? (Möchten Sie was zu lesen haben?)

1. Rispondete secondo il modello:

C'è ancora *qualcosa da fare*?
– No, non c'è più *niente da fare*.

C'è ancora qualcosa
a. da fare?
b. da vedere?
c. da comprare?
d. da sbrigare?
e. da mangiare?
f. da bere?
g. da pagare?
h. da preparare?

2. Per ogni risposta fate la domanda, per esempio:

R: No, signora, ci sono solo due minuti da aspettare. D: – C'è molto *da aspettare*?

a. No, signora, ci sono solo due minuti da aspettare.
b. Da bere posso offrirti una spremuta d'arancia, se vuoi.
c. Sì, a Roma c'è veramente moltissimo da vedere.
d. No, questa casa non è da vendere.
e. C'è solo da comprare il vino e poi abbiamo tutto.
f. Sì, domani ho moltissime cose da sbrigare.
g. C'è solo da chiudere la valigia e poi abbiamo finito.
h. C'è da aspettare due ore a Milano, se prende questo aereo.

D

Questa rivista è più interessante delle altre (interessanter als)

Die Steigerung des Adjektivs in der Komparativform erfolgt durch die Voranstellung von **più** vor das Adjektiv:
Questa poltrona è comoda, ma quest'altra è ancora **più comoda**. (bequemer)
Questa rivista è interessante, ma AMICA è ancora **più interessante**. (interessanter)
Ein Vergleich wird folgendermaßen ausgedrückt:

Questa poltrona è **più** comoda **di** quella.	(bequemer als)
AMICA è **più** interessante **di** GRAZIA.	(interessanter als)
Chiara è **più** giovane **di** Giuliana.	(jünger als)
Questa rivista è **più** interessante **delle** altre.	(interessanter als)

1. Fate le domande e rispondete:

vestito – (elegante) – Questo vestito è elegante, non trovi? – Sì, ma quest'altro è ancora più elegante.

a. vestito – (elegante)
b. rivista – (interessante)
c. mele – (dolce)
d. pesce – (fresco)

e. casa – (bello)
f. sigarette – (forte)
g. chiesa – (antico)
h. macchina – (veloce)

2. Fate le domande e rispondete secondo il modello: ꝏ

(L'Arena – Il Colosseo) grande – L'Arena è molto grande, vero? – Sì, però il Colosseo è ancora più grande.

a. (L'Arena – Il Colosseo) grande
b. (GRAZIA – AMICA) interessante
c. (Il baritono – Il tenore) bravo
d. (La FIAT 128 – L'ALFASUD) veloce
e. (L'Albergo Danieli – L'Hotel Incanto) comodo
f. (Milano – Firenze) bello
g. (Quella chiesa – Quel palazzo) antico
h. (La signora Rossi – La signora Bianchi) gentile

3. Come l'esercizio 2, secondo il modello: ꝏ

(L'Arena – Il Colosseo) grande – È più grande l'Arena o il Colosseo? – Il Colosseo è più grande dell'Arena.

4. Completate:

a. Voglio andare dal parrucchiere. Vai da Gino? No, vado da Giorgio che è più bravo __________ Gino.
b. Signora, s'accomodi in questa poltrona che è più comoda __________ quella.
c. I tuoi capelli sono più lunghi __________ miei.
d. Sì, ma i miei sono più deboli __________ tuoi.
e. Non ha una rivista più recente __________ questa?
f. Mia madre è più giovane __________ mio padre di tre anni.
g. Mia madre è più giovane __________ signora Magnani di due anni.
h. Mia sorella è più vecchia __________ me di cinque anni.
i. Quanti anni hai? Trentadue. Allora io sono più vecchio __________ te.
l. Le MS sono più leggere __________ HB, non trovi?
m. Le studentesse sono più brave __________ studenti.

Mi trovo meglio al mare che in montagna.

E

Unter § D haben Sie gelernt, daß «als» beim Vergleich mit **di** wiedergegeben wird. Sie erinnern sich aber vielleicht noch an den Satz «*Al mare* è sempre **meglio che** *in città*», bei dem «als» mit **che** und nicht mit **di** ausgedrückt wird. Ist das zweite Vergleichsglied ein Substantiv oder ein Pronomen, erfolgt der Anschluß durch **di** (*Luigi* è **più giovane di** *Mario*, **di** *mia sorella,* **di** *me*), in allen anderen Fällen erfolgt der Anschluß durch **che**.

Mi trovo meglio al mare **che in** montagna.	(in = Präposition)
Questo parrucchiere è più caro **che bravo**.	(bravo = Adjektiv)
È sempre più facile dirlo **che farlo**.	(farlo = Verb)
La pettinatura mi sta meglio ai lati **che dietro**.	(dietro = Adverb)

1. Completate con *di* o *che*:

a. È più facile spendere ________ risparmiare.
b. Non so perché, ma io spendo sempre più ________ te.
c. I bambini si trovano meglio al mare ________ in montagna.
d. Il mare è più bello ________ montagna.
e. È più caro telefonare ________ scrivere.
f. Per me l'italiano è più facile ________ francese.
g. E per te è facile l'italiano? Per me è più facile capirlo ________ parlarlo.
h. È più comodo andare in macchina ________ in treno.
i. No, per me il treno è più comodo ________ macchina.
l. Siamo arrivati in ritardo, mi dispiace, ma è meglio tardi ________ mai.
m. Queste scarpe sono più comode ________ eleganti, ma le compro lo stesso.
n. Compra queste che sono più comode e più eleganti ________ quelle!

2. Bilden Sie Sätze mit *meglio che* oder *migliore di* (besser als), nach dem Muster:

AMICA – GRAZIA – AMICA *è migliore di* GRAZIA.	leggere AMICA – GRAZIA – *È meglio* leggere AMICA *che* GRAZIA.

a. AMICA – GRAZIA
b. leggere AMICA – GRAZIA
c. il Chianti Classico – il Valpolicella
d. andare in macchina – a piedi
e. passare le vacanze in albergo – in campeggio
f. i negozi del centro – il mercato
g. comprare al mercato – in negozio
h. arrivare mezz'ora prima – in ritardo

F

I Suoi capelli non sono così lunghi come questi (so lang wie diese)

Werden zwei Personen oder Sachen in bezug auf eine Eigenschaft miteinander verglichen, wird der Inhalt so ausgedrückt:
La mia pettinatura **non è (così) bella come** la tua.
I miei capelli **non sono (tanto) lunghi quanto** i tuoi.
(così) . . . come ist gebräuchlicher als **(tanto) . . . quanto**. Beachten Sie, daß **così** und **tanto** entfallen können.
Der Inhalt der zwei oben angegebenen Sätze könnte auch so wiedergegeben werden:
La mia pettinatura è **meno bella della** tua. (ist weniger schön als)
I miei capelli sono **meno lunghi dei** tuoi. (sind weniger lang als)
Vergleiche mit **meno** folgen den gleichen Regeln, die für die Steigerung mit **più** gelten (vgl. §§ D, E).

1. Rispondete secondo il modello:

Per te è più bella questa pettinatura o quella?
– Per me questa pettinatura è *bella come quella.*

a. Per te è più bella questa pettinatura o quella?
b. Per Lei è più interessante AMICA o GRAZIA?
c. Per voi è più comodo il treno o la macchina?
d. Per voi è più comodo abitare in albergo o fare il campeggio?
e. Per te è più bella la camera al 3° piano o quella al pianterreno?
f. Per Lei è più facile l'italiano o lo spagnolo?
g. Per te sono più pratiche queste scarpe o quelle?
h. Per voi è più simpatico Marco o Luigi?

2. Si parla dei vantaggi e degli svantaggi, secondo il modello:

andare in treno – in macchina (più comodo)
– Per Lei, che cosa è più comodo? Andare in treno o in macchina?
– Per me andare in treno è più comodo che andare in macchina. (oder)
– Per me andare in treno è comodo come andare in macchina.

a. andare in treno – in macchina (più comodo)
b. viaggiare di giorno – di sera (meno comodo)
c. fare la spesa al mercato – in un negozio (meno caro)
d. andare al mare – in montagna (più interessante)
e. alzarsi presto – andare a letto tardi (più difficile)
f. abitare in città – in campagna (più bello)
g. smettere di fumare – di bere (meno difficile)
h. guardare la televisione – andare a teatro (meno interessante)

G

Mi piacerebbe (es würde mir gefallen)

Vergleichen Sie:
Questo taglio di capelli **mi piace** molto. (gefällt mir)
Questa pettinatura tutta ricci **mi piacerebbe** molto. (würde mir zusagen)
Mit **mi piace** drückt man eine Tatsache aus; **mi piacerebbe** drückt aus, was unter Umständen sein könnte. Achten Sie auf **mi piacerebbe** vor einem Infinitiv:
Non sono contenta del mio parrucchiere. **Mi piacerebbe andare** da un parrucchiere più bravo. (ich würde gerne . . . gehen)
Ti piacerebbe avere una nuova pettinatura? (würdest du gerne . . . haben?)
Non sappiamo ancora dove andare in vacanza. **Ci piacerebbe fare** un viaggio in Sicilia (wir würden gern . . . reisen).

1. Rispondete secondo il modello:

Ti piace questo vestito?
– Sì, *mi piacerebbe comprarlo,* ma chissà quanto costa!

a. Ti piace questo vestito?
b. Le piacciono queste scarpe, signora?
c. Vi piace questa macchina?
d. Ti piace questo scialle?
e. Le piace questa giacca, dottore?
f. Ti piacciono questi bicchieri?
g. Vi piace questa roulotte?
h. Le piace questa gonna, signorina?

2. Fate la conversazione secondo il modello:

> *pettinatura (per Lei, signora)*
> – Guardi questa pettinatura, signora, Le piace?
> – Mi piacerebbe molto, ma chissà se è adatta a me!
> – Certo, sono sicuro che Le sta molto bene.

a. pettinatura (per Lei, signora)
b. vestito (per te, Maria)
c. soprabito (per te, Luigi)
d. giacca di lana (per Lei, signora)
e. taglio di capelli (per Lei, signorina)
f. costume da bagno (per te)
g. abito da sera (per Lei, signora)

Lezione ventesima 20

A Roma in tram ... A

– Scusi, vorrei andare a Castel Sant'Angelo. Può avvertirmi Lei quando devo scendere? Purtroppo non sono pratica di Roma.
– È la quinta fermata, signora, comunque non si preoccupi, L'avverto io.
– È la prima volta che sono a Roma e la trovo meravigliosa. Per me è la città più bella del mondo.
– Proprio la più bella non so, ma è senz'altro una delle più belle, così almeno dice la maggior parte dei turisti che l'ha visitata.
– È veramente interessantissima e così piena di vita!
– Ha fatto bene a venire in questa stagione, signora. La primavera è senz'altro il periodo migliore per visitare Roma. Ecco, signora, la prossima fermata è la Sua. Buon divertimento a Roma!

Castel Sant'Angelo

... e in taxi

– Taxi, è libero? Mi porti alla stazione Termini, per favore! Ma con la massima velocità altrimenti perdo il treno.
– Quando parte il Suo treno, signora?
– Fra un quarto d'ora! Però dovrei ancora fare il biglietto ... ma sì, lo posso fare anche in treno.
– Non so se in un quarto d'ora riusciamo ad arrivare alla stazione, ma possiamo provare.
– Mi raccomando, sia prudente!
– Non abbia paura, signora! I tassisti romani soni i più bravi d'Italia.
– Anche quelli di Milano dicono la stessa cosa.
– Eccoci arrivati, vede signora? Se vuole, ha anche il tempo di prendersi un buon caffè prima di partire.
– Caspita! Lei è veramente velocissimo e guida anche molto bene. Complimenti! Quanto Le devo?
– 2.300 lire, signora.
– Ecco, tenga! Il resto è per Lei.
– Grazie, signora! ArrivederLa e buon viaggio!

B Il problema del centro storico

Tutte le città italiane, quelle grandi come quelle piccole, hanno un centro storico. Qui, ogni casa, ogni palazzo e ogni chiesa è un monumento nazionale. Questo è un vantaggio e uno svantaggio nello stesso tempo. Per gli Italiani che amano l'arte è senz'altro un vantaggio, ma per gli Italiani che pensano solo ad andare in macchina, è uno svantaggio.
Il dottor Somariello dell'ENIT (Ente Nazionale Italiano per il Turismo) di Monaco di Baviera ci dice: «Guardi, per il turismo la ricchezza artistica, unica al mondo, delle città italiane è una grandissima fortuna. Noi dell'ENIT sappiamo benissimo che molti turisti stranieri scendono ogni anno in Italia non tanto per godere il clima o il mare, quanto per ammirare proprio le nostre bellezze artistiche. L'arte italiana è quindi importantissima per l'industria del turismo e si deve fare di tutto per salvarla».
Ma che cosa si può fare per salvarla? Molte città italiane hanno già da alcuni anni le zone pedonali. Tutto il centro storico è chiuso al traffico; qui possono entrare solo i tram, gli autobus, i tassì e le persone con un

permesso speciale. «Questo è già un grande progresso» – continua il dottor Somariello – «soprattutto se si pensa che i centri storici di alcune città sono grandissimi. Bologna, per esempio, che è stata una delle prime città in Italia ad avere una zona pedonale, ha un centro storico che è grande come quello di Bamberga, Ratisbona e Passavia messi insieme. Non dimentichiamo però di chiudere al traffico anche i centri storici delle città più piccole!»

Piazza del Nettuno nel centro storico di Bologna

Rispondete alle domande:

a. Che cos'è il centro storico?
b. Quali sono i vantaggi e gli svantaggi delle zone pedonali?
c. Conosce la zona pedonale di una città italiana? Quale?
d. C'è la zona pedonale nella Sua città?
e. Lei va al lavoro in macchina o in tram? Perché?

C

Buon giorno! Buon viaggio! Buon divertimento!	
Steht **buono** vor einem männlichen Substantiv im Singular, so wird es zu **buon** verkürzt:	
Il caffè in Italia è sempre **buono**.	Vogliamo prendere un **buon** caffè?
Il viaggio è stato **buono**.	Abbiamo fatto **buon** viaggio.
Die Sprachpfleger schreiben vor, daß vor männlichen Wörtern, die mit **z** oder mit **s + Konsonant** beginnen, nicht **buon** sondern **buono** – in Anlehnung an **un** bzw. **uno** – stehen muß. Il mio **buono z**io. Pasolini è un **buono s**crittore. (Schriftsteller) In der praktischen Anwendung hört und liest man jedoch **buon**.	
Vor Vokal kann **buona** apostrophiert werden: Ho sete, vorrei una **buon'a**ranciata (oder una **buona a**ranciata).	

1. Che cosa dice Lei se . . .

> Una Sua amica Le racconta di aver comprato un biglietto per l'Aida?
> – Io le dico: «Buon divertimento!».
> (Wählen Sie den Wunsch aus, der zur Situation paßt!)

a. Una Sua amica Le racconta di aver comprato un biglietto per l'Aida.
b. I Suoi amici vogliono passare un paio di settimane al mare.
c. Un Suo amico è a letto con l'influenza.
d. Una Sua amica esce di casa alle otto per andare a lavorare.
e. Il sabato Lei incontra due Suoi amici.
f. Una Sua amica Le racconta di aver trovato un nuovo lavoro e di cominciare fra qualche giorno.

Buon divertimento!
Buona domenica!
Buona fortuna!
Buona guarigione!
Buon lavoro!
Buone vacanze!

2. Rispondete alle domande:

> Quando può dire Lei «Buon giorno!»
> – Potrei dire «Buon giorno» quando incontro qualcuno al mattino o al pomeriggio.

a. Buona sera!
b. Buon appetito!
c. Buona notte!
d. Buon Ferragosto!
e. Buon viaggio!
f. Buon pranzo!
g. Buon riposo!
h. Buona partenza e buon ritorno!

D

buono – migliore – il migliore – ottimo

Sie haben inzwischen gelernt, daß die Komparativform aus **più + Adjektiv** besteht: **Roma è più bella di Milano** (→ L. 19, §§ C–E, p. 168 bis 171), daß der Superlativ durch den Komparativ in Verbindung mit dem bestimmten Artikel gebildet wird: **Roma è la città più bella d'Italia** (→ L. 15, §§ C und E, p. 133 und 135) und daß der absolute Superlativ mit der Endung **-issimo** oder mit **molto** ausgedrückt wird: **Roma è una città bellissima / molto bella** (→ L. 15, § D, p. 134).
Buono hat neben den normalen Steigerungsformen (*più buono – il più buono – buonissimo*) auch unregelmäßige Steigerungsformen: **migliore – il migliore – ottimo**. Vergleichen Sie:
Questo caffè è **migliore** di quello. Aber: Suo fratello è **più buono** di lei.
La primavera è il periodo **migliore**. Aber: Gianni è **il più buono** di tutti.
Questo vino è **ottimo** o **buonissimo**. Aber: Mio padre è **buonissimo**.
Gewöhnlich gebraucht man die unregelmäßigen Formen, wenn aber *buono* den Sinn von «gutherzig» hat, verwendet man nur **più buono** bzw. **il più buono**.

1. Fate la conversazione secondo il modello:

vino (il Chianti)
– Questo è un buon vino, non trovi?
– Sì, ma il Chianti è migliore di questo.
– Certo! Il Chianti è il migliore di tutti.
– O almeno uno dei migliori.

a. vino – il CHIANTI
b. macchina – la FIAT
c. aperitivo – il CAMPARI
d. albergo – il DANIELI
e. giornale – LA REPUBBLICA
f. rivista – L'ESPRESSO
g. gelato – il gelato MOTTA
h. formaggio – il parmigiano

2. Fate le domande e rispondete secondo il modello: QO

spaghetti – Ottimi questi spaghetti! Vero? – Sì, sono veramente buonissimi.

a. spaghetti
b. bistecca
c. caffè
d. tagliatelle
e. dolce
f. lasagne
g. antipasti
h. insalata

3. Completate con *migliore* o *ottimo*:

a. La primavera è il periodo __________ per visitare Roma.
b. Conosci l'albergo Condotti? Sì, è un __________ albergo vicino a Piazza di Spagna.
c. A Roma conosco un albergo che è __________ del «Condotti».
d. E come si chiama? Non lo so. So solo che ha anche un __________ ristorante.
e. I __________ alberghi si trovano in centro, però ne conosco uno a Monte Mario che è __________.
f. Qual è la strada __________ per arrivare a Castel Sant'Angelo?
g. La linea numero 14 è la __________, perché è la più veloce.
h. Per me il caffè __________ si beve a Napoli.
i. Ma in tutta l'Italia del Sud il caffè è __________ che nell'Italia del Nord; in Sicilia, per esempio, il caffè è __________.

E

Steigerung des Adverbs

Auch für die Adverbien gibt es Steigerungsstufen wie für die Adjektive:
Mi sono alzato **tardi**. / Ci vediamo **più tardi**. / Siamo arrivati **tardissimo**. (o **molto tardi**).
Mi ha risposto **gentilmente**. / Luigi mi ha risposto **più gentilmente** di Maria. / Mi ha risposto **gentilissimamente** (o **molto gentilmente**).
Beachten Sie:
Oggi ho dormito **bene**. / Ieri ho dormito **meglio**. / Stanotte ho dormito **benissimo** (o **molto bene**).
Sie erkennen jetzt sicher die unterschiedliche Funktion von **meglio** und **migliore**.

Che cosa conviene fare in questi casi?

La signora Rossi ha un quarto d'ora di tempo per prendere il treno. Le conviene andare alla stazione in tram o in tassì? Perché? – In questo caso è meglio prendere un tassì, perché è più veloce.

a. Il dottor de Manzini ha tre giorni di vacanze. Gli conviene fare un viaggio alle isole Bahamas o passare questi giorni in un posto non troppo lontano da casa sua?
b. Una Sua amica deve andare da Milano a Genova in treno. C'è un diretto che parte alle 16.00 e arriva a Genova alle 18.25 e c'è un espresso che parte alle 16.45 e arriva alle 18.30. Che treno le conviene prendere? Perché?
c. Un Suo amico si trova in una città che non conosce e cerca una strada che si chiama Via Verdi. Gli conviene comprare una pianta della città o andare in un'agenzia turistica? Perché?
d. Quest'anno i Rossi vogliono portare in vacanza anche i nonni. Conviene loro andare in campeggio o dormire in albergo? Perché?
e. La signorina de Manzini si trova in un ristorante di Firenze e non sa che cosa ordinare come secondo: «Del pesce o una bistecca alla fiorentina?» si domanda. Che cosa le conviene ordinare? Perché?
f. La signora Alighieri va a fare la spesa e vede che al mercato il parmigiano costa 6.000 al chilo, mentre in un negozio costa 7.500, ma è «Parmigiano Reggiano» di prima qualità. Dove le conviene comprare il formaggio? Perché?
g. Un turista ama moltissimo i vini toscani e ne vuole comprare alcune bottiglie prima di partire. Dove gli conviene comprare il vino: in Toscana o nelle Dolomiti? Perché?

F

Sia prudente! (seien Sie vorsichtig!) / **Non abbia paura!** (haben Sie keine Angst!)

Die Befehlsformen der höflichen Anrede für **essere** und **avere** lauten:

sia / siano	**Sia** prudente! Signori, **siano** prudenti! (oder **siate**)
abbia / abbiano	Non **abbia** paura! Non **abbiano** (oder **abbiate**) paura, signori!

In den übrigen Personen lauten die Formen:

sii / siamo / siate — **Sii** brava, Maria! (sei artig!) **Siamo** prudenti! (seien wir)
Siate gentili con lei! (seid bzw. seien Sie nett zu ihr!)

abbi / abbiamo / abbiate — **Abbi** pazienza! (Hab' Geduld) **Abbiamo** coraggio, sù! (Machen wir uns Mut!) **Abbiate** la gentilezza di aspettare un momento! (Geduldet euch bzw. gedulden Sie sich einen Augenblick, bitte!).

Ein verneinter Befehl wird in der 2. Person Singular (du) wiederum mit **non** + **essere** oder **avere** ausgedrückt (→ L. 10, § D, p. 86):
Franco, **non essere** così pigro! (Sei nicht so faul!)
Giorgio, **non aver(e)** paura! (Hab' keine Angst!)

1. Completate secondo il modello:

Guida bene e ...
– Guida bene e *sii* prudente!

a. Guida bene e ...
b. Guidate bene e ...
c. Dottore, guidi bene e ...
d. Carla, guida bene e ...
e. Ragazzi, guidiamo bene e ...
f. Signori, guidino bene e ...

2. Completate secondo il modello:

Perché sei così buono con loro?
– Non essere così buono con loro!

a. Perché sei così buono con loro?
b. Signora, perché è così gentile con lui?
c. Maria, perché sei così cattiva con me?
d. Perché siete così deboli con loro?
e. Perché siete così cattivi con lui?
f. Signori, perché sono così gentili con lei?

3. Geben Sie eine beruhigende Antwort auf folgende Fragen:

Giorgio, sai se in questo periodo a Venezia ci sono ancora camere libere?
– Non aver paura! Senz'altro ne troviamo una.

a. Giorgio, sei sicuro che troviamo un parcheggio?
b. Dottore, ho una malattia grave?
c. Graziella, pensi che troviamo ancora due posti liberi per stasera?
d. È sicuro che riusciamo ad arrivare alla stazione in un quarto d'ora?
e. Cameriere, per secondo vorrei del pesce! Mi garantisce che è fresco?
f. Signorina, sa se l'aereo parte con questo tempo?
g. Chissà se riusciamo a trovare un facchino! Tu che ne dici?
h. Sapete dirci se Bianca e Vincenzo arrivano veramente oggi?
i. Chissà se al ristorante Michelangelo ci sono ancora dei tavoli liberi? Lei che ne dice, dottore?

G

che (der, die, das)

Il tassista **che** mi ha portato alla stazione, è bravissimo.
La macchina **che** Luigi ha comprato, è una Fiat 128.
Gli Italiani **che** amano l'arte, sono contenti delle zone pedonali.
Che bleibt immer unverändert und bezieht sich auf Personen und Sachen.
Verwechseln Sie es nicht mit **chi** (wer?): **Chi è venuto?**
Achten Sie auch auf: **È la prima (la seconda, l'ultima ...) volta che** sono a Roma.

Date una definizione secondo il modello:

Chi è il tassista?
– Il tassista è una persona che guida il tassì. (Wählen Sie das passende Verb!)

Chi è	
a. il tassista?	
b. il facchino?	guidare
c. la giornalista?	portare
d. il cameriere?	scrivere
e. la parrucchiera?	servire
f. il commesso?	tagliare
g. il portiere?	vendere
h. il medico?	visitare
i. il turista?	

Wörter und Strukturen

Lezione prima

Incontro a Venezia	*Begegnung in Venedig*
l'/un incontro	die/eine Begegnung
i Mancuso	Frau und Herr Mancuso
i Mancuso di Napoli	Fam. Mancuso aus Neapel
il/un marito	der/ein (Ehe)Mann
la/una moglie	die/eine Ehefrau
sono al Lido di Venezia	sie sind am Lido (= Strand) von Venedig
dove incontrano	wo sie treffen
incontrare	treffen
il signor Cinquetti	Herr(n) Cinquetti
il/un signore	der/ein Herr
buon giorno, signor C.	guten Tag, Herr C.
buon giorno, ingegnere!	guten Tag, Herr Ingenieur
l'/un ingegnere	der/ein Ingenieur
come mai	wieso? warum?
come mai a Venezia?	weshalb (sind Sie) in Venedig?
sono qui per la Biennale	ich bin hier wegen (anläßlich) der Biennale (Festival für bildende Künste und Film)
è solo?	sind Sie allein?
è	er, sie, es ist / Sie sind
no, non sono solo	nein, ich bin nicht allein
anche mia moglie è qui	auch meine Frau ist hier
che piacere, signora M.	welche Freude (Sie zu sehen), sehr erfreut, Frau M.
come sta?	wie geht es Ihnen [wörtl. wie stehen Sie]
bene, grazie!	gut danke!
e Lei, signor Cinquetti?	und Sie, Herr C.? (und Ihnen, Herr C.)
non c'è male	nicht schlecht
c'è	da ist, es gibt
ma sono molto occupato	aber ich bin sehr beschäftigt
molto	sehr; viel
a Napoli tutto bene?	alles in Ordnung in Neapel?
bene – benissimo	gut – sehr gut, bestens
siete contenti dell'albergo	sind Sie [seid ihr] zufrieden mit dem Hotel?
contento *di*	zufrieden mit
sì, siamo molto contenti	ja, wir sind sehr zufrieden
l'albergo è piccolo, ma comodo	das Hotel ist klein, aber bequem (gemütlich)
l'/un albergo	das/ein Hotel
ecco il tassì	hier ist, hier kommt das Taxi
il/un tassì	das/ein Taxi
sei pronto?	bist du fertig?

sono pronto	ich bin fertig
arrivederLa a più tardi	auf Wiedersehen, bis später
arrivederLa	[wörtl. auf Sie wiedersehen]
arrivederci	[wörtl. auf uns wiedersehen]
alla Biennale	auf der Biennale
buona sera, signorina Rossi, professore, dottore	guten Abend, Frl. Rossi, Herr Professor, Herr Doktor
anch'io sto bene	auch mir geht es gut
sto molto bene	mir geht es sehr gut
molto bene = benissimo	sehr gut
ciao	servus, grüß dich, tschüss
arrivederci alla prossima settimana	auf Wiedersehen bis zur nächsten Woche

Lezione seconda

Intervista alla Biennale	*Interview auf der Biennale*
l'/un'intervista	das/ein Interview
una giornalista della RAI	eine Journalistin des italienischen Rundfunks RAI (= Radio Audizioni Italiane)
intervista i Mancuso	interviewt die Mancusos
un momento, signore, per piacere!	einen Augenblick, [mein Herr], bitte!
il/un momento	der/ein Moment
dica, signorina	(sagen Sie nur), bitte sehr, [mein Fräulein]
vorrebbe rispondere a una o due domande?	würden Sie bitte auf eine oder zwei (auf ein paar) Fragen antworten?
vorrebbe	möchten Sie
la/una domanda	die/eine Frage
volentieri	gern
ma perché?	aber warum?
per un'intervista	für ein Interview
il Suo nome, per favore	Ihr Name, bitte
per favore = per piacere	
di dov'è	woher sind Sie?
dove	wo
di dove	woher
sono *di* Napoli	ich bin *aus* Neapel
qual è la Sua professione?	welches ist Ihr Beruf? welchen Beruf üben Sie aus?
la/una professione	
è qui per affari?	sind Sie geschäftlich hier?
per affari	wegen Geschäften, geschäftlich
o come turista	oder als Tourist
il/un turista	der/ein Tourist
la/una turista	die/eine Touristin
per la prima volta	zum ersten Mal
la mia seconda visita	mein zweiter Besuch
per la Sua gentilezza	für Ihre Freundlichkeit
la/una professoressa	die/eine Lehrerin (im Gymnasium)
per vedere la Biennale	um die Biennale zu sehen

con mio marito	mit meinem Mann
la/una casalinga	die/eine Hausfrau
l'/un impiegato l'/un'impiegata	der/ein Angestellte(r) die Angestellte
mi dispiace	es tut mir leid
al ristorante	im Restaurant
il/un cameriere	der/ein Kellner
per me	für mich

-4.8.

3 Lezione terza

Al bar	*Im Café, in der Bar*
il signor M. va al bar con il signor B.	Herr M. geht mit Herrn B. ins Café
un suo collega tedesco	ein deutscher Kollege von ihm, einer seiner deutschen Kollegen
caro collega	lieber Kollege
caro	lieb, teuer
vogliamo prendere un caffè?	wollen wir einen Kaffee trinken?
il/un caffè	der/ein Kaffee
perché no?	warum nicht?
in Italia	in Italien
il caffè è sempre buono	der Kaffe ist immer gut
ecco lì all'angolo	dort an der Ecke
ecco	etwa: hier ist, da ist (Hinweis)
lì	dort
entriamo!	treten wir ein!
quanta gente!	so viele Leute (sind da!)
la gente (immer weiblich und Singular)	die Leute
che cosa prendiamo?	was nehmen wir?
la/una cosa	die Sache
che cosa?	welche Sache, was?
io ho sete	ich habe Durst
la sete	der Durst
un'aranciata fresca, o una spremuta d'arancia, per favore	eine kühle Orangenlimonade oder einen Orangensaft (pur), bitte!
la spremuta d'arancia	Orangensaft natur
e Lei, signor B.?	und Sie, Herr B.?
l'espresso italiano è buonissimo	der italienische Espresso ist sehr gut
buonissimo = molto buono	bestens = sehr gut
è vero	es ist wahr
ma io preferisco il cappuccino	aber ich trinke lieber (ich bevorzuge) Cappuccino
perché non è così forte	weil er nicht so stark ist
via Casilina	Casilinastraße
ha una sigaretta?	haben Sie eine Zigarette?
mi dispiace, non fumo	es tut mir leid, ich rauche nicht
cameriere!	Herr Ober!
il/un cameriere	der/ein Kellner

avete sigarette qui?	gibt es hier Zigaretten? haben Sie Zigaretten hier?
abbiamo le HB	wir haben HB
un pacchetto di HB e il conto	eine Schachtel HB und die Rechnung
oggi offro io	heute biete ich an / bin ich dran / bin ich der Gastgeber
prendiamo ancora un aperitivo?	nehmen wir noch einen Aperitiv?
è già tardi	es ist schon spät
va all'albergo?	gehen Sie ins Hotel?
ho la macchina fuori	ich habe den Wagen draußen
molte grazie	vielen Dank
vado sempre a piedi	ich gehe immer zu Fuß
il mio albergo è vicino	mein Hotel ist nahe (in der Nähe)
allora	also dann
a domani	bis morgen
Al telefono	*Am Telefon*
pronto, mamma?	hallo! Mutti?
come state?	wie geht es euch?
interessante	interessant
una città meravigliosa	eine wunderbare Stadt
tempo di visitare	Zeit zu besichtigen
vado in giro	ich gehe herum, ich gehe spazieren
tutte le camere	alle Zimmer
hanno una bellissima vista sul mare	haben eine sehr schöne Aussicht aufs Meer
quando ritornate?	wann kommt ihr zurück?
domenica	am Sonntag

Lezione quarta

La pubblicità	*Die Werbung*
G. legge il giornale della domenica	G. liest die Sonntagsausgabe der Zeitung
leggere	lesen
una rivista	eine Zeitschrift
che cosa c'è di nuovo?	was gibt es Neues?
sul giornale	in der Zeitung [wörtl.: auf der]
guardo un annuncio	ich schaue (mir) eine Anzeige an
guardare	anschauen, betrachten
che cosa offre?	was bietet sie an?
offrire	anbieten
invita ai Grandi Magazzini	sie lädt in die «Großen Kaufhäuser» ein
invitare	einladen
il magazzino	das Kaufhaus
prezzi eccezionali	außergewöhnliche Preise
risparmiare ed essere eleganti	sparen und elegant sein

(elegante steht hier in der Pluralform eleganti, weil es sich auf die Allgemeinheit der Verbraucher bezieht)

tutto per la signora elegante	alles für die elegante Dame
soprabiti e abiti moderni	leichte Mäntel und moderne Kleider
il/un soprabito	leichter Mantel, Übergangsmantel
l'/un abito	Kleid, Anzug
giacche e gonne pratiche	praktische Jacken und Röcke
la/una giacca	die Jacke (auch für den Mann)
la/una gonna	der Rock
in tutte le taglie	in allen Größen
la/una taglia	die Größe
nuovi scialli di lana	neue Wolltücher
lo/uno scialle	Schultertuch, Stola
scarpe di linea nuova	Schuhe nach dem neuen Modetrend, modische Schuhe
le scarpe (la scarpa)	die Schuhe
la linea	die Linie, die Richtung, der Schnitt
belle borse e borsette di moda	modische und schöne Taschen und Täschchen
la/una borsa, borsetta	die Tragetasche, die Damenhandtasche
questo è interessante per te	das ist für dich interessant (das wird dich interessieren)
ogni anno compri tanti vestiti	jedes Jahr kaufst du so viele Kleider
comprare	kaufen
tu invece spendi tanti soldi	du hingegen gibst so viel Geld aus
sp**e**ndere	ausgeben
i soldi (immer Plural!)	das Geld
per m**a**cchine veloci	für schnelle Autos
la/una macchina veloce	
chi?	wer?
va bene, va bene	na ja! schon gut!
lasciamo stare	lassen wir das [wörtl. lassen wir stehen]
lasciare	lassen
ora accendo la televisione	nun schalte ich den Fernseher ein
acc**e**ndere	anzünden, einschalten
«La Casa Schiappino vende il miglior vino»	das Haus (die Firma) Schiappino verkauft den besten Wein
v**e**ndere	verkaufen
il miglior(e)	der beste
perché ridi adesso?	warum lachst du jetzt?
r**i**dere	lachen
adesso = ora	vgl. dt. jetzt – nun
ma non senti?	aber hörst du nicht?
sentire	hören, fühlen
di nuovo	wieder, von neuem
spegniamo!	schalten wir aus!
sp**e**gnere	ausschalten, löschen
è possibile	es ist möglich
senza	ohne
all'ultima moda	nach der letzten Mode
c'è proprio tutto	das ist wirklich alles

moderne *ed* eleganti	wenn auf *e* ein Wort folgt, das mit Vokal beginnt, kann es (muß aber nicht) zu *ed* erweitert werden
non solo . . . ma anche	nicht nur, sondern auch
un paio di scarpe	ein Paar Schuhe

Lezione quinta

In «Piazzale Roma»	*Auf dem «Piazzale Roma»* (einziger Ort von Venedig, den man mit dem Wagen erreichen kann)
desiderano visitare	sie möchten [wünschen zu] besichtigen
desiderare	wünschen
arrivano	sie kommen an
arrivare	ankommen
in un parcheggio	auf einem Parkplatz
ci sono tanti parcheggi qui!	es gibt so viele Parkplätze hier!
non ci sono posti liberi	es gibt keine freien Plätze
lì c'è un posto	dort ist ein Platz
a destra	rechts
Austria – Germania – Svizzera – Jugoslavia	Österreich – Deutschland – Schweiz – Jugoslawien
targhe di tutto il mondo	Autokennzeichen aus der ganzen Welt
la targa	das Autokennzeichen
quanti stranieri	wie viele Ausländer
lo/uno straniero	der Ausländer
straniero	ausländisch
chissà, forse l'Italia ha un certo fascino	wer weiß, vielleicht hat Italien einen gewissen Zauber
alcuni desiderano godere	einige möchten genießen
il sole, il mare, il clima italiano	die Sonne, das Meer, das italienische Klima
il clima	(männlich, trotz Endung auf -a!)
altri hanno interesse per le arti	andere interessieren sich für Kunst
l'/un interesse	das Interesse
l'/un'arte	die Kunst
altri ancora amano le canzoni	wieder [noch] andere lieben die Lieder
amare	lieben
la/una canzone	das Lied
la cucina	die Küche
insomma	kurz und gut, also
guarda quanti venditori ci sono	schau mal, wie viele Verkäufer da sind
gridano, offrono souvenir	sie schreien, bieten Andenken an
gridare	rufen, schreien
vendono cartoline, giornali, guide della città	sie verkaufen Ansichtskarten, Zeitungen, Stadtführer
vendere	verkaufen
la/una cartolina	die Ansichtskarte
il/un giornale	die Zeitung
la/una guida della città	der Stadtführer

per prima cosa	zuerst, als erstes
cerchiamo un albergo	suchen wir ein Hotel
cercare	suchen
è difficile trovare camere libere	es ist schwierig, freie Zimmer (zu) finden
in questa stagione	zu dieser Jahreszeit
la/una stagione	die Jahreszeit, die Saison
chiediamo qui?	fragen wir hier?
chi**e**dere	fragen
andiamo in centro?	fahren wir ins Zentrum?
il vaporetto	Boot [wörtl. Dampfer]; in Venedig der Linienverkehr
verso il centro	in Richtung Zentrum
la svalutazione	die Entwertung
è costruita su tante piccole isole	ist auf vielen kleinen Inseln gebaut
costruire	bauen
l'/un'isola	die Insel
la strada	die Straße
il canale	der Kanal
il ponte	die Brücke
ammirare	bewundern
i palazzi sul Canal Grande	die Paläste am Canal Grande
f**a**cile	leicht

Lezione sesta

In albergo	*Im Hotel*
cercano una camera in un albergo del centro	sie suchen ein Zimmer in einem Hotel im Stadtzentrum
G. chiede al portiere	G. fragt den Portier
chi**e**dere	fragen, erfragen, bitten
chiedere un'informazione al portiere	den Portier nach einer Auskunft fragen, um eine Auskunft bitten
una camera matrimoniale con bagno	ein Doppelzimmer mit Bad
un letto matrimoniale	ein Ehebett
ha una prenotazione?	haben Sie vorbestellt? [wörtl.: ... eine Vorbestellung]
allora, vediamo!	dann wollen wir mal schauen!
una camera a un letto	ein Einbettzimmer
al primo piano	im 1. Stock
e una a due letti	und eins (= ein Zimmer) mit 2 Betten
non avete almeno	haben Sie nicht wenigstens
con doccia	mit Dusche
al primo, al secondo, al terzo, al quarto, al quinto, al sesto piano	im 1., 2., 3., 4., 5., 6. Stock
è almeno con vista sul mare?	ist es wenigstens mit Blick aufs Meer?
noi andiamo sempre incontro ai desideri degli ospiti	wir kommen immer den Wünschen der Gäste entgegen
incontro a	entgegen
il desiderio / i desideri	der Wunsch
l'**o**spite / gli **o**spiti	der Gast

siamo in alta stagione	wir sind in der Haupt-/Hochsaison
è una fortuna trovare una camera	man kann von Glück sprechen, wenn man ein Zimmer findet
va bene	na gut! in Ordnung! wenn es so ist!
vogliono lasciare i passaporti	würden Sie (die Herrschaften) die Pässe hier lassen
il passaporto / i passaporti	der Paß
eccoli	hier sind sie (die Pässe)!
i bagagli dei signori	das Gepäck der Herrschaften
il bagaglio / i bagagli	das Gepäck(stück)
in macchina	im Wagen
solo la prima colazione	nur das Frühstück
la pensione completa	Vollpension
completo	vollständig
quanto costa al giorno	wieviel kostet es pro Tag?
costare	kosten
sette mila lire a persona	7000 Lire pro Person
mille	tausend
due, tre, . . . sette *mila*	zwei-, drei-, . . . siebentausend
fare colazione	frühstücken
in camera	im/auf dem Zimmer
al ristorante dell'albergo	im Hotelrestaurant
al pianterreno, a sinistra	im Erdgeschoß, links
è lì vicino	es ist dort in der Nähe
dalle sette in poi	ab sieben (Uhr)
alle sette	um sieben (Uhr)
sono *le* sette	es ist sieben Uhr
da . . . in poi	von . . . an
grazie delle informazioni	danke für die Auskünfte
prego	bitte sehr
non c'è di che	keine Ursache
la chiave della camera	der Zimmerschlüssel
prenotare	vorbestellen
se possibile	wenn (es) möglich (ist)
dal 5 al 9 ottobre	vom 5. bis 9. Oktober
il cinque ottobre	der 5. Oktober (im Italienischen Grundzahlen!)
C. telefona al portiere	C. ruft den Portier an
telefonare a	jdn. anrufen, mit jdm. telefonieren
ordinare	bestellen
succo di pomodoro, di pompelmo	Tomaten-, Grapefruitsaft
panini, briosce, fette biscottate, burro, marmellata, miele, caffelatte (oder caffellatte), thè (oder tè), limone, latte	Brötchen, Hörnchen, Zwieback, Butter, Marmelade, Honig, Milchkaffee, Tee, Zitrone, Milch
altro, signora?	sonst noch etwas?
nel parcheggio dell'albergo	auf dem Hotelparkplatz

All'agenzia turistica	*Im Reisebüro*
alcuni medici entrano in un'agenzia turistica	einige Ärzte gehen in ein Reisebüro
chiedono delle informazioni all'impiegata	sie bitten die Angestellte um (einige) Auskünfte
un'informazione	eine Auskunft
abbiamo bisogno di alcune informazioni	wir brauchen einige Auskünfte
avere bisogno di	brauchen
per il congresso internazionale dei medici radiologi	anläßlich des internationalen Kongresses der Röntgenärzte
abbiamo a disposizione	wir haben zur Verfügung
fare una gita	einen Ausflug machen
un breve viaggio	eine kurze Reise
in gruppo?	mit einer Reisegesellschaft? (Gruppe)
necessario	nötig, notwendig
per esempio	zum Beispiel
preferisco passare . . .	ich ziehe es vor . . . zu verbringen
in un luogo tranquillo	an einem ruhigen Ort
non troppo lontano da Torino	nicht zu weit weg (entfernt) von Turin
lontano da	weit weg von
vicino a	in der Nähe von
i miei colleghi tedeschi e belgi	meine deutschen und belgischen Kollegen
il mio collega belga	mein belgischer Kollege
capisco	ah, ja! ich verstehe
capire	verstehen
una gita ai laghi	ein Ausflug zu den Seen
quanti chilometri ci sono da qui?	wie viele Km. sind es von hier aus?
da Torino ad Aosta cento chilometri	von Turin nach Aosta 100 Km.
fino ai piedi del Monte Bianco	bis an den Fuß des Montblanc
fino a	bis
il piede	der Fuß
altri trentasette	weitere (noch) 37 Km.
c'è un autobus o un pullmann?	gibt es einen Bus oder Reisebus?
il pullmann	Bus für längere Strecken, Reisebus
partire	abfahren
è meglio prendere il pullmann diretto	es ist besser, den direkten Bus zu nehmen
a mezzogiorno	um Mittag, um 12 Uhr mittags
il viaggio dura un'ora e mezzo	die Reise dauert anderthalb Stunden
ai miei amici che cosa consiglia?	was empfehlen Sie (raten Sie) meinen Freunden?
di solito	normalerweise, gewöhnlich
consigliamo agli stranieri	wir empfehlen den Fremden
Napoli è lontana (alle Städtenamen sind weiblich)	Neapel ist weit weg
in aereo (*in* macchina, *in* pullmann, . . .)	*mit* dem Flugzeug (Auto, Bus, etc.)
l'aereo	das Flugzeug
si arriva in tre quarti d'ora	kommt man in einer $^3/_4$ Stunde an
si	man

salire sul Vesuvio	auf den Vesuv steigen
CIT (Compagnia Italiana del Turismo)	die meisten Reisebüros in Italien werden von der CIT verwaltet
una camera singola	ein Einzelzimmer
vicino alla spiaggia	am Strand, in der Nähe des Strandes
la spiaggia	der Strand
stasera ([que]sta sera)	heute Abend
l'impiegata vi consiglia questo giro turistico	die Angestellte empfiehlt ihnen diese Tour

Lezione ottava

Si va in vacanza	*Wir machen Urlaub* [wörtl.: man geht in]
in vacanza	im Urlaub
fanno già i progetti per le loro vacanze	sie machen schon Pläne für ihre Ferien
fare progetti	planen, Pläne schmieden
le vacanze aber: essere, andare in vacanza	der Urlaub, die Ferien
ragazzi!	Kinder! Jungs!
quando finisce la scuola	wenn die Schule zu Ende geht
finire (finisco)	zu Ende gehen
andare in campeggio	campen
il campeggio	der Campingplatz
che bell'idea	was für eine schöne/gute Idee
al mare, in montagna	am Meer, in den Bergen
i miei genitori	meine Eltern
preferisco venire con voi	ich komme lieber mit euch
se siete d'accordo	wenn ihr einverstanden seid
essere d'accordo	einverstanden sein
se – quando	wenn (*quando* wird im zeitlichen Sinn gebraucht, *se* drückt eine Bedingung aus)
tuo padre, tua madre	dein Vater, deine Mutter
la tenda	das Zelt
invece di una stanza d'albergo	anstelle eines Hotelzimmers
però	jedoch, aber
hanno la roulotte	sie haben den Wohnwagen
la roulotte (gespr. rulɔt)	der Wohnwagen
posso prendere la nostra vecchia tenda	ich kann (darf) unser altes Zelt nehmen
devo solo riparare la finestrella	ich muß nur noch das kleine Fenster reparieren
la finestra – la finestrella	das Fenster – das kleine Fenster
se vuoi, puoi venire anche tu	wenn du willst, kannst du auch mitkommen
c'è posto	es ist Platz
io non posso	ich kann nicht
mio fratello ed io dobbiamo andare all'estero	mein Bruder und ich, wir müssen ins Ausland fahren
un loro amico	ein Freund von ihnen – einer ihrer Freunde
devi proprio andare anche tu con loro?	mußt du denn auch mit ihnen fahren?

G. vuole fare il bravo	G. will ein braver Junge sein
fare il bravo	sich lieb Kind machen, sich einschmeicheln
il suo papà, la sua mammina	sein Papa, seine liebe Mamma
non ha il coraggio di viaggiare	er hat nicht den Mut, zu reisen
sei cattiva	du bist schlimm / böse!
perché mi prendi in giro?	warum nimmst du mich auf den Arm?
prendere in giro	auf den Arm nehmen
mi	«mich» und «mir»
non possiamo fare un viaggio così lungo da soli	wir können eine so lange Reise nicht allein machen
da solo	allein, selbständig
non voglio perdere l'occasione	ich will nicht die Gelegenheit versäumen
di visitare quei paesi	jene Länder zu besichtigen
quel paese – quei paesi (s. L 13)	
l'anno scol**a**stico	das Schuljahr
finisce male	schlecht (bös') endet
non dire sciocchezze	red' keinen Unsinn
dire	sagen
non dire; dica	sag' nicht; sagen Sie
la famiglia di Guglielmo	Wilhelms Familie
i figli	die Kinder (aber auch die Söhne)
sua sorella	seine Schwester
che è già sposata ed ha un bambino	die schon verheiratet ist und ein Baby hat
abitano nella casa dei genitori	sie wohnen im Hause der Eltern
abitare (**a**bito)	wohnen
con loro	mit/bei ihnen
i nonni	die Großeltern
la zia	die Tante
quali sono?	welche sind es?

Lezione nona

Alla stazione di Roma	*Auf dem Bahnhof in Rom*
in treno	*mit* dem Zug
fare i biglietti	die Fahrkarten lösen
la biglietteria	Fahrkartenschalter
il treno *per* Milano	der Zug *nach* Mailand (achten Sie auf *per*, das in dieser Bedeutung nur in Verbindung mit *un treno per Milano, un biglietto per Roma* u.ä., oder bei *partire per Torino* auftritt)
un espresso	ein D-Zug
dieci minuti fa	vor 10 Minuten
un rapido	ein IC-Zug
e poi c'è un altro espresso alle 10.10	und dann ist da noch ein D-Zug um 10^{10}
un supplemento	ein Zuschlag
vero?	nicht wahr?
due biglietti di seconda	2 Fahrkarten zweiter Klasse

andata e ritorno?	hin und zurück?
quant'è? (quanto è)	wieviel macht das?
attenzione!	Achtung!
l'attenzione	die Achtung, Aufmerksamkeit
è in arrivo sul terzo binario	auf Gleis 3 fährt ein
è in partenza dal sesto binario	von Gleis 6 fährt ab
viaggia con 5 minuti di ritardo	(er) hat 5 Minuten Verspätung
il diretto	Eilzug
il treno locale	Personenzug (Nahverkehrszug)
che cosa è accaduto?	was ist passiert/los?
accadere	geschehen
fare la fila	Schlange stehen
ho aspettato per comprare . . .	ich habe gewartet, um . . . zu kaufen
aspettare	warten
intanto	inzwischen, währenddessen
sono andata al bar	ich bin in die Bahnhofsbar gegangen
ho avuto il tempo di bere un caffè	ich habe Zeit gehabt, einen Kaffee zu trinken
che ora è adesso?	wie spät ist es jetzt?
sono le dieci meno venti	es ist 9.40
fra mezz'ora	in einer halben Stunde (*mezzo* im Ital. *ohne* «un/una»)
un facchino	ein Gepäckträger
la valigia	der Koffer
il portabagagli	der Gepäckträger (mit «Portabagagli!» oder auch «Facchino!» ruft man den Gepäckträger herbei.)
eccomi	da bin ich [wörtl.: siehe *mich* da]
dove porto . . .?	wohin soll ich . . . bringen/tragen? [wörtl.: bringe/trage ich]
Alla biglietteria di Milano	*Am Fahrkartenschalter in Mailand*
due adulti e un bambino	zwei Erwachsene und ein Kind
Ufficio Informazioni	Auskunft
cambiare	umsteigen [wörtl.: wechseln]
l'orario	Fahrplan, Uhrzeit
fra l'una e le tre	zwischen 1 und 3 Uhr
il pomeriggio	der Nachmittag
qui ha subito la coincidenza	hier haben Sie sofort Anschluß
durare	dauern
il viaggio **è** durato 2 ore	die Fahrt **hat** 2 Stunden gedauert

10. Lezione decima

Una visita	*Ein Besuch*
vanno a trovare	sie besuchen
andare a trovare = fare una visita	jdn. besuchen (achten Sie darauf, daß «visitare» besichtigen heißt)

hanno suonato?	hat es geklingelt? [wörtl.: haben sie geklingelt?]
credo di sì – credo di no	ich glaube, ja – nein
cr**e**dere	glauben
apri tu la porta!	mach du die Tür auf!
aprire (ho aperto)	öffnen, aufmachen
in cucina	in der Küche
che bella sorpresa	das ist ja 'ne Überraschung! [wörtl.: welch schöne Überraschung!]
entrate!	kommt rein!
guarda chi c'è!	schau mal her, wer da ist!
che bellezza!	ach, wie schön!
la bellezza	die Schönheit
venite avanti!	tretet näher!
perché state sulla porta?	warum bleibt ihr an der Tür(schwelle) stehen?
tutto questo tempo	die ganze Zeit
ho telefonato due o tre volte a casa vostra	ich habe ein paar Mal bei euch zu Hause angerufen
ma *non* ha mai risposto *nessuno*	*aber nie* hat jemand geantwortet
eh già!	das glaube ich!
siamo ritornati appena due giorni fa dalle vacanze	wir sind eben vor 2 Tagen aus dem Urlaub zurückgekehrt
appena	kaum
abbastanza bene	ziemlich gut
io e le bambine	ich und die Mädchen/Kinder
il bambino – la bambina	der kleine Junge – das kleine Mädchen
siamo andate prima in campagna dai miei genitori	wir sind zuerst zu meinen Eltern aufs Land gefahren
e poi, tutti insieme	und dann, alle zusammen
abbiamo passato un paio di settimane	wir haben ein paar Wochen verbracht
raccontate un po' voi delle vostre vacanze	erzählt ihr mal von eurem Urlaub
un po' (un poco)	ein wenig, 'mal
attraverso l'Austria	quer durch Österreich
che bello = che bellezza	
noi non siamo mai stati in Austria	wir sind noch nie in Österreich gewesen
e nemmeno in Germania	und auch nicht in Deutschland
della Svizzera conosciamo poco	von der Schweiz kennen wir wenig
con**o**scere	kennen
con la vostra 600	mit eurem FIAT 600
tre mesi fa	vor drei Monaten
il mese	der Monat
è un'ottima macchina	es ist ein sehr gutes Auto
abbiamo intenzione	wir beabsichtigen
l'intenzione (f.)	die Absicht
smetti di interrompere i nostri amici	hör auf, unsere Freunde zu unterbrechen
sm**e**ttere (ho smesso)	aufhören
interr**o**mpere (ho interrotto)	unterbrechen
quando G. comincia a parlare di ...	wenn G. anfängt, über ... zu sprechen
cominciare	anfangen, beginnen
è sempre lo stesso	es ist immer dasselbe

L. ha ragione	L. hat recht
scusate, eh!	entschuldigt, bitte, ja!
finisci pure il tuo discorso	erzähl' nur zu Ende
il discorso	die Rede
abbiamo fatto un giro	wir haben eine Rundfahrt gemacht
abbiamo trascorso un mese	wir haben einen Monat verbracht
trascorrere = passare	
prima di tutto abbiamo voluto visitare V.	Wien wollten wir zuerst besichtigen
siamo rimasti a Salisburgo	wir sind in Salzburg geblieben
rimanere (sono rimasto)	bleiben
il bosco – i boschi	der Wald
abbiamo girato tutta la costa	wir sind die ganze Küste entlanggefahren
purtroppo	leider
abbiamo fatto una sosta a Davos	wir haben eine Zwischenstation in Davos eingelegt
una sosta	Aufenthalt
siamo rientrati	wir sind zurückgekehrt
sentite!	hört mal!
noi continuiamo a parlare	wir sprechen fortwährend
non vi ho offerto ancora niente	ich habe euch noch nichts angeboten
vi faccio un caffè?	kann ich euch einen Kaffee kochen?
faccio	ich mache
ma forse è già un po' troppo tardi per voi	aber vielleicht ist es schon etwas zu spät für euch, oder?
rimanete ancora un po', vi prego	bitte, bleibt doch noch ein wenig [wörtl.: ich bitte euch!]
metti le tazze	stell die Tassen (auf den Tisch)!
mettere (ho messo)	setzen, legen, stellen
preparare	vorbereiten
ricevere	bekommen, erhalten
restare	bleiben
tornare	zurückkommen

Lezione undicesima

Una lettera da Siena	*Ein Brief aus Siena*
una studentessa austriaca	eine österreichische Studentin
si trova a Siena	befindet sich/ist in Siena
trovarsi	sich befinden
per frequentare un corso d'italiano	um einen Italienischkurs zu besuchen
scrive una lettera ad una sua amica siciliana	sie schreibt einen Brief an eine sizilianische Freundin [von ihr]
scrivere (ho scritto)	schreiben – geschrieben
presso	bei – c/o
luglio	Juli
da dieci giorni	seit 10 Tagen
mi trovo in questa bellissima città	befinde ich mich in dieser wunderschönen Stadt

come sai	wie du weißt
sapere	wissen
all'Università per Stranieri	an der Ausländeruniversität
ti racconto brevemente	ich erzähle dir kurz
mi sono trovata una camera	ich habe [mir] ein Zimmer gefunden
presso una famiglia molto simpatica	bei einer sehr netten Familie
una studentessa inglese	eine englische Studentin
gentili con noi	freundlich zu uns
gentile	freundlich
fanno di tutto per	sie tun alles, um . . . zu
ci troviamo	wir fühlen uns
naturalmente cerchiamo di parlare in italiano il più spesso possibile	natürlich versuchen wir, so oft wie möglich Italienisch zu sprechen
ogni mattina mi alzo verso le 7	jeden Morgen stehe ich gegen 7 auf
alzarsi	aufstehen
faccio colazione	ich frühstücke
mi sono iscritta al corso superiore	ich habe mich für die Oberstufe eingeschrieben
iscriversi (wie scrivere)	sich einschreiben
si è iscritta a quello medio	sie hat sich für den mittleren [Kurs] (die Mittelstufe) eingeschrieben
i nostri professori sono molto bravi	unsere Lehrer sind sehr gut
e rispondono sempre gentilmente alle nostre domande	und antworten immer freundlich auf unsere Fragen
gentilmente	freundlich
la sera usciamo con i nostri compagni di corso	abends (am Abend) gehen wir mit unseren Kommilitonen aus
facciamo delle belle passeggiate	wir machen schöne Spaziergänge
e poi quando ci stanchiamo	und dann, wenn wir müde werden
stancarsi	müde werden
ci sediamo davanti ad un caffè	wir setzen uns vor ein Café
sedersi	sich (hin)setzen
davanti a	vor
ci divertiamo a guardare la gente che passa	wir haben Spaß daran, die Leute zu beobachten, die vorbeigehen
divertirsi a fare qualcosa	sich mit etw. unterhalten, amüsieren; Spaß haben, etwas zu tun
la gente che passa	(im Gegensatz zum Deutschen steht im Italienischen das Verb im Singular, weil «gente» im Singular gebraucht wird)
dopo la malattia	nach der Krankheit
che fate di bello?	was macht ihr Schönes? che = umgangssprachlich, gleichwertig mit «che cosa»: che cosa fate di bello?
che progetti avete?	was habt ihr für Pläne?
se vi decidete ad andare a Roma	wenn ihr euch entschließt, nach Rom zu fahren
decidersi (mi sono deciso/a)	sich entschließen (ich habe mich entschlossen)
perché non fate un salto anche a Siena?	warum kommt ihr nicht auf einen Sprung nach Siena?

per un paio di giorni	für einige Tage
ti chiedo scusa	ich bitte dich um Entschuldigung
se ti scrivo così poco	wenn ich dir so kurz schreibe
esco perché ho un appuntamento	ich gehe aus, weil ich eine Verabredung habe
uno studente di Siena	ein Student aus Siena
vgl. uno studente *di* S.	ein Sieneser Student
una lettera *da* S.	ein Brief (kommt) aus Siena
si chiama	er heißt
chiamarsi	heißen
in attesa di una tua lettera	in Erwartung eines Briefes von Dir
ti saluto affettuosamente	grüße ich dich herzlichst
affettuoso	liebevoll, herzlich
darsi del tu, del Lei	sich duzen, siezen
do, dai, dà, diamo, date, danno del tu	ich duze, du duzt, . . .
i giovani	die jungen Leute
una persona anziana	ein älterer Mensch
una caratteristica	ein Merkmal, etwas Typisches

Lezione dodicesima

Al ristorante	*Im Restaurant*
vanno a pranzo	sie gehen essen
il pranzo	das Mittagessen
c'è un tavolo libero per quattro?	haben Sie einen freien Tisch für vier Personen?
s'accomodino qui, signori!	bitte, meine Herren, nehmen Sie hier Platz!
accomodarsi	Platz nehmen, sich hinsetzen, es sich bequem machen
c'è un po' di corrente, eh!	es zieht aber ein wenig hier, nicht wahr?
la corrente	der Luftzug, Strom
Le dispiace chiudere la finestra?	macht es Ihnen was aus, das Fenster zu schließen?
no, si figuri, signora	nicht im geringsten, keine Ursache
figurarsi	sich vorstellen
ci porti il menù	bringen Sie uns die Karte
eccolo	da ist sie (lo = il menù)
che cosa ci consiglia di buono?	was empfehlen Sie uns Gutes?
come antipasto	als Vorspeise (Vorspeise im italienischen Sinn! Schauen Sie sich die Speisekarte unter § B an: Spaghetti u.ä. sind keine Antipasti)
il pesce	Fisch
mi porti pure un antipastino	bringen Sie mir bitte eine kleine Vorspeise
pure	als Verstärkung zu «mi porti» (schon mal, ruhig mal)
prosciutto con fichi	Schinken mit (frischen) Feigen
niente antipasto	keine Vorspeise

come primo piatto	als erstes Gericht, Gang
un risotto alla milanese	Risotto Mailänder Art (mit Safran, Weißwein)
non mi piace	es gefällt/schmeckt mir nicht
piacere (mi è piaciuto)	gefallen/schmecken (es hat mir gefallen)
le porti	bringen Sie ihr
il pomodoro	Tomate
che le piacciono tanto	(Spaghetti) die ihr so gut schmecken
mezza porzione di tagliatelle alla bolognese	eine halbe Portion Bandnudeln auf Bologneser Art (immer mit Fleischsoße)
i tortelloni alla panna	gefüllte Teigtaschen (etwa Ravioli) in Rahmsoße
per secondo	als zweites Gericht, Gang (Hauptgericht)
permettere (ho permesso)	erlauben
raccomando Loro	ich empfehle Ihnen (= meine Herren)
raccomandare	empfehlen
la frittura di pesce	verschiedene gebackene Fische; gemischte Fischplatte
la carne	das Fleisch
il vitello arrosto che è una nostra specialità	Kalbsbraten, der eine Spezialität von uns ist
qualcosa di leggero	etwas Leichtes
i petti di pollo con patatine arrosto e finocchi al forno	Hühnerbrüstchen mit (im Ofen) gebackenem Fenchel
al forno	(immer im Ofen überbacken)
una fiorentina e un'insalata mista	etwa Rumpsteak und gemischter Salat
gli piace molto	es schmeckt ihm gut (sehr)
se mi garantisce che il pesce è fresco	wenn Sie mir garantieren, daß der Fisch frisch ist
garantire (garantisco)	garantieren
Le assicuro	ich versichere Ihnen
un dolce	Dessert, Kuchen, Süßigkeit im allgemeinen
ti fanno male	sie bekommen dir nicht
vi dico sempre	ich sage euch immer
devo mangiare solo quello che dite voi	ich darf immer nur das essen, was ihr sagt
quello che	(das,) was
da bere	zu trinken
una bottiglia di vino rosso	eine Flasche Rotwein
è il migliore che abbiamo	er ist der beste, den wir haben
una bottiglia di acqua minerale naturale	eine Flasche Mineralwasser ohne Kohlensäure
passami il pane	reich mir das Brot
scusami, tesoro	entschuldige mich, Schatz
un po' d'acqua	etwas Wasser
mi scusi, dottore	entschuldigen Sie [mich, Herr Doktor]
le apra	öffnen Sie ihr
le versi (versare)	schenken Sie ihr ein
guardi che . . .	sinngemäß «aber»; kann auch unübersetzt bleiben
Le cambio subito il piatto	ich bringe Ihnen sofort einen frischen Teller
cambiare	auswechseln, verändern, umtauschen

la frutta, il formaggio	Obst, Käse
un gelato	(Speise)eis

Lezione tredicesima

Turisti a Firenze	*Touristen in Florenz*
in gita	auf einem Ausflug
chiedono ad un passante la strada	sie fragen einen Passanten nach dem Weg
ci sa dire?	können Sie uns sagen?
da qui	von hier
dunque . . .	also . . .
sapete dov'è San Miniato?	wissen Sie [wißt ihr] wo S. M. ist?
non lo sappiamo	wir wissen es nicht
non siamo pratici di F.	wir kennen uns in F. nicht aus
essere pratico di qualcosa	sich mit etwas auskennen
vede quella chiesa sulla collina?	sehen Sie die Kirche da auf dem Hügel?
la vedo	ich sehe sie
quella è la chiesa di S. M.	das da oben ist die Kirche S. M.
lì sotto	da unten
prendete la prima via a sinistra	nehmen Sie die erste Straße links
andate sempre dritto (oder diritto)	gehen Sie immer geradeaus
fino a quel palazzo in fondo alla strada	bis zu dem Palast dort am Ende der Straße
a quell'angolo voltate a destra	an der Ecke dort biegen Sie rechts ein
continuate per Via dei Benci	gehen Sie weiter die Via dei Benci entlang
passate il ponte	überqueren Sie die Brücke
dopo il ponte	nach der Brücke
però mica è vicino, eh!	es ist aber alles andere als nahe!
mica	umgangssprachliche Verstärkung der Negation. Man könnte auch sagen: Però non è (mica) vicino, eh!
conviene	es lohnt sich, es ist besser
forse vi conviene prendere l'autobus	es ist vielleicht besser für Sie, wenn Sie den Bus nehmen
comunque	jedenfalls, auf jeden Fall
è già da mezz'ora che siamo in giro	wir sind schon seit einer halben Stunde unterwegs
stanco	müde
sù, non essere così pigro!	komm, sei nicht so faul!
il panorama	die Aussicht, das Panorama
tutta la città	die ganze Stadt
hai la guida con te	hast du den Stadtführer dabei [bei dir] (Stadtführer etwa wie Baedeker u. ä., kein Stadtplan = la pianta della città)
la tengo nella borsetta	ich habe ihn in der Tasche
tenere	haben, halten
tirala fuori	hol' ihn raus
che cosa dice di tutti quei palazzi	was er über all die Paläste dort sagt
li riconosci?	erkennst du sie (i palazzi) wieder?
riconoscere	wiedererkennen

quello è Palazzo Pitti	der dort ist der P. P.
quegli altri due	die beiden anderen
questo parco con tutti quegli alberi	die Parkanlagen mit all den Bäumen
vogliamo fare alcune fotografie?	wollen wir ein paar Fotos machen?
facciamole!	machen wir sie! (le fotografie)
mettiti lì, vicino a quelle piante	stell dich da hin, neben die Pflanzen
chiediamo a qualcuno di fotografarci insieme	fragen wir jemanden, ob er uns beide zusammen fotografiert
senta, può farci un paio di fotografie?	entschuldigen Sie bitte, können Sie uns fotografieren?
senz'altro	aber gern, ohne weiteres, natürlich
la macchina fotografica	die Kamera
complicato	kompliziert
mettetevi vicino a quei bei fiori!	stellen Sie sich neben die schönen Blumen dort!
ci prende bene tutti e due?	sind wir beide gut drauf?
si metta più vicino a Suo marito	stellen Sie sich etwas näher zu Ihrem Mann
posso scattare?	darf ich knipsen?

Lezione quattordicesima

Andiamo a fare la spesa?	*Gehen wir einkaufen?*
fare la spesa	einkaufen, Einkäufe machen
se vuole accompagnarla	ob sie (Karin) sie (Frau A.) begleiten möchte
in un negozio di generi alimentari	in einem Lebensmittelgeschäft
un commesso	ein Verkäufer
la serve molto bene	er bedient sie sehr gut
viene anche Lei?	kommen Sie mit?
venga	kommen Sie!
Le faccio vedere	ich zeige Ihnen
far vedere	zeigen
il mercato	der Markt
mi servono alcune cosette	ich brauche ein paar Kleinigkeiten
nel reparto biancheria	in der Wäscheabteilung
nel = in + il	in dem / der
della carta da lettere	Briefpapier
la Standa	bekanntes Kaufhaus (wie Karstadt u. ä.)
lì trova tutto quello che Le serve	dort finden Sie alles, was Sie brauchen
fra mezz'ora credo di avere sbrigato tutto	ich nehme an, daß ich in einer halben Stunde alles erledigt habe
sbrigare	erledigen, beenden
che cosa Le do oggi?	was darf ich Ihnen heute geben?
mi dia prima di tutto	geben Sie mir zuerst
un chilo di riso	ein Kilo Reis
un pacco di spaghetti numero 5	eine Packung Spaghetti Nummer 5 (von Nummer 3 = sehr dünn bis 7 = sehr dick)
mi serve anche del formaggio	ich brauche auch Käse
a quanto va il parmigiano	wieviel kostet der Parmesankäse
(andare *hier* = costare)	

a 7.500 al chilo	7.500 Lire das Kg.
parmigiano reggiano di prima qualità	Parmesan erster Qualität (Parmesankäse ist qualitativ sehr unterschiedlich; die Qualität hängt u. a. von der Lagerzeit ab; der beste Parmesan muß (gesetzlich) das Gütezeichen «Parmigiano Reggiano» tragen)
quanto ne vuole	wieviel möchten Sie (davon) haben?
due etti mi bastano	200 gr. genügen mir
ha dell'uva?	haben Sie Weintrauben?
l'uva (Singular, feminin)	die Weintrauben
non ne abbiamo più	wir haben keine mehr
delle ottime mele	ausgezeichnete Äpfel
la mela	der Apfel
mi dia qualche mela	geben Sie mir ein paar Äpfel
qualche mela = alcune mele	
in tutto	insgesamt
sei uova fresche	6 frische Eier
l'uovo (Maskulinum im Singular)	das Ei
le uova (Femininum im Plural)	die Eier
non dimentica nient'altro?	brauchen Sie sonst nichts?
dimenticare	vergessen
zucchero, olio	Zucker, Öl
in casa ne ho abbastanza	zu Hause habe ich genug (davon)
un litro	ein Liter
s'accomodi alla cassa	bezahlen Sie bitte an der Kasse [begeben Sie sich bitte an die Kasse]
Le metto tutto assieme?	soll ich alles zusammenpacken?
assieme = insieme	
mi metta la roba in due sportine	packen Sie mir bitte die Sachen in 2 Tüten
la mia amica mi aiuta a portarle	meine Freundin hilft mir, sie (= le sportine) zu tragen
aiutare a portare	helfen zu tragen
aiutare qualcuno	jdm. helfen (im Italienischen *jdn.* helfen)

Lezione quindicesima

All'Arena di Verona	*In der Arena von Verona*
accompagnati da una guida turistica	begleitet von einem Führer
questa famosa costruzione che Loro vedono	dieser berühmte Bau, den Sie sehen
è uno degli anfiteatri più antichi del mondo romano	ist eines der ältesten Amphitheater der (alt)römischen Welt
è stato costruito nel primo secolo d. C.	es wurde im I. Jh. n. Chr. erbaut
pensate che può contenere 25.000 spettatori	stellen Sie sich vor, daß darin 25.000 Zuschauer Platz haben
pensate che . . .	denken Sie, daß (er sagt nicht *pensino* che . . .; der Führer wechselt in der Anrede von der 3. Person Plural – *Loro vedono* – zur 2. Pers. Plural)

caspita	Ausruf (etwa: Donnerwetter, meine Güte!)
è uno dei teatri più importanti per l'opera lirica	es ist eins der wichtigsten Theater für Opernaufführungen
la stagione d'opera	die Opernsaison
nei mesi di luglio e agosto	in den Monaten Juli und August
già dal 1913	bereits seit 1913
la prima opera che hanno dato	die erste Oper, die aufgeführt wurde [die man gegeben hat]
da allora è il pezzo forte dell'A.	seitdem ist sie das «Glanzstück» der Arena
il pezzo	das Stück
stasera danno l'Aida	heute abend wird die Aida gegeben
la rappresentazione	die Aufführung
credo di sì	ich glaube schon
lo chieda alla cassa dell'ingresso centrale	fragen Sie an der Kasse des Haupteingangs
la visita è finita	die Führung ist beendet
escano di qua	gehen Sie hier durch
solo in gradinata	nur auf den Stufen
abbiamo avuto fortuna	wir haben Glück gehabt
davvero = proprio = veramente	wirklich
siamo un po' lontani dal palcoscenico	wir sind etwas weit weg von der Bühne
ma si sente bene lo stesso	aber man hört trotzdem gut
che bella voce ha il baritono	was für eine schöne Stimme hat der Bariton
il soprano che fa la parte di Aida	der Sopran, der die Partie der Aida singt
il tenore è uno spagnolo	der Tenor ist ein Spanier
anche gli altri cantano benissimo	auch die anderen singen gut
il programma	das Programm
durante la pausa	während der Pause
successo trionfale	Riesenerfolg
ieri sera	gestern Abend
grandi applausi per i cantanti, per l'orchestra diretta da R.M. e per la meravigliosa scenografia	großer Beifall für die Sänger, für das Orchester, das R.M. dirigierte, und für das herrliche Bühnenbild

Lezione sedicesima

Ferragosto al mare	*«Ferragosto» am Meer*
Ferragosto	allgemeine Betriebsferien in den Tagen vom 14.–15. August [wörtl.: *Ferie di agosto* = Augustferien]
nei giorni di Ferragosto	in den Tagen des Ferragosto
queste tre giornate	diese drei Tage
la giornata	der Tagesablauf, der ganze Tag
sulla costa adriatica	an der Adria, an der Küste des adriatischen Meeres
sulla (aus su + la)	
sotto un ombrellone	unter einem Sonnenschirm
mentre suo marito fa il bagno	während ihr Mann badet
fare il bagno	baden

che gran folla che c'è!	so ein Menschenandrang!
gran = grande	
e nemmeno una sedia a sdraio vuota	und kein einziger Liegestuhl ist frei
tutta la gente	all die Leute
che è venuta dalle città e dai paesi vicini	die aus den benachbarten Städten und Dörfern gekommen sind
diciamo di restare a casa	nehmen wir uns vor, zu Hause zu bleiben
quando vediamo che la città si svuota	wenn wir sehen, daß die Stadt leer wird
anche a noi viene la voglia di partire	bekommen auch wir Lust, wegzufahren
quasi tutti i negozi sono chiusi	fast alle Geschäfte sind geschlossen
con il caldo che fa	bei dieser Hitze
fa caldo	es ist warm, heiß
al mare è sempre meglio che in città	am Meer ist es immer besser als in der Stadt
anche se il sole brucia come oggi	auch wenn die Sonne so wie heute sticht/brennt
qui non c'è mai il gran caldo della città	hier ist es nie so heiß wie in der Stadt
l'unico svantaggio è che c'è un po' di confusione	der einzige Nachteil ist, daß es etwas laut ist
giù, al Sud	unten, im Süden
non conviene fare un viaggio così lungo	es lohnt sich nicht, eine so lange Reise zu machen
è andato in Puglia	er ist nach Apulien gefahren
lì le spiagge sono tranquillissime	dort sind die Strände überaus ruhig
dice che non c'è anima viva	er sagt, daß dort keine Menschenseele ist
a me la confusione non piace	mir gefällt das Gedränge/der Trubel nicht
però nemmeno la tranquillità assoluta	aber auch nicht die absolute Ruhe
a me piace sempre vedere un po'di gente intorno a me	ich habe es immer gern, wenn Leute um mich herum sind
eccolo là	da ist er doch
adesso li vedo	jetzt sehe ich sie
ha un costume giallo e verde	(sie) hat einen gelb-grünen Badeanzug
G. è quello con il salvagente tutto colorato	G. ist der mit dem bunten Rettungsring
sa nuotare Suo marito?	kann Ihr Mann schwimmen?
imparano adesso	(sie) lernen gerade
se non si mangia qui il pesce che è fresco	wenn man Fisch nicht hier ißt, wo er frisch ist
aspetto finché i miei escono dall'acqua	ich warte, bis meine Familie aus dem Wasser kommt
oggi pomeriggio	heute nachmittag
un giro in barca	eine Bootsfahrt
se il mare è calmo	wenn das Meer ruhig ist
ben volentieri	recht, sehr gerne
ben = bene	
buon appetito	guten Appetit
grazie, altrettanto	danke, ebenfalls
la periferia	Stadtrand
il problema	das Problem
tutto esaurito	alles besetzt/ausverkauft
l'Italia cittadina	das Italien der Großstädte

Lezione diciassettesima

Dal medico	*Beim Arzt*
guidare	fahren, ein Fahrzeug führen
vuole andare dal medico	er will zum Arzt gehen
riceve in ambulatorio	er hält Sprechstunde
il lunedì, il giovedì, il sabato	Montag, Donnerstag und Sonnabend
il martedì, il mercoledì e il venerdì	Dienstag, Mittwoch und Freitag
ha già preso un appuntamento per telefono	(er) hat schon telefonisch einen Termin vereinbart
ho bisogno di una visita	bitte untersuchen Sie mich
che disturbi ha?	was fehlt Ihnen?
il disturbo	die Störung, die Beschwerde
mi sento poco bene	ich fühle mich nicht wohl
ho spesso mal di testa	ich habe oft Kopfschmerzen
mal = male	
le gambe mi fanno male	die Beine tun mir weh
ho degli strani dolori in tutto il corpo	ich habe merkwürdige Schmerzen im ganzen Körper
la notte dormo poco	nachts schlafe ich wenig
e non mi va di mangiare	ich habe keinen Appetit
non mi va di	ich mag nicht, mir gefällt es nicht
mi sento sempre stanco	ich fühle mich immer müde
già di mattina	schon in der Frühe
si spogli	ziehen Sie sich aus
spogliarsi	sich ausziehen
così La visito meglio	so kann ich Sie besser untersuchen
devo togliermi anche la maglietta?	soll ich auch das Unterhemd ausziehen?
togliersi (mi sono tolto)	ausziehen, wegnehmen
è meglio	es ist besser
ha febbre?	haben Sie Fieber?
un pochino, la sera	ein bißchen, am Abend
ha avuto malattie gravi in passato?	haben Sie früher schwere Krankheiten gehabt?
da bambino	als Kind
le solite malattie	die üblichen Krankheiten
niente di particolare	nichts Besonderes
non si preoccupi	machen Sie sich keine Gedanken
niente di grave	nichts Schlimmes
è solo un po' d'influenza	es ist nur eine leichte Grippe
deve solo cercare di riposarsi	Sie müssen sich nur ein wenig ausruhen
perché è un po' affaticato	weil Sie etwas übermüdet sind
la gola che è un po' arrossata	der Hals, der etwas gerötet ist
Le fa male qui?	tut es Ihnen hier weh?
mal di gola	Halsschmerzen
cerchi di smettere o almeno di fumare meno	versuchen Sie, das Rauchen aufzugeben oder wenigstens weniger zu rauchen
è una parola	das ist leicht gesagt
ho già provato tante volte	ich hab es schon so häufig versucht
prenda le medicine che Le segno sulla ricetta	nehmen Sie die Medikamente, die ich Ihnen auf dem Rezept aufschreibe

queste pastiglie tre volte al giorno dopo i pasti	diese Tabletten, 3 × am Tag, nach den Mahlzeiten
metta 15 di queste gocce in un bicchiere con un po' d'acqua	geben Sie 15 von diesen Tropfen in ein Glas mit etwas Wasser
faccia dei gargarismi	gurgeln Sie
se proprio non può dormire	wenn Sie wirklich nicht schlafen können
prenda una di queste capsule	nehmen Sie eine von diesen Kapseln
prima di andare a letto	vor dem Zubettgehen
cerchi soprattutto di riposarsi	versuchen Sie vor allem, sich auszuruhen
Le auguro una buona guarigione	ich wünsche Ihnen gute Besserung
augurare	jdm. etwas wünschen
desiderare	wünschen, im Sinne von sich etw. wünschen
in farmacia	in der Apotheke
pastiglie di vitamina	Vitamintabletten
non fanno male né allo stomaco né al fegato	sie schaden weder dem Magen noch der Leber
non . . . né . . . né	weder . . . noch (mit doppelter Verneinung!)
la prima la può prendere anche solo con il caffè	die erste können Sie auch bloß mit dem Morgenkaffee einnehmen

Lezione diciottesima

Un invito a cena	*Eine Einladung zum Abendessen*
chi parla?	wer ist am Apparat?
mi scusi se La disturbo	entschuldigen Sie, wenn ich Sie störe
disturbare	stören
non mi disturba affatto	Sie stören mich überhaupt nicht
da quando abitiamo qui in campagna	seitdem wir hier auf dem Lande wohnen
io vorrei invitarLa assieme a Suo marito e a Sua figlia	ich möchte Sie zusammen mit Ihrem Mann und Ihrer Tochter einladen
La ringrazio tanto	ich danke Ihnen vielmals
ringraziare qualcuno	danken + Akkusativ
non so darLe una risposta definitiva	ich kann Ihnen keine endgültige Antwort geben
potrei ritelefonarLe più tardi?	dürfte ich Sie später nochmals anrufen?
mi raccomando, cerchi di venire	versuchen Sie zu kommen, ich bitte Sie sehr darum
ci farebbe un gran piacere passare una serata in Sua compagnia	es würde uns riesig freuen, einen Abend in Ihrer Gesellschaft zu verbringen
la serata	der Abend in seinem Verlauf, der ganze Abend
mio marito stasera ha un impegno di lavoro	mein Mann hat heute Abend eine berufliche Verpflichtung
La prega di volerlo scusare	er bittet Sie darum, ihn entschuldigen zu wollen
siamo liete di accettare il Suo invito	wir freuen uns, Ihre Einladung anzunehmen
lieto	froh

Le aspettiamo per le otto	wir erwarten Sie (Sie und Ihre Tochter) gegen 8 Uhr
la Sua nuova casa non l'ho mai vista	Ihr neues Haus habe ich noch nicht gesehen
grazie di nuovo per l'invito	noch einmal vielen Dank für die Einladung

Lezione diciannovesima

Dal parrucchiere	*Beim Friseur*
la parrucchiera	die Friseuse
decide di andare dal parrucchiere	beschließt, zum Friseur zu gehen
decidere di (ho deciso di)	beschließen
decidersi a (mi sono deciso a)	sich entschließen
posso fermarmi per una piega o c'è molto da aspettare	kann ich hier bleiben zum Waschen und Einlegen oder dauerts noch lange?
la piega	die Falte
la piega steht für «messimpiega»	die Wasserwelle
fra due minuti tocca a Lei	in zwei Minuten sind Sie dran
tocca a me, a te, a lui . . .	ich bin, du bist, er ist . . . dran
toccare	berühren
si metta in questa poltrona che è più comoda	setzen Sie sich in diesen Sessel, der bequemer ist
vuole qualcosa da leggere?	möchten Sie was zu lesen haben?
l'ho già letta	ich habe sie (die Zeitschrift) schon gelesen
non ne ha una più recente?	haben Sie nicht eine neuere?
è un po' più interessante delle altre	sie ist etwas interessanter als die anderen
che pettinatura desidera?	was für eine Frisur möchten Sie?
mah . . . non so	ich weiß nicht
una pettinatura così, tutta ricci, mi piacerebbe molto	so eine ganz lockige Frisur würde mir zusagen
i ricci	die Locken
ma chissà se è adatta a me!	aber ob sie mir steht, weiß ich nicht
sono sicuro che Le sta bene	ich bin sicher, daß sie Ihnen gut steht
solo che i Suoi capelli non sono così lunghi come questi	bloß sind Ihre Haare nicht so lang wie diese
devo tagliarLe le punte perché sono deboli	ich muß Ihnen die Spitzen schneiden, weil sie gespalten sind
tagliare	schneiden
debole	schwach
io mi metto nelle Sue mani	ich überlasse das Ihnen [wörtl.: begebe mich in Ihre Hände]
la mano – le mani	
mi fa anche più giovane questa pettinatura	diese Frisur macht mich auch jünger
non Le sembra?	meinen Sie nicht auch?
sembrare	scheinen, erscheinen, aussehen
Lei non ha bisogno di sembrare più giovane	Sie haben es nicht nötig, jünger auszusehen

quanto Le devo	wieviel / was schulde ich Ihnen?
il taglio	der Schnitt
ecco a Lei!	hier haben Sie es!
dia la mancia	geben Sie das Trinkgeld
che mi ha lavato i capelli	die mir die Haare gewaschen hat
Dal barbiere	*Beim Herrenfriseur*
mi faccia prima uno shampo	zuerst bitte waschen
i capelli come li vuole tagliati?	wie möchten Sie die Haare geschnitten haben?
li accorci soprattutto dietro e ai lati	schneiden Sie sie vor allem hinten und an den Seiten kürzer
accorciare	kürzen
li pettini all'indietro, senza riga	kämmen Sie sie nach hinten und ohne Scheitel
pettinare	kämmen

Lezione ventesima

A Roma in tram	*Mit der Straßenbahn durch Rom*
Castel Sant'Angelo	die Engelsburg
il castello	das Schloß, die Burg
può avvertirmi Lei quando devo scendere	können Sie mir sagen, wann ich aussteigen muß
avvertire	benachrichtigen, aufmerksam machen
è la quinta fermata	es ist die fünfte Haltestelle
così almeno dice la maggior parte dei turisti che l'ha visitata	so sagen wenigstens die meisten Touristen, die sie besichtigt haben
la maggior parte	der größte Teil
maggior = maggiore	größer und der/die/das größte
così piena di vita	so lebhaft, voller Leben
ha fatto bene a venire	Sie haben gut daran getan, zu kommen
la primavera è il periodo migliore	der Frühling ist die beste Zeit
la prossima fermata è la Sua	die nächste ist Ihre Haltestelle
buon divertimento	viel Spaß
con la massima velocità	schnellstens
massimo	sehr groß
la velocità	die Geschwindigkeit
dovrei ancora fare il biglietto	ich müßte noch die Fahrkarte lösen
riusciamo ad arrivare	es gelingt uns anzukommen, wir schaffen es . . .
riuscire	gelingen, es schaffen
sia prudente	seien Sie vorsichtig
non abbia paura	haben Sie keine Angst
i tassisti romani	die römischen Taxifahrer
anche quelli di Milano	auch die von Mailand
eccoci arrivati	da sind wir! angekommen!
prima di partire	vor der Abreise, bevor Sie abreisen
complimenti!	Mein Kompliment! Alle Achtung!
ecco, tenga!	hier, nehmen Sie!

il resto è per Lei	der Rest ist für Sie
Il problema del centro storico	*Das Problem der Altstadt*
monumento nazionale	(Gebäude) unter Denkmalschutz
il vantaggio	der Vorteil
il turismo	Fremdenverkehr
la ricchezza art**i**stica	der Kunstreichtum
l'ind**u**stria	die Industrie
salvare	retten
la zona pedonale	die Fußgängerzone
il tr**a**ffico	der Verkehr
con un permesso speciale	mit Sondererlaubnis
il progresso	der Fortschritt

Übungsanweisungen

L 1	Fate la conversazione secondo il modello	Führen Sie das Gespräch nach dem Muster
	Rispondete	Antworten Sie
	Fate le domande e rispondete	Stellen Sie die Fragen und antworten Sie
	Completate con . . .	Ergänzen Sie mit . . .
L 2	Intervistate	Interviewen Sie
	Domandate l'indicazione della strada o dell'albergo	Fragen Sie nach der Straße oder nach dem Hotel
	Scegliete la risposta	Wählen Sie die Antwort aus
L 3	Domande al testo	Fragen zum Text
L 5	Parlate di Venezia	Sprechen Sie über Venedig
L 6	Leggete la conversazione e rispondete alla domanda	Lesen Sie das Gespräch und antworten Sie auf die Frage
	Completate le seguenti frasi	Ergänzen Sie die folgenden Sätze
	Fate le domande e usate «che cosa» o «dove»	Stellen Sie die Fragen unter Verwendung von «che cosa» oder «dove»
L 7	come sopra	wie oben
	Trasformate secondo il modello	Wandeln Sie nach dem Muster um
	Dite il numero successivo	Sagen Sie die nächstfolgende Zahl
L 8	Fate una frase secondo il modello	Bilden Sie einen Satz nach dem Muster
L 9	Formate le frasi	Stellen Sie Sätze zusammen
L 10	Cambiate le frasi in senso contrario	Verwandeln Sie die Sätze ins Gegenteil
	Scegliete la risposta adatta	Wählen Sie die zutreffende Antwort aus
L 19	Si parla dei vantaggi e degli svantaggi	Man spricht über die Vor- und Nachteile
L 20	Che cosa conviene fare in questi casi?	Wie verhält man sich am besten in den folgenden Fällen?
	Date una definizione	Definieren Sie

Wortschatzregister

Lösungen zu den Übungen

Lezione prima

a. Sì, sono . . . **b.** No, non sono . . . **c.** Sì, sono . . . **d.** No, non sono . . . **e.** No, non sono . . . **f.** Sì, sono . . . **g.** Sì, sono . . . **h.** No, non sono . . . **i.** No, non sono . . . **C1**

a. È solo, signor Mancuso? – No, anche mia moglie è qui. **b.** È sola, signora Mancuso? – No, anche mio marito è qui. **c.** È sola, signora Rossi? – No, anche mio marito è qui. **d.** È solo, ingegnere? – No, anche mia moglie è qui. **e.** È solo, signor Cinquetti? – No, anche mia moglie è qui. **f.** È solo, dottore? – No, anche mia moglie è qui. **C2**

a. Come sta, signor Mancuso? – Non c'è male, ma sono molto occupato. **b.** Come sta il signor Mancuso? – Non c'è male, ma è molto occupato. **c.** Come sta la signorina Verdi? – Non c'è male, ma è molto occupata. **d.** Come sta, signora Mancuso? – Non c'è male, ma sono molto occupata. **e.** Come sta, signor Cinquetti? – Non c'è male, ma sono molto occupato. **f.** Come sta il professor Rossi? – Non c'è male, ma è molto occupato. **g.** Come sta, professore? – Non c'è male, ma sono molto occupato. **h.** Come sta la signora Rossi? – Non c'è male, ma è molto occupata. **i.** Come sta, signorina Cinti? – Non c'è male, ma sono molto occupata. **D1**

a. sono, sono **b.** è, è **c.** è, sono **d.** sono **e.** è **f.** È, sono **g.** È, sono, è **h.** sono, sono **i.** è. **D2**

a. sta **b.** sta **c.** sta, sto **d.** sta, sta **e.** sta, sta **f.** sta, sto. **E1**

a. Sì, sto . . . **b.** No, non sta . . . **c.** No, non sto . . . **d.** No, non sto . . . **e.** Sì, sta . . . **f.** Sì, sto **E2**

a. Sono molto occupata. **b.** È molto occupata. **c.** È molto occupato. **d.** Sono molto occupato. **e.** Sono molto occupata. **f.** È molto occupata. **E3**

a. mio marito/occupato **b.** mia moglie/occupata **c.** mia moglie/occupata **d.** mio marito/occupato **e.** mio marito/occupato **f.** mia moglie/occupata **E4**

a. è, sono, è, sono, è **b.** sei, sono, sei, sono, è **c.** siete, siamo, siete, siamo, sono **d.** – Buon giorno, signor Cinquetti! – Buon giorno, signor Mancuso! Buon giorno, signora Mancuso! Come mai siete a Venezia? – Siamo qui per la Biennale. – Siete soli? – No, non siamo soli, anche i Rossi sono qui. **F1**

a. No, non sono solo. **b.** Sì, siamo pronti. **c.** Sì, sono molto occupato. **d.** No, non siamo contenti dell'albergo. **e.** No, non siamo pronti. **f.** Sì, sono contenta dell'albergo. **g.** No, non siamo molto occupati. **h.** No, non sono pronta. **F2**

G **a.** R: solo. D: È solo il signor Mancuso? **b.** R: occupato. D: È molto occupato il signor Cinquetti? **c.** R: contenti. D: Sono contenti dell'albergo i Mancuso? **d.** R: contenta. D: È contenta dell'albergo la signora Mancuso. **e.** R: sola. D: È sola la signora Rossi? **f.** R: comodo. D: È comodo l'albergo? **g.** R: occupati. D: Sono molto occupati i Cinquetti? **h.** R: pronta. D: È pronta Giulietta? **i.** R: piccolo. D: È piccolo l'albergo?

H **a.** I, il **b.** la, l' **c.** la **d.** l' **e.** I **f.** il.

I **a.** a **b.** al, di, per **c.** a **d.** a, per **e.** a, per **f.** dell' **g.** a, a **h.** a, alla **i.** alla.

Lezione seconda

C **a.** il **b.** la **c.** un **d.** una **e.** la, una **f.** il **g.** un **h.** una.

D1 **a.** Qual è la Sua professione, signor Mancuso? (ingegnere) – Sono ingegnere. **b.** Qual è la Sua professione, signora Mancuso? (professoressa) – Sono professoressa. **c.** Qual è la Sua professione, signorina? (giornalista) – Sono giornalista. **d.** Qual è la Sua professione, signor Cinquetti? (professore) – Sono professore. **e.** Qual è la Sua professione, signor Rossi? (dottore) – Sono dottore. **f.** Qual è la Sua professione, signorina Verdi? (dottoressa) – Sono dottoressa. **g.** Qual è la Sua professione, signora Govoni? (casalinga) – Sono casalinga. **h.** Qual è la Sua professione, signor Govoni? (impiegato) – Sono impiegato.

D2 **b.** Il Suo nome, per favore! – Qual è la Sua professione? – Sono . . . – È . . . a Venezia? – No, sono qui con . . . **c.** – Il Suo nome, per favore! – Qual è la Sua professione? – Sono . . . – È solo a Venezia? – No, sono qui con mia moglie. **d.** – Il Suo nome, per favore! – Qual è la Sua professione? – Sono . . . – È sola a Venezia? – No, sono qui con mio marito. **e.** – Il Suo nome, per favore! – Qual è la Sua professione? – Sono . . . – È sola a Venezia? – No, sono qui con mio marito. **f.** – Il Suo nome, per favore! – Qual è la Sua professione? – Sono . . . – È solo a Venezia? – No, sono qui con mia moglie.

E **a.** Dov'è l'ingegnere? (a Venezia) – È a Venezia. **b.** Dove sono i Mancuso? (alla Biennale) – Sono alla Biennale. **c.** Dov'è la giornalista? (a Venezia) – È a Venezia. **d.** Dov'è il turista? (al Lido di Venezia) – È al Lido di Venezia. **e.** Dov'è il signor Mancuso? (qui per affari) – È qui per affari. **f.** Dov'è la signora Mancuso? (a Venezia con suo marito) – È a Venezia con suo marito. **g.** Dove sono i Mancuso? (a Venezia per vedere la Biennale) – Sono a Venezia per vedere la Biennale.

F1 **a.** È di Napoli. **b.** È di Roma. **c.** È di qui. **d.** È di Milano. **e.** È di qui.

F2 **c.** – Di dov'è professore? – Sono di qui. – E Sua moglie di dov'è? – Anche lei è di qui. **d.** – Di dov'è, signora? – Sono di Roma. – E Suo marito di dov'è? – Anche lui è di Roma. **e.** – Di dov'è, signora? – Sono di Milano. – E Suo marito di dov'è? – Anche lui è di Milano. **f.** – Di dov'è, dottore? – Sono di Torino. – E Sua moglie di dov'è? – Anche lei è di Torino.

F3 **b.** Dov'è l'albergo Colli Albani, per piacere? **c.** Dov'è la via Cuccagna, per piacere? **d.** Dov'è l'albergo Cervino, per piacere? **e.** Dov'è la via Circo Massimo, per piacere? **f.** Dov'è l'albergo Cherasco, per piacere? **g.** Dov'è la via Chianti, per piacere? **h.** Dov'è l'albergo Cialente, per piacere? **i.** Dov'è la via Ciociaria, per piacere? **l.** Dov'è l'albergo Ciurlo, per piacere?

il signor Mancuso – Perché vorrebbe vedere la Biennale con sua moglie. **G1**
la signora Mancuso – Perché vorrebbe vedere Venezia con suo marito.
la giornalista – Perché vorrebbe intervistare i Mancuso.
il signor Cinquetti – Perché vorrebbe incontrare il signor Mancuso.

a. Perché è a Venezia, ingegnere? (per affari) – Sono qui per affari. **b.** Perché è a Venezia, signora? (come turista) – Sono qui come turista. **c.** Perché è a Venezia, signor Mancuso? (per una visita) – Sono qui per una visita. **d.** Perché è a Venezia, signorina? (per un'intervista) – Sono qui per un'intervista. **e.** Perché è a Venezia, signora Mancuso? (per vedere la Biennale) – Sono qui per vedere la Biennale. **f.** Perché è a Venezia, signor Cinquetti? (per incontrare i Mancuso) – Sono qui per incontrare i Mancuso. **G2**

a. Sì, sono qui per affari. **b.** Sì, siamo qui per vedere la Biennale. **c.** Sì, è qui per una visita. **d.** Sì, sono qui come turista. **e.** Sì, sono qui per affari. **f.** Sì, è qui per vedere Venezia. **g.** Sì, sono qui con mia moglie. **G3**

a. l', un **b.** il, un **c.** la, una **d.** un' **e.** il, un **f.** una **g.** un **h.** l', un. **H**

Lezione terza

a. un **b.** un **c.** una **d.** un. **C1**

a. È un mio collega di Berlino. **b.** È una mia collega di Roma. **c.** È un mio collega di Bonn. **d.** È una mia collega di Napoli. **e.** È un mio collega di Milano. **f.** È un mio collega di Brema. **g.** È una mia collega di Venezia. **h.** È una mia collega di Torino. **C2**

a. . . ., è un Suo . . . **b.** . . ., è una Sua . . . **c.** . . ., è un Suo . . . **d.** . . ., è un Suo . . . **e.** . . ., è una Sua . . . **f.** . . ., è un Suo . . . **g.** . . ., è una Sua . . . **h.** . . ., è una Sua **C3**

a. Prendiamo un caffè! **b.** Prendiamo un'aranciata! **c.** Prendiamo una spremuta d'arancia! **d.** Prendiamo un espresso! **e.** Prendiamo un cappuccino! **f.** Prendiamo un aperitivo! **D1**

a. . . ., preferisco un cappuccino. **b.** . . ., preferisco un caffè. **c.** . . ., preferisco un espresso. **d.** . . ., preferisco una spremuta d'arancia. **e.** . . ., preferisco un'aranciata. **f.** . . ., preferisco una spremuta d'arancia. **g.** . . ., preferisco un espresso. **D2**

a. buonissima **b.** buonissimo **c.** buonissimo **d.** buonissima **e.** buonissimo **f.** buonissimo. **E1**

a. La mia non è molto buona. **b.** La mia non è molto buona. **c.** Il mio non è molto buono. **d.** Il mio non è molto buono. **e.** Il mio non è molto buono. **f.** Il mio non è molto buono. **E2**

a. bene **b.** buono **c.** bene **d.** bene **e.** buono **f.** buono **g.** bene. **E3**

a. è **b.** è **c.** ha **d.** è **e.** è **f.** è **g.** ha **h.** è, ha. **F1**

a. Anch'io ho sete. **b.** Anche noi abbiamo sete. **c.** Anch'io ho sete. **d.** Anche lui ha sete. **e.** Anch'io ho sete. **f.** Anche loro hanno sete. **g.** Anche lei ha sete. **F2**

a. un caffè/il caffè/buono/due caffè. **b.** un espresso/l'espresso/buono/due espressi. **c.** un'aranciata/l'aranciata/buona/due aranciate. **d.** una spremuta d'arancia/la spremuta **G**

d'arancia/buona/due spremute d'arancia. **e.** un aperitivo/l'aperitivo/buono/due aperitivi. **f.** un cappuccino/il cappuccino/buono/due cappuccini.

H **a.** È a Venezia. **b.** Vado in Italia. **c.** Vado a Milano. **d.** Vado in America. **e.** Siamo a Torino. **f.** Sono a Venezia. **g.** Va a Berlino. **h.** Vado in Germania.

I **a.** Vado al bar. **b.** Va al bar. **c.** Va all'albergo Sabbiadoro. **d.** Vado alla Biennale. **e.** Vado in Germania. **f.** Vado a Napoli. **g.** Va in giro. **h.** Vado al Lido.

Lezione quarta

C1 **a.** Che cosa guardi? (un annuncio) – Guardo un annuncio. **b.** Che cosa compri? (una gonna) – Compro una gonna. **c.** Che cosa prendi? (un caffè) – Prendo un caffè. **d.** Che cosa fumi? (le HB) – Fumo le HB. **e.** Che cosa offri? (un aperitivo) – Offro un aperitivo. **f.** Che cosa vedi? (molta gente) – Vedo molta gente. **g.** Che cosa compri? (un pacchetto di MS) – Compro un pacchetto di MS. **h.** Che cosa preferisci? (un'aranciata) – Preferisco un'aranciata. **i.** Che cosa leggi? (il giornale) – Leggo il giornale.

C2 – Che cosa vogliamo comprare ai Grandi Magazzini? – Io compro un soprabito (una giacca/un vestito/una borsa/uno scialle/una borsetta/uno scialle di lana), e tu? – Io preferisco comprare una gonna (una gonna/uno scialle/uno scialle di lana/un soprabito/un paio di scarpe/una giacca moderna).

D **a.** la **b.** un **c.** la **d.** la **e.** una, una, uno **f.** la, l' **g.** un, un, un **h.** un, la.

E1 **a.** Compri un vestito? – No, qui i vestiti sono cari. **b.** Compri una giacca? – No, qui le giacche sono care. **c.** Compri una borsa? – No, qui le borse sono care. **d.** Compri un abito? – No, qui gli abiti sono cari. **e.** Compri una borsetta? No, qui le borsette sono care. **f.** Compri uno scialle? – No, qui gli scialli sono cari. **g.** Compri una gonna? – No, qui le gonne sono care. **h.** Compri un soprabito? – No, qui i soprabiti sono cari.

E2 **a.** Sì, tutte le gonne sono belle . . . **b.** Sì, tutti gli scialli sono belli . . . **c.** Sì, tutti i vestiti sono moderni . . . **d.** Sì, tutte le giacche sono comode . . . **e.** Sì, tutte le scarpe sono comode . . . **f.** Sì, tutti i soprabiti sono belli . . . **g.** Sì, tutti gli abiti sono moderni . . . **h.** Sì, tutte le giacche sono belle . . . .

E3 **a.** quanti vestiti/tutti moderni **b.** quante giacche/tutte comode **c.** quante gonne/tutte belle **d.** quanti soprabiti/tutti moderni **e.** quanti abiti/tutti comodi **f.** quanti scialli/tutti belli **g.** quante scarpe/tutte comode.

F1 **a.** molti, interessanti **b.** grande, moderni, eleganti, eccezionali **c.** nuovo, nuova **d.** grandi, molte, moderne, eleganti, comode **e.** queste, molto, belle, eccezionale **f.** tutte, nuova, interessante **g.** tanti.

F2 **a.** Com'è questo giornale? (interessante) – È molto interessante. **b.** Come sono questi giornali? (interessante) – Sono molto interessanti. **c.** Come sono questi scialli? (bello) – Sono molto belli. **d.** Com'è questa macchina? (veloce) – È molto veloce. **e.** Come sono questi vini? (buono) – Sono molto buoni. **f.** Com'è questo albergo? (grande) – È molto grande. **g.** Come sono questi magazzini? (grande) – Sono molto grandi. **h.** Come sono queste scarpe? (elegante) – Sono molto eleganti. **i.** Come sono queste gonne? (pratico) – – Sono molto pratiche. **l.** Com'è questa giacca? (comodo) – E molto comoda. **m.** Come sono questi alberghi? (elegante) – Sono molto eleganti. **n.** Com'è questo annuncio? (interessante) – È molto interessante. **o.** Com'è questo soprabito? (elegante) – È molto elegante. **p.** Come sono questi abiti? (moderno) – Sono molto moderni. **q.** Come sono queste macchine? (veloce) – Sono molto veloci.

a. una giacca/questa/bella/cara **b.** una gonna/questa/pratica/cara **c.** una gonna di lana/ questa/comoda/cara **d.** una borsetta/questa/elegante/cara **e.** un vestito di jersey/questo/ elegante/ caro **f.** una borsa/questa/grande e comoda/cara. **F3**

a. Leggi il «Corriere della Sera» anche tu? **b.** Guardi gli annunci anche tu? **c.** Vai ai «Grandi Magazzini» anche tu? **d.** Vai sempre a piedi anche tu? **e.** Compri un paio di scarpe anche tu? **f.** Compri tanti vestiti anche tu? **g.** Preferisci i vestiti di lana anche tu? **h.** Spendi molti soldi anche tu? **i.** Guardi la televisione ogni giorno anche tu? **G1**

a. compro **b.** compri **c.** compra **d.** compra **e.** compriamo **f.** compriamo **g.** compra **h.** compra. **G2**

a. dove **b.** dove **c.** qual **d.** com' **e.** che cosa **f.** come **g.** perché **h.** come **i.** che cosa **l.** qual **m.** perché. **G3**

Lezione quinta

a. Che cosa c'è in Piazzale Roma? (un grande parcheggio) – C'è un grande parcheggio. **b.** Che cosa c'è in Piazzale Roma? (molti parcheggi) – Ci sono molti parcheggi. **c.** Che cosa c'è in Piazzale Roma? (molte macchine) – Ci sono molte macchine. **d.** Che cosa c'è in Piazzale Roma? (molta gente) – C'è molta gente. **e.** Che cosa c'è in Piazzale Roma? (tanti turisti) – Ci sono tanti turisti. **f.** Che cosa c'è in Piazzale Roma? (un grande albergo) – C'è un grande albergo. **g.** Che cosa c'è in Piazzale Roma? (molti venditori) – Ci sono molti venditori. **h.** Che cosa c'è in Piazzale Roma? (i vaporetti) – Ci sono i vaporetti. **i.** Che cosa c'è in Piazzale Roma? (un grande magazzino) – C'è un grande magazzino. **l.** Che cosa c'è in Piazzale Roma? (tanta gente) – C'è tanta gente. **m.** Che cosa c'è in Piazzale Roma? (molti stranieri) – Ci sono molti stranieri. **n.** Che cosa c'è in Piazzale Roma? (un bar elegante) – C'è un bar elegante. **C1**

a. Che cosa c'è di bello a Venezia? (il mare) – A Venezia c'è il mare. **b.** . . . ? (molti palazzi interessanti) – A Venezia ci sono molti palazzi interessanti. **c.** . . . ? (la Biennale) – A Venezia c'è la Biennale. **d.** . . . ? (una buona cucina) – A Venezia c'è una buona cucina. **e.** . . . ? (molti caffè eleganti) – A Venezia ci sono molti caffè eleganti. **f.** . . . ? (la Piazza San Marco) – A Venezia c'è la Piazza San Marco. **g.** . . . ? (molte cose interessanti) – A Venezia ci sono molte cose interessanti. **h.** . . . ? (il Canal Grande) – A Venezia c'è il Canal Grande. **C2**

a. Sì, guarda quanti parcheggi ci sono qui! **b.** Sì, guarda quante cartoline ci sono qui! **c.** Sì, guarda quanti bar ci sono qui! **d.** Sì, guarda quanti giornali ci sono qui! **e.** Sì, guarda quante guide ci sono qui! **f.** Sì, guarda quanti vaporetti ci sono qui! **g.** Sì, guarda quanti alberghi ci sono qui! **C3**

C4 In Piazzale Roma c'è un vaporetto per Piazza S. Marco. A Venezia ci sono stranieri di tutto il mondo. In quest'albergo c'è ancora una camera libera. A destra ci sono molti venditori. ecc...

C5 **a.** sono, sono **b.** c'è **c.** ci sono, c'è **d.** sono, c'è **e.** ci sono **f.** è, ci sono **g.** è, è **h.** ci sono **i.** è **l.** c'è.

D1 **a.** Sì, ci sono proprio molte macchine. **b.** Sì, ci sono proprio molti stranieri. **c.** Sì, ci sono proprio molti parcheggi. **d.** Sì, ci sono proprio molte cartoline. **e.** Sì, ci sono proprio molti turisti. **f.** Sì, c'è proprio molta gente.

D2 **a.** molti, liberi **b.** tanta **c.** quanti, tanti **d.** molti, molti **e.** molto **f.** molta, tanti **g.** tante **h.** quante, interessanti.

E **a.** ... arrivano a Venezia in macchina. **b.** ... trovano un posto per la macchina. **c.** ... lasciano la macchina in un parcheggio. **d.** ... cercano un albergo comodo. **e.** ... incontrano molti stranieri. **f.** ... comprano una guida della città. **g.** ... entrano in un bar. **h.** ... desiderano visitare la città. **i.** ... ammirano i palazzi sul Canal Grande. **l.** ... vanno in giro a piedi.

F1 **a.** Chissà perché in Italia ci sono tanti turisti! – Forse perché l'Italia è interessante per tutti. **b.** Chissà perché in Svizzera ci sono tanti turisti! – Forse perché la Svizzera è interessante per tutti. **c.** ... in Jugoslavia ...! – Forse perché la Jugoslavia è interessante per tutti. **d.** ... in Austria ...! – Forse perché l'Austria è interessante per tutti. **e.** ... in Francia ...! – Forse perché la Francia è interessante per tutti. **f.** ... in Germania ...! – Forse perché la Germania è interessante per tutti. **g.** ... a Venezia ...! – Forse perché Venezia è interessante per tutti. **h.** ... a Roma ...! – Forse perché Roma è interessante per tutti.

F2 **a.** Le regioni dell'Italia Settentrionale sono: la Val d'Aosta, il Piemonte, la Liguria, la Lombardia, il Trentino-Alto Adige, il Veneto, il Friuli-Venezia Giulia, l'Emilia-Romagna. **b.** Le regioni dell'Italia Centrale sono: la Toscana, l'Umbria, le Marche, il Lazio, gli Abruzzi, il Molise. **c.** Le regioni dell'Italia Meridionale sono: la Campania, la Puglia, la Basilicata, la Calabria. La Sicilia e la Sardegna sono le regioni dell'Italia Insulare.

G **a.** desiderano **b.** lasciano **c.** è **d.** cerca, vede **e.** prendono **f.** preferisce **g.** chiede, amano **h.** vanno, hanno, desiderano **i.** sentono, gridano, offrono, vendono **l.** chiede, vogliamo, risponde, cerchiamo, è.

Lezione sesta

D1 **a.** al **b.** all' **c.** al **d.** al, all' **e.** all' **f.** ai, al **g.** al **h.** alla **i.** alle **l.** agli **m.** alle **n.** allo **o.** all'.

D2 **a.** No, vado al ristorante. **b.** No, vado alla Biennale. **c.** No, è al pianterreno. **d.** No, vanno ai grandi magazzini. **e.** No, è all'Hotel Miramare. **f.** No, sono al mare. **g.** No, siamo alla Pensione Rosa.

D3 **a.** desidero **b.** desidero **c.** desideriamo **d.** desideriamo **e.** desidero **f.** desideriamo.

D4 **a.** Vorrei una camera con doccia. **b.** Vorrei una camera con vista sul mare. **c.** Vorrei una camera con bagno e con vista sul mare. **d.** Vorrei una camera matrimoniale a due letti. **e.** È possibile avere una camera senza prenotazione?/Vorrei una camera, ma non ho la prenotazione. **f.** È possibile fare colazione alle sei? **g.** Vorrei una camera a un letto. **h.** Vorrei una camera all'ultimo piano. **i.** Quanto costa la pensione completa al giorno? **l.** È possibile fare colazione al ristorante dell'albergo? **m.** È possibile fare colazione al bar alle sette? **n.** C'è un posto libero nel parcheggio dell'albergo?

E1 **a.** No, questa è la macchina della signora Verdi. **b.** No, questo è il parcheggio dei Grandi Magazzini. **c.** No, questi sono i bagagli degli stranieri. **d.** No, questo è il passaporto dell'ingegner Bianchi. **e.** No, questo è il prezzo dello scialle. **f.** No, questa è la chiave del bagno. **g.** No, questi sono i prezzi delle scarpe. **h.** No, questa è la camera di Graziella. **i.** No, questa è la chiave della mia camera. **l.** No, questa è la macchina di mia moglie. **m.** No, queste sono le sigarette di un mio collega.

E2 **a.** . . . delle cartoline. **b.** . . . dei giornali. **c.** . . . del latte. **d.** . . . dei panini. **e.** . . . delle arance. **f.** . . . delle briosce. **g.** . . . del succo di pomodoro. **h.** . . . della marmellata. **i.** . . . del vino. **l.** . . . del miele. **m.** . . . delle riviste. **n.** . . . delle sigarette.

E3 **a.** Grazie per le sigarette. – Grazie delle sigarette. **b.** Grazie per l'informazione. – Grazie dell'informazione. **c.** Grazie per il caffè. – Grazie del caffè. **d.** Grazie per l'aranciata. – Grazie dell'aranciata. **e.** Grazie per la colazione. – Grazie della colazione. **f.** Grazie per l'aperitivo. – Grazie dell'aperitivo. **g.** Grazie per l'espresso. – Grazie dell'espresso. **h.** Grazie per la visita. – Grazie della visita. **i.** Grazie per il thè. – Grazie del thè.

E4 Sono contento dell'albergo, perché non è caro. Sono contento della camera, perché è comoda. Sono contento della macchina, perché è piccola, ma veloce. Sono contento del vestito, perché è pratico, ma elegante. Sono contento della mia professione, perché è interessante. Sono contento delle scarpe, perché sono pratiche e moderne.

E5 **a.** La signora chiede al portiere una camera con doccia. **b.** Il signore chiede al venditore del latte fresco. **c.** La signora chiede al portiere la colazione per due persone. **d.** La signora chiede al cameriere dei panini freschi. **e.** Il portiere chiede ai signori i passaporti. **f.** La signora chiede al portiere delle cartoline di Venezia.

F1 **a.** trovare **b.** ammirare **c.** andare **d.** trovare (avere) **e.** lasciare **f.** prendere, ammirare, andare.

F2 **a.** No, preferisco andare a piedi. **b.** No, preferisco prendere un cappuccino. **c.** No, preferiscono prendere una camera all'ultimo piano. **d.** No, preferisce leggere una rivista. **e.** No, preferisco andare a piedi. **f.** No, preferisce comprare alla Supermoda. **g.** No, preferiamo prendere solo la colazione.

G **a.** Che cosa fumate? **b.** Dove andate? **c.** Che cosa cercate? **d.** Che cosa comprate? **e.** Dove entrate? **f.** Che cosa accendete? **g.** Che cosa leggete? **h.** Che cosa preferite? **i.** Che cosa prendete? **l.** Dove lasciate la macchina? **m.** Che cosa offrite a Giorgio? **n.** Dove desiderate andare?

Lezione settima

C1 **a.** Queste macchine non sono molto veloci. **b.** Stasera arrivano le mie amiche tedesche. **c.** I parcheggi in Piazzale Roma sono comodi. **d.** I miei amici sono medici. **e.** I bagagli degli ospiti sono in albergo. **f.** L'impiegata chiede ai medici se desiderano fare la prenotazione. **g.** I miei amici tedeschi sono di Berlino. **h.** Gli scialli di Graziella sono molto pratici. **i.** Questi luoghi sono proprio tranquilli. **l.** Graziella legge gli annunci sul giornale. **m.** Queste spiagge sono molto tranquille. **n.** I miei colleghi sono giornalisti. **o.** Sono belgi questi turisti? No, sono tedeschi. **p.** Questi viaggi turistici non sono interessanti.

C2 **a.** Il mio amico tedesco preferisce andare a Roma. **b.** Il medico è qui per il congresso. **c.** L'informazione è interessante. **d.** Quest'arancia è buona. **e.** Il collega belga desidera fare una gita a Napoli. **f.** Questa città è proprio bella. **g.** L'agenzia turistica è in centro. **h.** Che cosa consiglia al turista belga? **i.** L'amica tedesca di Mario capisce l'italiano. **l.** Dov'è la chiave? **m.** Questa canzone è interessante.

C3 **a.** C'è un lago in Lombardia? – Sì, ci sono molti laghi. **b.** C'è un congresso a Torino? – Sì, ci sono molti congressi. **c.** C'è un'agenzia turistica in centro? – Sì, ci sono molte agenzie turistiche. **d.** C'è un luogo tranquillo in Val d'Aosta? – Sì, ci sono molti luoghi tranquilli. **e.** C'è un annuncio interessante sul giornale? – Sì, ci sono molti annunci interessanti. **f.** C'è un parcheggio qui? – Sì, ci sono molti parcheggi. **g.** C'è un autobus per il centro? – Sì, ci sono molti autobus. **h.** C'è un pullmann per Aosta? – Sì, ci sono molti pullmann. **i.** C'è una camera libera in quest'albergo? – Sì, ci sono molte camere libere. **l.** C'è una spiaggia tranquilla in Sardegna? – Sì, ci sono molte spiagge tranquille.

D **a.** Di che cosa ha bisogno? (alcune informazioni) – Ho bisogno di alcune informazioni. **b.** Di che cosa hai bisogno? (un caffè) – Ho bisogno di un caffè. **c.** Di che cosa avete bisogno? (una camera con bagno) – Abbiamo bisogno di una camera con bagno. **d.** Di che cosa ha bisogno il signor Rossi? (un'informazione) – Ha bisogno di un'informazione. **e.** Di che cosa hanno bisogno i medici? (un posto tranquillo) – Hanno bisogno di un posto tranquillo. **f.** Di che cosa hai bisogno, Giorgio? (un paio di scarpe) – Ho bisogno di un paio di scarpe. **g.** Di che cosa ha bisogno Graziella? (un vestito) – Ha bisogno di un vestito. **h.** Di che cosa abbiamo bisogno? (una guida della città) – Abbiamo bisogno di una guida della città.

E **a.** Signora, capisce l'italiano? (non molto) – Sì, capisco l'italiano, ma non molto. **b.** Signorina, capisce l'italiano? (non tanto bene) – Sì, capisco l'italiano, ma non tanto bene. **c.** Il signor Braun capisce l'italiano? (non ancora bene) – Sì, capisce l'italiano, ma non ancora bene. **d.** Signor Braun, capisce l'italiano? (non troppo bene) – Sì, capisco l'italiano, ma non troppo bene. **e.** I medici belgi capiscono l'italiano? (non tutto) – Sì, capiscono l'italiano, ma non tutto. **f.** Capite l'italiano? (non ancora tutto) – Sì, capiamo l'italiano, ma non ancora tutto. **g.** Capisci l'italiano? (non tanto bene) – Sì, capisco l'italiano, ma non tanto bene. **h.** La signora Braun capisce l'italiano? (non molto bene) – Sì, capisce l'italiano, ma non molto bene. **i.** Capite l'italiano? (non sempre) – Sì, capiamo l'italiano, ma non sempre.

F1 **a.** In quanto tempo si arriva da qui al centro della città? (3 minuti) – Di solito si arriva al centro della città in tre minuti. **b.** In quanto tempo si arriva da qui all'agenzia turistica? (10 minuti) – Di solito si arriva all'agenzia turistica in dieci minuti. **c.** In quanto tempo si arriva da qui a Piazzale Roma? (5 minuti) – Di solito si arriva a Piazzale Roma in cinque minuti. **d.** In quanto tempo si arriva da qui a Piazza S. Marco? ($^1/_4$ d'ora) – Di solito si arriva a Piazza S. Marco in un quarto d'ora. **e.** In quanto tempo si arriva da qui all'albergo? (12 minuti) – Di solito si arriva all'albergo in 12 minuti. **f.** In quanto tempo si arriva da qui al Lago di Como? (2 ore) – Di solito si arriva al Lago di Como in due ore. **g.** In quanto tempo si arriva da qui a Rapallo? (2 ore e mezza) – Di solito si arriva a Rapallo in due ore e mezza. **h.** In quanto tempo si arriva da qui ad Aosta? (mezz'ora) – Di solito si arriva ad Aosta in mezz'ora. **i.** In quanto tempo si arriva da qui al ristorante Milano? (alcuni minuti) – Di solito si arriva al ristorante Milano in alcuni minuti.

a. Quanto dura il viaggio da Milano fino a Bergamo in pullmann? (mezz'ora) – Non molto, **F2** si arriva in mezz'ora. **b.** Quanto dura il viaggio da Catania fino a Taormina in autobus? ($^3/_4$ d'ora) – Non molto, si arriva in tre quarti d'ora. **c.** Quanto dura il viaggio da Milano fino a Monza in macchina? ($^1/_4$ d'ora) – Non molto, si arriva in un quarto d'ora. **d.** Quanto dura il viaggio da Torino fino ai piedi del Monte Bianco in pullmann? (un'ora e $^3/_4$) – Non molto, si arriva in un'ora e tre quarti. **e.** Quanto dura il viaggio da Verona fino a Venezia in macchina? (1 ora e mezza) – Non molto, si arriva in un'ora e mezza. **f.** Quanto dura il viaggio da Monaco fino a Milano in aereo? ($^3/_4$ d'ora) – Non molto, si arriva in tre quarti d'ora. **g.** Quanto dura il viaggio da Monaco fino a Roma in aereo? (1 ora e mezza) – Non molto, si arriva in un'ora e mezza. **h.** Quanto dura il viaggio da Genova fino a Firenze in macchina? (due ore e $^1/_4$) – Non molto, si arriva in due ore e un quarto.

Lezione ottava

a. il mio **b.** i miei **c.** la sua **d.** la sua **e.** i nostri **f.** il suo **g.** la loro **h.** la tua **i.** la **C1** Sua **l.** la vostra **m.** i Loro **n.** i Suoi **o.** le Sue.

a. Sì, questa è la mia casa. **b.** Sì, questa è la nostra casa. **c.** Sì, questa è la sua casa. **C2** **d.** Sì, questa è la mia casa. **e.** Sì, questa è la sua casa. **f.** Sì, questa è la loro casa. **g.** Sì, questa è la loro casa. **h.** Sì, questa è la nostra / la loro casa.

a. No, le sue scarpe sono quelle. **b.** No, la sua macchina è quella. **c.** No, la sua roulotte **C3** è quella. **d.** No, la loro tenda è quella. **e.** No, i loro bagagli sono quelli. **f.** No, il suo soprabito è quello. **g.** No, le loro sigarette sono quelle. **h.** No, i suoi giornali sono quelli. **i.** No, il loro albergo è quello.

a. Dov'è il mio vestito? – Il tuo vestito? Deve essere in camera, no? **b.** Dove sono le mie **C4** scarpe? – Le tue scarpe? Devono essere in camera, no? **c.** Dov'è la mia borsa? – La tua borsa? Deve essere in camera, no? **d.** Dov'è il mio soprabito? – Il tuo soprabito? Deve essere in camera, no? **e.** Dov'è la mia giacca? – La tua giacca? Deve essere in camera, no? **f.** Dove sono le mie chiavi? – Le tue chiavi? Devono essere in camera, no? **g.** Dove sono i miei giornali? – I tuoi giornali? Devono essere in camera, no? **h.** Dove sono le mie cartoline? – Le tue cartoline? Devono essere in camera, no? **i.** Dove sono i miei soldi? – I tuoi soldi? Devono essere in camera, no?

a. Sì, ma quest'anno non posso. **b.** Sì, ma quest'anno non possiamo. **c.** Sì, ma quest' **D1** anno non posso. **d.** Sì, ma quest'anno non può. **e.** Sì, ma quest'anno non possiamo. **f.** Sì, ma quest'anno non possono. **g.** Sì, ma quest'anno non possiamo.

D2 **a.** No, io non posso, perché devo andare all'estero. **b.** No, io non posso, perché devo andare all'estero. **c.** No, noi non possiamo, perché dobbiamo andare all'estero. **d.** No, loro non possono, perché devono andare all'estero. **e.** No, lui non può, perché deve andare all'estero. **f.** No, lei non può, perché deve andare all'estero.

E1 I miei genitori, mio padre, il mio amico, il mio papà, mio fratello, il mio amico . . ., il mio caro fratello, mia zia, la mia vecchia zia . . ., i miei fratelli, mio zio, i miei amici, la mia mamma, mio marito, le mie sorelle, mia madre, mio figlio . . ., i miei figli.

E2 i nostri, i miei, la nostra, mio, la sua, i suoi, la loro, le loro, le loro.

E3 **a.** A: Luigi, dove vai . . . B: Io voglio . . ., ma mia sorella preferisce . . . A: Vuoi . . . **b.** A: Ragazzi, dove andate . . . B: Noi vogliamo . . ., ma i nostri genitori preferiscono . . . A: Volete . . . **c.** A: Signorina Giglio, dove va . . . B: Io voglio . . ., ma il mio ragazzo preferisce . . . A: Vuole . . . **d.** A: Giulia, dove vai . . . B: Io voglio . . ., ma i miei fratelli preferiscono . . . A: Vuoi . . . **e.** A: Signora Tebaldi, dove va . . . B: Io voglio . . ., ma i miei figli preferiscono . . . A: Vuole . . . **f.** A: Anna, dove vai . . . B: Io voglio . . ., ma i miei amici preferiscono . . . A: Vuoi . . . .

Lezione nona

D1 **a.** . . . hai fatto . . ./. . . ho telefonato . . . **b.** . . . avete fatto . . ./. . . abbiamo visitato . . . **c.** . . . ha fatto . . ./. . . ha avuto . . . **d.** . . . ha fatto . . ./. . . ha guardato . . . **e.** . . . ha fatto . . ./. . . ha passato . . . **f.** . . . ha fatto . . ./. . . ho finito . . . **g.** . . . hanno fatto . . ./ . . . hanno invitato . . . **h.** . . . avete fatto . . ./. . . abbiamo preferito . . . .

D2 **a.** Maria è già stata a Venezia due volte. **b.** Noi siamo già stati in Germania due volte. **c.** I suoi genitori sono già stati in Francia due volte. **d.** Sua moglie è già stata in Italia due volte. **e.** Io sono già stata al mare due volte. **f.** Io sono già stata in montagna due volte. **g.** Le sue sorelle sono già state a Napoli due volte. **h.** I miei fratelli sono già stati in Sicilia due volte.

D3 **a.** Domenica sono andato a Milano dove ho fatto una visita ai miei genitori. **b.** Domenica siamo andati a Napoli dove abbiamo fatto una visita ai nostri nonni. **c.** Domenica Carla è andata al mare dove ha fatto una visita a sua zia. **d.** Domenica Guglielmo è andato in montagna dove ha fatto una visita a suo fratello. **e.** Domenica siete andati a Genova dove avete fatto una visita ai vostri zii. **f.** Domenica Maria e Lucio sono andati in campeggio dove hanno fatto una visita ai loro amici. **g.** Domenica Maria e Chiara sono andate a Torino dove hanno fatto una visita al loro fratello. **h.** Domenica sei andato al mare dove hai fatto una visita alla tua amica.

D4 Carla è andata (in albergo, in tassì). Giorgio ed io siamo andati (in campeggio, con la roulotte). I miei amici sono andati (in Italia, in macchina). Giuliano e Chiara sono andati (in Piazza S. Marco, in vaporetto). Il signor Braun è andato (in Sicilia, in aereo). Il collega di Carla è andato (in Val d'Aosta, in macchina). Le mie amiche sono andate (in centro, a piedi).

D5 **a.** I Rossi hanno comprato una roulotte. **b.** Giorgio è andato a Roma. **c.** Sei salita sul Vesuvio, Maria? **d.** Ho guardato la televisione. **e.** Quando sono arrivati i tuoi amici?

f. Hai capito la lezione, Maria? **g.** L'ingegnere non ha avuto tempo. **h.** Chiara e Giuliana sono partite alle otto e un quarto. **i.** I turisti hanno domandato alcune informazioni al portiere. **l.** Le signore non sono state in quest'albergo.

a. avete fatto, siamo stati **b.** siete andati, siamo andati **c.** siete andati, abbiamo preso, siamo saliti **d.** siete stati, è durato, abbiamo dovuto aspettare, abbiamo perso **e.** avete passato, sono venuti, abbiamo riso, abbiamo fatto **f.** avete visto, abbiamo avuto **g.** avete trovato, abbiamo avuto, abbiamo speso, siamo arrivati, siamo andati, abbiamo chiesto **h.** ha detto, ha risposto, ha telefonato, ha prenotato. **E**

a. È partita due giorni fa. **b.** È arrivato mezz'ora fa. **c.** È partito dieci minuti fa. **d.** È partito un momento fa. **e.** Sono partiti tre settimane fa. **f.** Sono arrivate quindici giorni fa. **g.** Sono partite dieci giorni fa. **h.** È partita un'ora e mezza fa. **G1**

a. Due anni fa. **b.** In tre ore e mezza si può arrivare. **c.** Fra mezz'ora partiamo. **d.** Fra un quarto d'ora c'è un rapido. **e.** No, due settimane fa. **f.** Fra due minuti è finita. **g.** No, è arrivato alle 8.28 come gli altri giorni. **G2**

Lezione decima

a. nessuno **b.** mai **c.** nemmeno **d.** nessuno **e.** niente **f.** niente **g.** mai **h.** nemmeno **i.** nessuno, nemmeno **l.** mai **m.** mai **C1**

a. Non ho telefonato a nessuno. **b.** Non abbiamo visto nessuno. **c.** Non ho parlato di nessuno. **d.** Non siamo venuti con nessuno. **e.** Non hanno risposto a nessuno. **f.** Non ho parlato con nessuno. **g.** Non ho chiesto a nessuno. **h.** Non ha prenotato per nessuno. **i.** Non abbiamo aspettato nessuno. **l.** Non hanno domandato a nessuno. **C2**

a. Lucia non è mai stata in Svizzera. **b.** Non ho conosciuto nessuno della tua famiglia. **c.** Non vado mai in aereo. **d.** Maria non ha risposto a nessuno. **e.** Non abbiamo visto niente. **f.** Non è venuto nemmeno Giorgio. **g.** Non è venuto nessuno, nemmeno i nostri amici. **h.** Bianca non racconta mai niente ai suoi genitori. **C3**

a. Apri la porta, per favore! **b.** Prendi le tazze, . . . ! **c.** Rimanete ancora un po', . . . ! **d.** Rispondete a questa domanda, . . . ! **e.** Aspettate fino alle sette, . . . ! **f.** Smetti di fumare, . . . ! **g.** Venite alle otto, . . . ! **h.** Accendi la televisione, . . . ! **i.** Resta ancora un'ora, . . . ! **l.** Domandate all'altra impiegata, . . . ! **D1**

a. Resta ancora un po', ti prego. **b.** Restate ancora un po', vi prego. **c.** Porta le valige in camera, ti prego. **d.** Racconta delle tue vacanze, ti prego. **e.** Parla, ti prego. **f.** Ritornate domani, vi prego. **g.** Entra, ti prego. **h.** Telefona a Luisa, ti prego. **D2**

a. Certo, entra pure! **b.** Certo, venite pure! **c.** Certo, telefona pure! **d.** Certo, ritornate pure! **e.** Certo, leggi pure! **f.** Certo, rimani pure! **g.** Certo, andate pure! **h.** Certo, continua pure! **i.** Certo, fumate pure! **l.** Certo, spegni pure! **D3**

a. Non interrompere i nostri amici! **b.** Non state sulla porta! **c.** Non telefonare a quest' ora! **d.** Non comprare una macchina nuova! **e.** Non andare in campagna! **f.** Non prendere le tazze vecchie! **g.** Non gridate tanto! **h.** Non invitare anche Mario! **i.** Non lasciate la macchina qui! **D4**

D5 **a.** Andiamo a trovare Lucia e Giorgio! **b.** Sì, apri tu, per favore! **c.** Certo, venite avanti, vi prego! **d.** Telefona un po' più tardi! **e.** Se vuoi un consiglio, non comprare una macchina troppo grande! **f.** Scusa, Vincenzo! **g.** Prendi le tazze nuove! **h.** Non è molto tardi, resta ancora un po'. **i.** Entriamo in questo bar!

E **a.** Vorrei fare una visita ai nonni. **b.** Bianca ha fatto una visita a Lucia. **c.** Ogni domenica faccio una visita ai miei genitori. **d.** Due giorni fa ho fatto una visita a mio zio. **e.** Fra alcuni giorni devo fare una visita a mia zia. **f.** Mio fratello ed io abbiamo fatto una visita ai nostri zii. **g.** Quando fai una visita a tua sorella? **h.** Quando fate una visita a Giorgio?

F **a.** Vado a casa mia. **b.** Andiamo a casa nostra. **c.** Vado a casa mia. **d.** Andiamo a casa nostra. **e.** Vanno a casa loro. **f.** Va a casa sua. **g.** Va a casa sua. **h.** Vanno a casa loro.

G **a.** dai **b.** a(d), in **c.** dalle **d.** all', in, in, in **e.** all', al **f.** in, dai **g.** delle **h.** a, a, in, in, ai **i.** a, di **l.** a, del **m.** in, attraverso, in **n.** ai, in, a **o.** dai, dalle, alle, a.

Lezione undicesima

C1 **a.** ti, mi **b.** vi, ci **c.** vi, ci **d.** si, si **e.** si, si **f.** vi.

C2 **a.** Mi alzo verso le otto. **b.** Ci alziamo alle sette. **c.** Mi alzo alle sei e mezza. **d.** Si alzano alle sette meno un quarto. **e.** Si alza alle sette e un quarto. **f.** Si alza alle otto meno venti. **g.** Si alza alle sette e trentacinque. **h.** Mi alzo a mezzogiorno.

C3 **a.** Ci divertiamo a guardare la TV. **b.** Sì, mi preparo per andare a lavorare. **c.** È uno studente, si chiama Marco. **d.** Bene! Ci telefoniamo ogni giorno. **e.** Sì, forse mi iscrivo ad un corso medio. **f.** Molto bravi e non si stancano mai di rispondere alle nostre domande. **g.** No, non ci parliamo più.

D1 **a.** Sì, oggi però non mi sono alzata alle sette. **b.** Sì, oggi però non ci siamo visti. **c.** Sì, oggi però non ci siamo incontrati. **d.** Sì, oggi però non mi sono stancata. **e.** Sì, oggi però non mi sono divertita. **f.** Sì, oggi però non ci siamo telefonati. **g.** Sì, oggi però non si è sentita bene. **h.** Sì, oggi però non mi sono alzato alle sei.

D2 **b.** . . . hai fatto . . ./ mi sono alzato . . ., ho fatto . . . sono uscito / . . . sei andato? / sono andato . . . mi sono comprato una giacca di lana (un soprabito). **c.** . . . ha fatto . . . / mi sono alzata . . ., ho fatto . . . sono uscita / . . . è andata? / sono andata . . . mi sono comprata. **d.** . . . ha fatto . . . tuo fratello? / si è alzato . . ., ha fatto . . . è uscito / . . . è andato? / è andato . . . si è comprato. **e.** . . . hanno fatto . . . le tue sorelle? / si sono alzate . . ., hanno fatto . . . sono uscite / . . . sono andate? / sono andate . . . si sono comprate. **f.** . . . ha fatto . . . Sua moglie? / si è alzata . . ., ha fatto . . . è uscita / . . . è andata? / è andata . . . si è comprata.

D3 **b.** . . . conosci . . . / ci siamo conosciuti . . . al mare (in montagna) / . . . vi date del tu, . . . / . . .è così simpatico . . . ci siamo . . . dati del tu. **c.** . . . conosci . . . / ci siamo conosciuti . . . / . . . vi date del tu, . . . / . . . sono così simpatiche . . . ci siamo dati del tu. **d.** . . . conosce . . . / ci siamo conosciuti . . . / . . . vi date del tu, . . . (si danno del tu, . . .) / . . . è così simpatico . . . ci siamo . . . dati del tu. **e.** . . . conosci . . . / ci siamo conosciute . . . / . . . vi date del tu, . . . / . . . è così simpatica . . . ci siamo . . . date del tu.

D4 **c.** si è trovata **d.** si sono conosciuti **e.** si incontrano **f.** si sono telefonate **g.** si sente.

a. comoda **b.** bene **c.** comodamente **d.** male **e.** diretta **f.** buona **g.** cattivo **h.** direttamente **i.** breve **l.** benissimo **m.** brevemente **n.** buonissimo. **E**

a. Sì, esco con un mio amico. **b.** Sì, usciamo con un nostro amico. **c.** Sì, esce con un suo amico. **d.** Sì, escono con un loro amico. **e.** Sì, esco con un mio amico. **f.** Sì, usciamo con un nostro amico. **g.** Sì, escono con un loro amico. **h.** Sì, esce con un suo amico. **F1**

a. Esco con i miei amici. **b.** Sono uscito con i miei amici. **c.** Siamo usciti con i nostri amici. **d.** Esco con i miei amici. **e.** Sono usciti con i loro amici. **f.**Sono usciti con i loro amici. **g.** Sono uscita con i miei amici. **h.** Esce con i suoi amici. **i.** Sono uscite con i loro amici. **l.** Sono uscita con i miei amici. **m.** Escono con i loro amici. **F2**

Lezione dodicesima

b. mi **c.** mi, Le **d.** Le **e.** le **f.** gli **g.** vi **h.** loro **i.** Le **l.** Le, mi **m.** gli **n.** Le **o.** le. **C1**

b. desiderano/consiglio Loro **c.** volete/potete accomodarVi **d.** Vi garantisco **e.** desiderate/Vi consiglio. **C2**

a. No, non mi piace molto. **b.** Sì, mi piacciono molto. **c.** Sì, mi piace molto. **d.** No, non ci piace molto. **e.** No, non ci piacciono molto. **f.** No, non mi piacciono molto. **g.** No, non mi piace molto. **h.** Sì, mi piacciono molto. **i.** Sì, ci piace molto. **l.** Sì, ci piacciono molto. **m.** Sì, mi piacciono molto. **n.** Sì, mi piacciono molto. **C3**

a. No, non le sono mai piaciute. **b.** No, non le è mai piaciuto. **c.** No, non gli sono mai piaciuti. **d.** No, non gli sono mai piaciute. **e.** No, non mi è mai piaciuto. **f.** No, non ci sono mai piaciuti. **g.** No, non le è mai piaciuta. **h.** No, non gli è mai piaciuta. **C4**

a. Da quanto tempo non telefoni a Giuseppe? – Gli ho telefonato alcuni giorni fa. **b.** Da quanto tempo non telefonate a Maria? – Le abbiamo telefonato alcuni giorni fa. **c.** Da quanto tempo non telefoni alla signora Rinaldi? – Le ho telefonato alcuni giorni fa. **d.** Da quanto tempo non telefonate ai vostri genitori? – Gli abbiamo telefonato alcuni giorni fa. **e.** Da quanto tempo non telefonano a Carla? – Le hanno telefonato alcuni giorni fa. **f.** Signora, da quanto tempo non telefona a Sua figlia? – Le ho telefonato alcuni giorni fa. **g.** Dottore, da quanto tempo non telefona a Suo figlio? – Gli ho telefonato alcuni giorni fa. **h.** La signora Rinaldi da quanto tempo non telefona al dottor Guidi? – Gli ha telefonato alcuni giorni fa. **C5**

a. Perché non mi rispondi? Ti ho fatto una domanda! **b.** Perché non mi rispondete? Vi ho fatto una domanda! **c.** Signora, perché non mi risponde? Le ho fatto una domanda! **d.** Perché non mi rispondono i tuoi bambini? Gli ho fatto una domanda! **e.** Perché non ci rispondete? Vi abbiamo fatto una domanda! **f.** Perché non ci rispondi? Ti abbiamo fatto una domanda! **g.** Perché tuo marito non mi risponde? Gli ho fatto una domanda! **h.** Signori, perché non mi rispondono? Ho fatto Loro una domanda! **i.** Dottore, perché non ci risponde? Le abbiamo fatto una domanda! **l.** Perché il tuo amico non ci risponde? Gli abbiamo fatto una domanda! **m.** Perché tua figlia non mi risponde? Le ho fatto una domanda! **n.** Perché Sua moglie non ci risponde? Le abbiamo fatto una domanda! **C6**

C7 **b.** A: Mia figlia non mi scrive da un mese. B: E Lei, quando le ha scritto l'ultima volta? A: Le ho scritto due settimane fa. B: Forse la Sua lettera non le è ancora arrivata.
c. A: I miei amici non mi scrivono da un mese. B: E tu, quando gli hai scritto (hai scritto loro) l'ultima volta? A: Gli ho scritto (ho scritto loro) due settimane fa. B: Forse la tua lettera non gli è ancora arrivata (non è ancora arrivata loro).
d. A: La nostra amica non ci scrive da un mese. B: E voi, quando le avete scritto l'ultima volta? A: Le abbiamo scritto due settimane fa. B: Forse la vostra lettera non le è ancora arrivata.
e. A: Mio figlio non mi scrive da un mese. B: E Lei, quando gli ha scritto l'ultima volta? A: Gli ho scritto due settimane fa. B: Forse la Sua lettera non gli è ancora arrivata.
f. A: Nostra zia non ci scrive da un mese. B: E voi, quando le avete scritto l'ultima volta? A: Le abbiamo scritto due settimane fa. B: Forse la vostra lettera non le è ancora arrivata.
g. A: I nostri due figli non ci scrivono da un mese. B: E Loro, quando gli hanno scritto (hanno scritto loro) l'ultima volta? A: Gli abbiamo scritto due settimane fa (abbiamo scritto loro). B: Forse la Loro lettera non gli è ancora arrivata (non è ancora arrivata loro).

C8 **a.** Mi porti una bistecca, per favore! **b.** Ci porti un antipasto di pesce, . . .! **c.** Le porti un dolce, . . .! **d.** Gli porti un gelato, . . .! **e.** Mi porti una bottiglia di Chianti, . . .! **f.** Mi porti le tagliatelle, . . .! **g.** Gli porti gli zucchini, . . .!

D1 **a.** Cameriere, chiuda la finestra, per favore! **b.** . . ., porti il menù, . . .! **c.** . . ., apra la bottiglia, . . .! **d.** . . ., versi un po' d'acqua alla bambina, . . .! **e.** . . ., aspetti un momento, . . .! **f.** . . ., chieda in cucina, . . .! **g.** . . ., finisca il conto, . . .! **h.** . . ., serva il dolce più tardi, . . .! **i.** . . ., domandi al Suo collega, . . .! **l.** . . ., metta un po' di cognac nel gelato, . . .! **m.** . . ., prepari l'insalata senza pomodori, . . .! **n.** . . ., guardi se c'è un tavolo libero, . . .! **o.** . . ., cambi il piatto alla bambina, . . .! **p.** . . ., apra la finestra, . . .! **q.** . . ., metta un po' di whisky nel caffè, . . .!

D2 **a.** . . ., entrino pure! **b.** . . ., fumino pure! **c.** . . ., aprano pure! **d.** . . ., restino pure! **e.** . . ., telefonino pure! **f.** . . ., chiudano pure! **g.** . . ., ritornino pure!

D3 **a.** . . ., entrate pure! **b.** . . ., fumate pure! **c.** . . ., aprite pure! **d.** . . ., restate pure! **e.** . . ., telefonate pure! **f.** . . ., chiudete pure! **g.** . . ., ritornate pure!

E1 **a.** No, accomodati pure lì, se vuoi! **b.** No, accomodatevi pure lì, se volete! **c.** No, s'accomodi pure lì, se vuole! **d.** No, accomodateVi pure lì, se volete! (s'accomodino .../se vogliono) **e.** No, accomodateVi pure lì, se volete! (s'accomodino . . . / se vogliono) **f.** No, s'accomodi pure lì, se vuole! **g.** No, accomodateVi pure lì, se volete! (s'accomodino . . . / se vogliono) **h.** No, accomodatevi pure lì, se volete!

E2 **a.** che io ho ordinato del Chianti e non del Lambrusco, eh! **b.** che io ho prenotato una camera con bagno, eh! **c.** che mia figlia ha ordinato un gelato e non una torta, eh! **d.** che io ho ordinato una spremuta d'arancia e non un Cinzano, eh! **e.** che Lei si è seduto al mio posto, eh! **f.** che io ho telefonato ed ho prenotato un tavolo per quattro persone, eh? **g.** che Lei si è seduta al mio posto, eh! **h.** che io ho visto prima questo posto libero, eh! **i.** che io ho telefonato mezz'ora fa e la colazione non mi è ancora arrivata, eh! **l.** Senti, scusami sai, ma guarda che cerco di telefonarti da tre giorni, eh!

Lezione tredicesima

a. No, non lo so, non sono pratico di Firenze. **b.** No, non lo sappiamo, non siamo pratici di Firenze. **c.** No, non lo sa, non è pratico di Firenze. **d.** No, non lo sappiamo, non siamo pratici di Firenze. **e.** No, non lo so, non sono pratica di Firenze. **f.** No, non lo sa, non è pratica di Firenze. **g.** No, non lo sappiamo, non siamo pratici di Firenze. **C1**

a. Scusa, mi sai dire ... in centro? / Mi dispiace, ..., non lo so. Chiedilo ... / Senta, mi sa dire come posso ... / Sì, signora! Prenda ... vede ... **b.** Scusi, ci sa dire ... a Santa Maria del Fiore? / Mi dispiace, ..., non lo so. Chiedetelo (Lo chiedano) ... / Senta, ci sa dire come possiamo ... / Sì, signori! Prendete (prendano) ... vedete (vedono) ... **c.** Scusa, ci sai dire ... a Piazzale Michelangelo? / Mi dispiace, ..., non lo so. Chiedetelo ... / Senta, ci sa dire come possiamo ... / Sì, signori! Prendete (Prendano) ... vedete (vedono) ... **d.** Scusate, mi sapete dire ... al ristorante Milano? / Ci dispiace, ..., non lo sappiamo. Chiedilo ... / Senta, mi sa dire come posso ... / Sì, signora! Prenda ... vede ... **C2**

a. quello **b.** quella **c.** quel **d.** quei **e.** quel, quegli **f.** quei **g.** quella, quella **h.** quell' **i.** quell' **l.** quel **m.** quelle. **D**

a. È bella questa giacca? – Sì, è proprio una bella giacca. **b.** È bello questo vestito? – Sì, è proprio un bel vestito. **c.** È bello quest'albergo? – Sì, è proprio un bell'albergo. **d.** È bello questo scialle? – Sì, è proprio un bello scialle. **e.** È bello questo soprabito? – Sì, è proprio un bel soprabito. **f.** È bella questa gonna? – Sì, è proprio una bella gonna. **g.** È bella questa borsetta? – Sì, è proprio una bella borsetta. **h.** È bello questo ristorante? – Sì, è proprio un bel ristorante. **E1**

c. ... quella ... / ... quale? / Quella! / ... è ... una bella ... **d.** ... quelle ... / ... quali? / Quelle! / ... sono ... delle belle ... **e.** ... quegli ... / ... quali? / Quelli! / ... sono ... dei begli ... **f.** ... quello ... / ... quale? / Quello! / ... è ... un bello ... **g.** ... quel ... / ... quale? / Quello! / ... è ... un bel ... **h.** ... quei ... / ... quali? / Quelli! / ... sono ... dei bei ... **i.** ... quella ... / ... quale? / Quella! / ... è ... una bella ... **l.** ... quella ... / ... quale? / Quella! / ... è ... una bella ... **E2**

a. Sì, prendilo pure! **b.** Sì, lo prenda pure! **c.** Sì, prendila pure! **d.** Sì, prendetela pure! **e.** Sì, chiudila pure! **f.** Sì, l'apra pure! **g.** Sì, mettile pure! **h.** Sì, lo serva pure! **F1**

a. Dov'è il mio giornale? – Eccolo qui, non lo vedi? **b.** Dov'è la mia guida? – Eccola qui! Non la vedi? **c.** Dove sono le mie scarpe? – Eccole qui! Non le vedi? **d.** Dov'è la mia rivista? – Eccola qui! Non la vedi? **e.** Dove sono le mie sigarette? – Eccole qui! Non le vedi? **f.** Dov'è la mia tazza? – Eccola qui! Non la vedi? **g.** Dov'è il mio piatto? – Eccolo qui! Non lo vedi? **h.** Dov'è la mia macchina fotografica? – Eccola qui! Non la vedi? **F2**

a. Ti prego di darmi la guida. **b.** Signore, La preghiamo di farci una fotografia. **c.** Vi prego di darmi il giornale. **d.** Vi prego di dirmi dov'è la stazione. **e.** Cameriere, La preghiamo di portarci il menù. **f.** Anna, ti prego di comprarmi le sigarette. **g.** Dottore, La preghiamo di telefonarci alle otto. **G1**

a. Mi puoi dare la guida, per favore? – Puoi darmi la guida, per favore? **b.** Signore, ci può fare un fotografia, per favore? – Signore, può farci una fotografia, per favore? **c.** Mi potete dare il giornale, per favore? – Potete darmi il giornale, per favore? **d.** Mi potete dire dov'è la stazione, per favore? – Potete dirmi dov'è la stazione, per favore? **e.** Came- **G2**

riere, ci può portare il menù, per favore? – Cameriere, può portarci il menù, per favore? **f.** Anna, mi puoi comprare le sigarette, per favore? – Anna, puoi comprarmi le sigarette, per favore? **g.** Dottore, ci può telefonare alle 8, per favore? – Dottore, può telefonarci alle 8, per favore?

Lezione quattordicesima

C1 **a.** vieni **b.** andate **c.** sono venuti **d.** andare **e.** venga, vado **f.** andare **g.** vai, viene **h.** è venuta **i.** venite.

C2 **a.** No, io non vengo. **b.** No, noi non veniamo. **c.** No, noi non veniamo. **d.** No, io non vengo. **e.** No, loro non vengono. **f.** No, noi non veniamo. **g.** No, lui non viene. **h.** No, io non vengo.

D1 **b.** ... viene con me, Le faccio vedere ... **c.** ... venite con me, vi faccio vedere ... **d.** ... venite con noi, vi facciamo vedere ... **e.** ... viene con me, le faccio vedere ... **f.** ... vengono con me, gli faccio vedere ... (..., faccio vedere loro) **g.** ... viene con noi, Le facciamo vedere **h.** ... venite con noi, Vi facciamo vedere ... (... vengono con noi, facciamo vedere Loro ...).

D2 **b.** Scusa, fammi una fotografia. **c.** Scusi, mi faccia vedere un grande magazzino. **d.** Scusate, fatemi vedere il mercato. **e.** Scusa, falle vedere i negozi del centro. **f.** Scusi, mi faccia il conto. **g.** Scusi, ci faccia una fotografia. **h.** Scusa, facci una fotografia.

E1 **a.** Mi serve un chilo di riso. **b.** Mi serve un litro di vino. **c.** Ci servono sei uova. **d.** Gli serve una tenda per il campeggio. (Serve loro ...) **e.** Le servono due etti di parmigiano. **f.** Le serve della carta da lettere. **g.** Ci serve mezzo chilo di pane. **h.** Gli servono le sigarette.

E2 **a.** No, non mi serve nient'altro, per il momento. **b.** No, non ci serve nient'altro, ... **c.** No, non mi serve nient'altro, ... **d.** No, non le serve nient'altro, ... **e.** No, non mi serve nient'altro, ... **f.** No, non le serve nient'altro, ... **g.** No, non ci serve nient'altro, ...

E3 **a.** Le serve altro, signora? (frutta) – Sì, mi serve anche della frutta. **b.** Le serve altro, signora? (5 mele) – Sì, mi servono anche cinque mele. **c.** Le serve altro, signora? (un pacco di spaghetti) – Sì, mi serve anche un pacco di spaghetti. **d.** Le serve altro, signora? (1 litro di vino bianco) – Sì, mi serve anche un litro di vino bianco. **e.** Le serve altro, signora? (uva) – Sì, mi serve anche dell'uva. **f.** Le serve altro, signora? (6 uova) – Sì, mi servono anche sei uova. **g.** Le serve altro, signora? (zucchero) – Sì, mi serve anche dello zucchero. **h.** Le serve altro, signora? (arance) – Sì, mi servono anche delle arance.

F1 **a.** Mi dia un litro di vino bianco, per favore! **b.** Mi dia due biglietti di andata e ritorno per Roma, per favore! **c.** Mi diano i Loro passaporti, per favore! **d.** Ci dia alcune informazioni per una gita al Lago di Como, per favore! **e.** Dalle l'acqua, per favore! **f.** Dacci la tenda, per favore! **g.** Mi dia il Corriere della Sera, per favore! **h.** Ci dia un chilo d'uva, per favore!

F2 **a.** Dammi il giornale, per favore! **b.** Mia dia un'aranciata, ...! **c.** Ci dia una bottiglia di Chianti, ...! **d.** Le dia un gelato, ...! **e.** Gli dia un dolce, ...! **f.** Dammi duemila lire, ...! **g.** Gli dia un'aranciata, ...! (Dia loro ...)

c. Mi serve del . . . / Quanto . . . / . . . mi basta. **d.** Mi serve del . . . / Quanto . . . / . . . mi bastano. **e.** Mi servono delle . . . / Quante . . . / . . . mi bastano. **f.** Mi servono degli . . . / Quanti . . . / . . . mi basta. **g.** Mi serve dell'. . . / Quanta . . . / . . . mi basta. **h.** Mi serve del . . . / Quanto . . . / . . . mi bastano. **i.** Mi serve del . . . / Quanto . . . / . . . mi basta. **l.** Mi servono dei . . . / Quanti . . . / . . . mi bastano. **m.** Mi servono degli . . . / Quanti . . . / . . . mi basta. **n.** Mi serve dello . . . / Quanto . . . / . . . mi basta. **G1**

a. No, in casa ne ho ancora abbastanza. **b.** Sì, in casa non ne ho più. **c.** No, in casa ne ho ancora abbastanza. **d.** Sì, in casa non ne ho più. **e.** No, in casa ne ho ancora abbastanza. **f.** Sì, in casa non ne ho più. **g.** No, in casa ne ho ancora abbastanza. **h.** Sì, in casa non ne ho più. **G2**

a. Ne hanno due. **b.** Ne fumo dieci. **c.** Ne ha venticinque. **d.** Ne spendo molti. **e.** Ne compriamo un pacco. **f.** Sì, ne metto un po'. **g.** No, non ne voglio. **h.** Ne ha cinquanta. **G3**

Lezione quindicesima

a. Sì, ne voglio uno alla fragola. **b.** Sì, ne voglio uno alla frutta. **c.** Sì, ne vogliamo uno di pesce. **d.** Sì, ne voglio una con il panorama. **e.** Sì, ne vogliamo una con vista sul mare. **f.** Sì, ne voglio una di Chianti. **C1**

b. una delle città più interessanti **c.** uno degli anfiteatri più antichi **d.** una delle opere più famose **e.** una delle costruzioni più antiche. **C2**

a. Sì, è veramente bellissima. **b.** Sì, è veramente grandissimo. **c.** Sì, è veramente interessantissimo. **d.** Sì, sono veramente buonissimi. **e.** Sì, è veramente carissimo. **f.** Sì, è veramente bravissima. **g.** Sì, sono veramente elegantissime. **h.** Sì, è veramente gentilissima. **i.** Sì, sono veramente praticissime. **l.** Sì, è veramente simpaticissimo. **D1**

a. benissimo **b.** benissimo **c.** benissimo **d.** buonissimi **e.** buonissimo **f.** benissimo **g.** benissimo. **D2**

a. Ma il Colosseo è l'anfiteatro più grande di tutti. **b.** Ma l'Aida è l'opera più famosa di tutte. **c.** Ma Venezia è la città più interessante di tutte. **d.** Ma il tenore è il cantante più bravo di tutti. **e.** Ma quella è la costruzione più antica di tutte. **f.** Ma la Scala è il teatro più importante di tutti. **E**

b. nell'albergo **c.** nella camera **d.** nel centro **e.** nel caffè **f.** nel campeggio **g.** nel treno **h.** nell'Italia **i.** nell'agosto **l.** nella chiesa **m.** nella campagna. **F2**

a. mi dia **b.** mi dia **c.** mi dia **d.** mi dia **e.** dammi **f.** mi dia **g.** ci dia **h.** mi dia. **G**

Lezione sedicesima

a. durante **b.** mentre **c.** durante **d.** durante **e.** durante **f.** durante, mentre **g.** durante, mentre. **C2**

D1 **a.** Anch'io dico sempre di restare a casa. **b.** Anche noi diciamo sempre di restare a casa. **c.** Anch'io dico sempre di restare a casa. **d.** Anche lei dice sempre di restare a casa. **e.** Anche noi diciamo sempre di restare a casa. **f.** Anche loro dicono sempre di restare a casa. **g.** Anche lui dice sempre di restare a casa. **h.** Anche loro dicono sempre di restare a casa.

D2 **a.** Io dico di sì! **b.** Io dico di sì! **c.** Noi diciamo di no! **d.** Lui dice di no! **e.** Loro dicono di sì! **f.** Lei dice di no!

E1 **a.** se **b.** quando, quando **c.** quando, se **d.** se **e.** se, se **f.** quando **g.** se **h.** se **i.** quando, quando **l.** se.

E2 Se Maria non sa nuotare, deve prendere il salvagente. Se il mare è calmo, facciamo un giro in barca. Se andiamo in treno, arriviamo alle otto. Se restiamo al mare, ci divertiamo a fare il bagno. Ecc.

F1 **a.** No, a me non piace. **b.** No, a noi non piace. **c.** No, a lei non piace. **d.** No, a me non piace. **e.** No, a loro non piace. **f.** No, a me non piacciono. **g.** No, a me non piace. **h.** No, a lui non piacciono.

F2 **b.** a noi il freddo non piace, però non ci piace **c.** a lui non piacciono i viaggi lunghi, però non gli piacciono **d.** a me non piace il campeggio, però non mi piacciono **e.** a lui non piace stare sempre in casa, però non gli piace.

F3 **a.** Sì, vengo volentieri con te. **b.** Sì, veniamo volentieri con te. **c.** Sì, vengo volentieri con voi. **d.** Sì, vengo volentieri con voi. **e.** Sì, veniamo volentieri con voi. **f.** Sì, veniamo volentieri con Lei. **g.** Sì, veniamo volentieri con Voi (con Loro). **h.** Sì, vengo volentieri con Lei.

F4 **a.** Non c'è di che! Grazie a te per la tua telefonata. **b.** Non c'è di che! Grazie a voi per la vostra telefonata. **c.** Non c'è di che! Grazie a Lei per la Sua telefonata. **d.** Non c'è di che! Grazie a te per la tua telefonata. **e.** Non c'è di che! Grazie a Voi per la Vostra telefonata. (… a Loro per la Loro telefonata.) **f.** Non c'è di che! Grazie a voi per la vostra telefonata.

F5 **a.** Sono stato ieri da lui! **b.** Siamo stati ieri da loro! **c.** Sono stata ieri da lei! **d.** Sono stata ieri da lei! **e.** Siamo stati ieri da loro! **f.** Siamo stati ieri da lei! **g.** Sono stato ieri da lui! **h.** Sono stata ieri da loro!

Lezione diciassettesima

C1 **a.** Di dov'è Marco? (Siena) – È di Siena! **b.** Da dove arriva Maria? (Bologna) – Arriva da Bologna! **c.** Da dove viene questa lettera? (Firenze) – Viene da Firenze! **d.** Da dove viene questa cartolina? (Germania) – Viene dalla Germania! **e.** Di dov'è Karin? (Vienna) – È di Vienna! **f.** Da dove escono i Rossi? (albergo) – Escono dall'albergo. **g.** Da dove arriva Karin? (Austria) – Arriva dall'Austria! **h.** Di dove sono i suoi amici? (Milano) – Sono di Milano! **i.** Da dove vengono? (stazione) – Vengono dalla stazione!

a. Da chi va Giorgio? (dottor Balocchi) – Dal dottor Balocchi! **b.** Dove va Giorgio? (stazione) – Alla stazione! **c.** Dove va il signor Bianchi? (mercato) – Al mercato! **d.** Da chi va Giuliana? (Chiara) – Da Chiara! **e.** Dove vanno i Rossi? (albergo Eden) – All'albergo Eden! **f.** Da chi è andato Luigi? (un suo amico) – Da un suo amico! **g.** Da chi siete andati? (portiere dell'albergo) – Dal portiere dell'albergo! **h.** Da chi è andata Maria? (una sua collega) – Da una sua collega! **C2**

b. dal centro a casa nostra ci sono . . . / . . . vicino al centro, . . . ? **c.** dall'Università a casa mia c'è . . . / . . . vicino all'Università, . . . ? **d.** dal mercato a casa mia c'è . . . / . . . vicino al mercato, . . . ? **e.** dal teatro a casa nostra ci sono . . . / . . . vicino al teatro, . . . ? **f.** dalla spiaggia a casa loro ci sono . . . / . . . vicino alla spiaggia, . . . ? **C3**

a. No, abito a pochi metri dalla stazione. **b.** No, abitiamo a cinquecento metri dal centro. **c.** No, abito a mezzo chilometro dall'Università. **d.** No, abito ad un paio di metri dal mercato. **e.** No, abitiamo a seicento metri dal teatro. **f.** No, abitano a pochi metri dalla spiaggia. **C4**

a. della **b.** di, dal **c.** di **d.** dalle **e.** da **f.** di, da **g.** di, di **h.** di **i.** di, di, di **l.** di, di, da, di. **C5**

a. La **b.** Le **c.** Le **d.** La, Le **e.** Le **f.** La **g.** La **h.** La **i.** Le **l.** La **m.** La **n.** Le **o.** Le **p.** La. **D1**

a. Signorina, posso invitarLa a pranzo? **b.** Signora, posso telefonarLe domani? **c.** Signora, posso aiutarLa? **d.** Ingegnere, posso offrirLe un caffè? **e.** Professore, posso interromperLa un momento? **f.** Signora, in che cosa posso servirLa? **g.** Signorina, posso chiederLe un'informazione? **h.** Dottore, posso venire a trovarLa domani? **i.** Signorina, posso farLe una domanda? **l.** Posso versarLe un po' di vino, signora? **D2**

a. Non ha niente di grave. **b.** Non ho letto niente di nuovo. **c.** Non mi ha scritto niente d'importante. **d.** Non mi ha detto niente d'interessante. **e.** Non è niente d'eccezionale. **f.** Non abbiamo fatto niente di particolare. **g.** Non ho mangiato niente di buono. **h.** Non ho visto niente di bello. **E1**

b. . . . , cerchi di riposarsi! **c.** . . . , non lavori troppo! **d.** . . . , non fumi tanto! **e.** . . . , smetta di fumare! **f.** . . . , prenda queste medicine! **g.** . . . , prenda queste pastiglie! **h.** . . . , faccia dei gargarismi! **i.** . . . , metta quindici di queste gocce! **l.** . . . , prenda una capsula! **E2**

a. No, gli spaghetti non li voglio. **b.** No, il risotto non lo voglio. **c.** No, le tagliatelle non le voglio. **d.** No, la carne non la voglio. **e.** No, l'insalata non la voglio. **f.** No, gli zucchini non li voglio. **g.** No, il prosciutto non lo voglio. **h.** No, le lasagne non le voglio. **F1**

a. Sì, le medicine le prendo sempre. **b.** Sì, i gargarismi li faccio sempre. **c.** Sì, le pastiglie le prendo sempre. **d.** Sì, la colazione la faccio sempre. **e.** Sì, le capsule le prendo sempre. **f.** Sì, una passeggiata la faccio sempre. **g.** Sì, le vitamine le prendo sempre. **h.** Sì, le medicine le tengo sempre con me. **F2**

Lezione diciottesima

C1 **b.** Posso invitarti a pranzo a casa mia? / Ti ringrazio . . ., . . . ho . . . **c.** Posso invitarvi a cena a casa mia? / Ti ringraziamo . . ., . . . abbiamo . . . **d.** Posso invitarLa a pranzo a casa mia? / La ringrazio . . ., . . . ho . . . **e.** Possiamo invitarvi a cena a casa nostra? / Vi ringraziamo . . ., . . . abbiamo . . .

C2 **b.** Ti ringrazio . . ., ma mia sorella non può. / . . . Mi . . . / Mia sorella ti prega di volerla scusare, ma ha . . . / Ma tu puoi venire . . . / Sì, io vengo . . . da te. **c.** Ti ringrazio . . ., ma le mie due sorelle non possono. / . . . Mi . . . / Le mie due sorelle ti pregano di volerle scusare, ma hanno . . . / Ma tu puoi venire . . ./ Sì, io vengo . . . da te. **d.** La ringrazio . . ., ma mia moglie non può. / . . . Mi . . . / Mia moglie La prega di volerla scusare, ma ha . . . / Ma Lei può venire . . . / Sì, io vengo . . . da Lei. **e.** Vi ringraziamo . . ., ma i nostri genitori non possono. / . . . Ci . . . / I nostri genitori vi pregano di volerli scusare, ma hanno . . . / Ma voi potete venire . . . / Sì, noi veniamo . . . da voi.

D1 **a.** Potrei fare una telefonata? **b.** Potrei avere il Suo numero? **c.** Potrei chiudere la finestra? **d.** Potrei invitarLa a cena? **e.** Potrei domandarLe di dov'è! **f.** Potrei ritelefonarLe più tardi? **g.** Potrei accompagnarLa a casa? **h.** Potrei sedermi vicino a Lei? **i.** Potrei chiederLe il Suo nome? **l.** Potrei farLe una domanda?

D2 **a.** Scusi, potrei avere il conto, per favore? **b.** Scusi, potrei avere una camera matrimoniale con bagno per una notte? **c.** Scusi, potrei avere una camera più bella e più grande? **d.** Scusi, potrei avere due etti di parmigiano (di prima qualità)? **e.** Scusi, potrei avere un chilo d'uva? **f.** Scusi, vorrei un paio di scarpe, moderne, eleganti e non troppo alte. **g.** Scusi, potrebbe dirmi quando parte un treno per Milano?

D3 **a.** . . ., potrebbe dirmi che ora è? **b.** . . ., potrebbe dirmi a che ora partono gli aerei da Roma per Francoforte? **c.** . . ., potrebbe dirmi a che ora ritorna Sua moglie? **d.** . . ., potrebbe portarmi le valige al binario numero 18? **e.** . . ., potrebbe darmi una sportina? **f.** . . ., potrebbe dirmi se ci sono ancora dei posti liberi per l'Aida? **g.** . . ., potrebbe portarmi solo mezza porzione di tagliatelle alla bolognese?

E1 trascorrere (passare), venire, vedere, rivedere, trascorrere (passare).

E2 **a.** Ci farebbe piacere venire a cena da voi, ma non possiamo. **b.** Mi farebbe piacere venire a cena da Lei, ma non posso. **c.** Mi farebbe piacere venire a cena da te, ma non posso. **d.** Mi farebbe piacere venire a cena da voi, ma non posso. **e.** Gli farebbe piacere venire a cena da Voi, ma non può. **f.** Le farebbe piacere venire a cena da Lei, ma non può. **g.** Ci farebbe piacere venire a cena da te, ma non possiamo. **h.** Gli farebbe piacere venire a cena da te, ma non possono.

F1 **a.** La **b.** Li **c.** La **d.** Le **e.** Le **f.** Li **g.** Le **h.** La **i.** Le **l.** La, Le.

F2 Sätze: **b., d., f.**

G1 **a.** Hai già visto la mia casa? – Sì, l'ho già vista. **b.** Hai già visto mia figlia? – Sì, l'ho già vista. **c.** Hai già visto mio marito? – Sì, l'ho già visto. **d.** Hai già visto le mie sorelle? – Sì, le ho già viste. **e.** Hai già visto la mia macchina? – Sì, l'ho già vista. **f.** Hai già visto mio zio? – Sì, l'ho già visto. **g.** Hai già visto le mie colleghe? – Sì, le ho già viste. **h.** Hai già visto i miei amici? – Sì, li ho già visti. **i.** Hai già visto i laghi della Lombardia? – Sì, li ho già visti. **l.** Hai già visto le mie scarpe? – Sì, le ho già viste. **m.** Hai già visto il panorama? – Sì, l'ho già visto. **n.** Hai già visto questi bei fiori? – Sì, li ho già visti.

G2 **a.** No, non l'abbiamo ancora comprata. **b.** No, non l'ho ancora letto. **c.** No, non l'ha ancora scritta. **d.** No, non le ho ancora mangiate. **e.** No, non l'ha ancora conosciuto. **f.** No, non le ho ancora invitate. **g.** No, non li abbiamo ancora fatti. **h.** No, non li hanno ancora ricevuti.

G3 **a.** Sì, l'ho letta ieri. **b.** Sì, le ho scritto ieri. **c.** Sì, le ho telefonato ieri. **d.** Sì, l'ho conosciuta ieri. **e.** Sì, le ho comprate ieri. **f.** Sì, le ho parlato ieri. **g.** Sì, le ho prese ieri. **h.** Sì, gli ho telefonato ieri.

Lezione diciannovesima

C1 **a.** No, non c'è più niente da fare. **b.** No, non c'è più niente da vedere. **c.** No, non c'è più niente da comprare. **d.** No, non c'è più niente da sbrigare. **e.** No, non c'è più niente da mangiare. **f.** No, non c'è più niente da bere. **g.** No, non c'è più niente da pagare. **h.** No, non c'è più niente da preparare.

C2 **b.** Che cosa puoi offrirmi da bere? **c.** C'è molto da vedere a Roma? **d.** Questa casa è da vendere? **e.** Che cosa c'è da comprare ancora? **f.** Hai molte cose da sbrigare domani? **g.** Che cosa c'è ancora da fare? **h.** Quanto tempo c'è da aspettare a Milano, se prendo quest'aereo?

D1 **a.** Questo vestito è elegante, non trovi? – Sì, ma quest'altro è ancora più elegante. **b.** Questa rivista è interessante, non trovi? – Sì, ma quest'altra è ancora più interessante. **c.** Queste mele sono dolci, non trovi? – Sì, ma queste altre sono ancora più dolci. **d.** Questo pesce è fresco, non trovi? – Sì, ma quest'altro è ancora più fresco. **e.** Questa casa è bella, non trovi? – Sì, ma quest'altra è ancora più bella. **f.** Queste sigarette sono forti, non trovi? – Sì, ma queste altre sono ancora più forti. **g.** Questa chiesa è antica, non trovi? – Sì, ma quest'altra è ancora più antica. **h.** Questa macchina è veloce, non trovi? – Sì, ma quest'altra è ancora più veloce.

D2 **a.** L'Arena è molto grande, vero? – Sì, però il Colosseo è ancora più grande. **b.** Grazia è molto interessante, vero? Sì, però AMICA è ancora più interessante. **c.** Il baritono è molto bravo, vero? – Sì, però il tenore è ancora più bravo. **d.** La FIAT 128 è molto veloce, vero? – Sì, però l'ALFASUD è ancora più veloce. **e.** L'Albergo Danieli è molto comodo, vero? – Sì, però l'Hotel Incanto è ancora più comodo. **f.** Milano è molto bella, vero? – Sì, però Firenze è ancora più bella. **g.** Quella chiesa è molto antica, vero? – Sì, però quel palazzo è ancora più antico. **h.** La signora Rossi è molto gentile, vero? – Sì, però la signora Bianchi è ancora più gentile.

D3 **a.** È più grande l'Arena o il Colosseo? – Il Colosseo è più grande dell'Arena. **b.** È più interessante GRAZIA o AMICA? – AMICA è più interessante di GRAZIA. **c.** È più bravo il baritono o il tenore? – Il tenore è più bravo del baritono. **d.** È più veloce la FIAT 128 o l'ALFASUD? – L'ALFASUD è più veloce della FIAT 128. **e.** È più comodo l'Albergo Danieli o l'Hotel Incanto? – L'Hotel Incanto è più comodo dell'Albergo Danieli. **f.** È più bella Milano o Firenze? – Firenze è più bella di Milano. **g.** È più antica quella chiesa o quel palazzo? – Quel palazzo è più antico di quella chiesa. **h.** È più gentile la signora Rossi o la signora Bianchi? – La signora Bianchi è più gentile della signora Rossi.

D4 **a.** di **b.** di **c.** dei **d.** dei **e.** di **f.** di **g.** della **h.** di **i.** di **l.** delle **m.** degli.

E1 **a.** che **b.** di **c.** che **d.** della **e.** che **f.** del **g.** che **h.** che **i.** della **l.** che **m.** che **n.** di.

E2 **c.** . . . è migliore del . . . **d.** È meglio . . . che . . . **e.** È meglio . . . che . . . **f.** . . . sono migliori . . . del . . . **g.** È meglio . . . che . . . **h.** È meglio . . . che . . .

F1 **a.** Per me questa pettinatura è bella come quella. **b.** Per me AMICA è interessante come GRAZIA. **c.** Per noi il treno è comodo come la macchina. **d.** Per noi abitare in albergo è comodo come fare il campeggio. **e.** Per me la camera al terzo piano è bella come quella al pianterreno. **f.** Per me l'italiano è facile come lo spagnolo. **g.** Per me queste scarpe sono pratiche come quelle. **h.** Per noi Marco è simpatico come Luigi.

G1 **a.** Mi piacerebbe comprarlo, ma chissà quanto costa! **b.** Mi piacerebbe comprarle, . . . costano! **c.** Ci piacerebbe comprarla, . . . costa! **d.** Mi piacerebbe comprarlo, . . . costa! **e.** Mi piacerebbe comprarla, . . . costa! **f.** Mi piacerebbe comprarli, . . . costano! **g.** Ci piacerebbe comprarla, . . . costa! **h.** Mi piacerebbe comprarla, . . . costa!

G2 **b.** Guarda questo vestito, . . ., ti piace? / . . . adatto . . . / . . . ti sta . . . **c.** Guarda questo soprabito, . . ., ti piace? / . . . adatto . . . / . . . ti sta . . . **d.** Guardi questa giacca di lana, . . ., Le piace? / . . . adatta . . . / . . . Le sta . . . **e.** Guardi questo taglio di capelli, . . ., Le piace? / . . . adatto . . . / . . . Le sta . . . **f.** Guarda questo costume da bagno, ti piace? / . . . adatto . . . / . . . ti sta . . . **g.** Guardi quest'abito da sera, . . ., Le piace? / . . . adatto . . . / . . . Le sta . . . .

Lezione ventesima

C1 **b.** Buone vacanze! **c.** Buona guarigione! **d.** Buon lavoro! **e.** Buona domenica! **f.** Buona fortuna!

C2 **a.** . . . quando incontro qualcuno la sera. **b.** . . . quando sono a tavola con altre persone. **c.** . . . quando vado a letto. **d.** . . . quando qualcuno parte per le vacanze di Ferragosto. **e.** . . . quando qualcuno parte. **f.** . . . quando incontro qualcuno a mezzogiorno che va a pranzo. **g.** . . . quando qualcuno va a dormire un po' al pomeriggio o di sera quando va a dormire. **h.** . . . quando qualcuno parte per un viaggio, però poi deve ritornare nella stessa città.

D1 **b.** Questa è una buona macchina, . . .? / . . . la FIAT è migliore di questa / . . .! La FIAT è la migliore di tutte / . . . una delle migliori. **c.** Questo è un buon aperitivo, . . .? / . . . il CAMPARI è migliore di questo / . . .! Il CAMPARI è il migliore di tutti / . . . uno dei migliori. **d.** Questo è un buon albergo, . . .? / . . . il DANIELI è migliore di questo / . . .! Il DANIELI è il migliore di tutti / . . . uno dei migliori. **e.** Questo è un buon giornale, . . .? / . . . LA REPUBBLICA è migliore di questo / . . .! La REPUBBLICA è il migliore di tutti / . . . uno dei migliori. **f.** Questa è una buona rivista, . . .? / . . . l'ESPRESSO è migliore di questa / . . .! L'ESPRESSO è la migliore di tutte / . . . una delle migliori. **g.** Questo è un buon gelato, . . .? / . . . il gelato MOTTA è migliore di questo / . . .! Il gelato MOTTA è il migliore di tutti / . . . uno dei migliori. **h.** Questo è un buon formaggio, . . .? / . . . il parmigiano è migliore di questo / . . .! Il parmigiano è il migliore di tutti / . . . uno dei migliori.

a. Ottimi questi spaghetti, vero? – Sì, sono veramente buonissimi. **b.** Ottima questa bistecca, vero? – Sì, è veramente buonissima. **c.** Ottimo questo caffè, vero? – Sì, è veramente buonissimo. **d.** Ottime queste tagliatelle, vero? – Sì, sono veramente buonissime. **e.** Ottimo questo dolce, vero? – Sì, è veramente buonissimo. **f.** Ottime queste lasagne, vero? – Sì, sono veramente buonissime. **g.** Ottimi questi antipasti, vero? – Sì, sono veramente buonissimi. **h.** Ottima quest'insalata, vero? – Sì, è veramente buonissima. **D2**

a. migliore **b.** ottimo **c.** migliore **d.** ottimo **e.** migliori, ottimo **f.** migliore **g.** migliore **h.** migliore **i.** migliore, ottimo. **D3**

a. In questo caso è meglio passare questi giorni in un posto non troppo lontano da casa sua. **b.** Le conviene prendere l'espresso che parte alle 16.45, perché è più veloce. **c.** Gli conviene comprare una pianta della città, perché gli può sempre servire. **d.** Conviene loro andare in albergo, perché è più comodo per i nonni. **e.** Le conviene ordinare una bistecca alla fiorentina perché è la specialità del luogo. **f.** Le conviene comprare il parmigiano in un negozio, perché è di prima qualità. **g.** Gli conviene comprare il vino in Toscana, perché è migliore di quello delle Dolomiti. **E**

a. Guida bene e sii prudente! **b.** Guidate bene e siate prudenti! **c.** Dottore, guidi bene e sia prudente! **d.** Carla, guida bene e sii prudente! **e.** Ragazzi, guidiamo bene e siamo prudenti! **f.** Signori, guidino bene e siano prudenti! **F1**

a. Non essere così buono con loro! **b.** Signora, non sia così gentile con lui! **c.** Maria, non essere così cattiva con me! **d.** Non siate così deboli con loro! **e.** Non siate così cattivi con lui! **f.** Signori, non siano così gentili con lei! **F2**

a. Non aver paura! ... ne troviamo uno. **b.** Non abbia paura! ... non ha niente di grave. **c.** Non aver paura! ... ne troviamo due per stasera. **d.** Non abbia paura! ... riusciamo ad arrivare in tempo. **e.** Non abbia paura! ... Le garantisco che è freschissimo. **f.** Non abbia paura! ... riesce a partire. **g.** Non aver paura! ... riusciamo a trovarne uno. **h.** Non abbiate paura! ... arrivano oggi. **i.** Non abbia paura ... ne troviamo uno. **F3**

b. ... porta i bagagli. **c.** ... scrive sul giornale. **d.** ... serve in un ristorante. **e.** ... taglia i capelli. **f.** ... serve in un negozio. **g.** ... serve in un albergo. **h.** ... visita i malati. **i.** ... visita delle città. **G**

Napoli, vista sul Vesuvio

Pompei, Casa di Loreio Tiburtino, ninfeo

Roma, Piazza di Spagna

Roma, Basilica di San Pietro

L'arena di Verona

Firenze da Piazzale Michelangelo

Anche a Venezia ci sono luoghi tranquilli . . .

Val d'Aosta, vecchia casa rurale